DEADLANDS

BLUTIGE HUFE!

VON JOHN GOFF

DEADLANDS ENTWICKELT VON SHANE LACY HENSLEY

WWW.PEGINC.COM
WWW.ULISSES-SPIELE.DE

SAVAGE WORLDS ABENTEUER-EDITION

PINNACLE ENTERTAINMENT GROUP

ULISSES SPIELE

IMPRESSUM

GESCHRIEBEN & ENTWICKELT: John Michael Goff
ZUSÄTZLICHES MATERIAL: Shane Hensley, Matthew Cutter, Piotr Korys
REDAKTION: Shane Hensley, Jessica Rogers
KÜNSTLERISCHE LEITUNG: Aaron Acevedo, Alida Saxon
GRAFIK-DESIGN: Karl Keesler
LAYOUT: Jessica Rogers, Shane Hensley
TITELBILD: Tomasz Tworek
INNENILLUSTRATIONEN: Tomasz Tworek, Alida Saxon
UNTERNEHMEN & LOGISTIK: Jodi Black
KUNDENBETREUUNG: Jodi Black, Christine Lapp, Chelsea Kramer
AUSFÜHRENDER REDAKTEUR: Simon Lucas

DEUTSCHE AUSGABE
REDAKTION: Thomas Michalski
ÜBERSETZUNG: Katrin Osieja
LEKTORAT: Philipp Christophel, Elisabeth Raasch
LAYOUT: Susanne Majewski, Thomas Michalski

Dies ist eine erfundene Geschichte. Alle Figuren, Organisationen und Ereignisse, die in diesem Buch dargestellt werden, sind wahlweise der Vorstellung des Autors entsprungen, oder werden auf frei erfundene Weise genutzt.

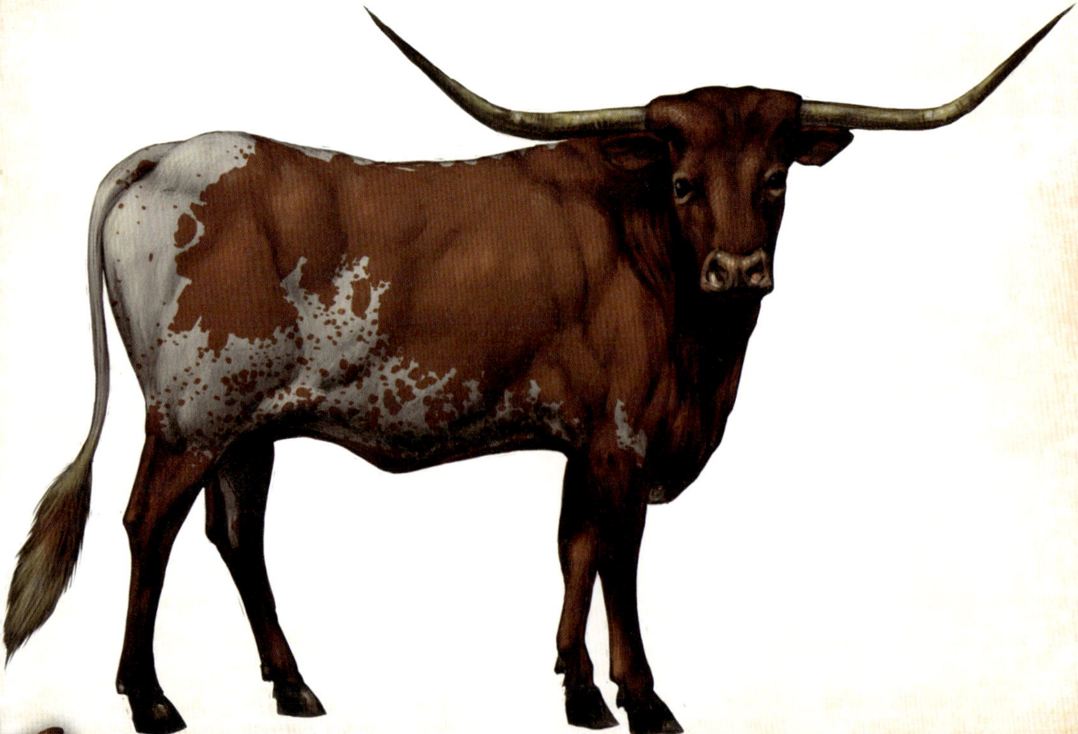

INHALTSVERZEICHNIS

*„DA, WO DAS LEDER ABGEWETZT IST,
DA GIBT'S 'NE GROSSARTIGE GESCHICHTE
ZU ERZÄHLEN."*

–Jimmy Tart

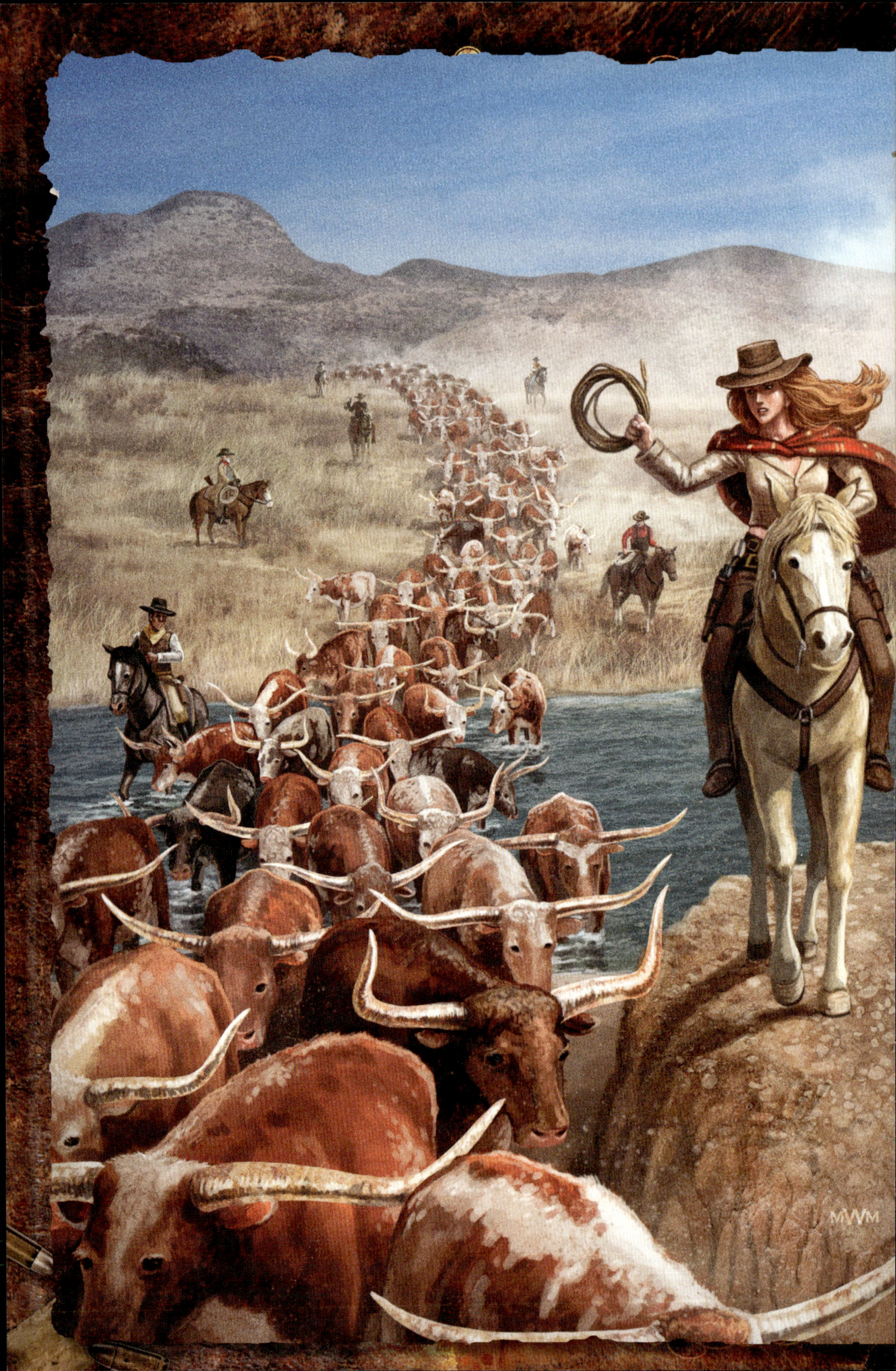
MWM

EINLEITUNG

Schnapp dir einen Platz auf dem Proviantwagen, Marshal, und dann mach dich bereit, deinem Trupp die Sporen zu geben! Deine Cowboys werden sich einem der längsten, gefahrvollsten Viehtriebe anschließen, die es im Unheimlichen Westen gibt, einem der sich über die Vereinigten Staaten und die Sioux-Nationen erstrecken wird. Auf ihrem Weg werden sie den Weg von nahezu jeder größeren Bahnlinie kreuzen, blutrünstigen Grenzräubern und indianischen Kriegern entgegentreten und natürlich auf jene Albträume treffen, die man nur in einem Land findet, das von den Schrecken der Abrechnung heimgesucht wurde.

Dieses Buch begleitet den Trupp, während er einen gewaltigen Viehtrieb beaufsichtigt, der im südwestlichen Texas beginnt und in Wyoming sein Ende findet, wo die Helden in einen ausgewachsenen Range War verwickelt werden, einen waschechten Revierkampf um Weiderechte. Sie werden mit Sicherheit ein oder zwei Verbündete finden, aber ebenso mindestens einen erbitterten Feind.

GRUPPENZUSAMMENSETZUNG

Blutige Hufe kann sowohl mit einer Gruppe unmagischer Viehtreiber als auch mit einer eher typischen Truppe von *Deadlands*-Charakteren gespielt werden. In beiden Fällen weiß die Legion des Zwielichts – den Helden entweder bekannt oder unbekannt – dass die Menschen aus dem Großen Labyrinth hungern. Die Verlagerung von Viehbeständen aus anderen Regionen wie Texas auf die Viehhöfe ist von entscheidender Bedeutung, um den Ausbruch einer Hungersnot, Aufstände und andere Gewaltausbrüche zu verhindern, die den Abrechnenden in die Hände spielen würden. Es bleibt dir überlassen, Marshal, ob die Helden sich darüber bewusst sind oder nicht, aber mithilfe zahlreicher Manipulationen hat die Legion dafür gesorgt, dass unsere Helden zur richtigen Zeit am richtigen Ort sind, um sich Bill Sutters Lazy S Viehtrieb anzuschließen.

Falls du dir zumindest für den Anfang eine eher klassische Western-Erfahrung wünschst, sollten die Spieler Helden ohne Arkane Hintergründe oder andere „übernatürliche" Fähigkeiten erschaffen. Falls ihr unsere Archetypen nutzt, empfehlen wir Kopfgeldjäger, Cowgirl, Schmutzfink, Einheimischer Kundschafter, Knochensäger oder Vaquero aus Set 2. Falls euch Set 3 zur Verfügung steht, probiert auch Viehhirten, Büffeljäger, Söldner, Rancharbeiter, Desperado, Gammler, Angeber oder Lagerkoch aus.

Eine der üblicheren *Deadlands*-Gruppen aus verrückten Wissenschaftlern, Taschenspielern, Schamanen und dergleichen passt ebenfalls gut. Sutter braucht jede Hilfe, die er bekommen kann, und es ist im egal, ob seine Arbeitskräfte ein wenig „exzentrisch" sind, solange sie den Job erledigen können!

Natürlich sind all diese Berufe jetzt bedeutungslos. Sobald sich die Charaktere dem Lazy S angeschlossen haben, sind sie „Viehtreiber", Männer und Frauen, die tausende von Rindern von Orten wie Texas zu den Viehhöfen in Kansas, New Mexico oder Colorado treiben.

Es folgt ein kurzer Überblick über die Handlung:

ERSTER TEIL: MIESE TAGE AUF DEM GOODNIGHT TRAIL

Die Gruppe lässt sich anheuern, um Bill Sutter und seiner Nichte, Abigail „Abby" Morton, von der Lazy S Ranch dabei zu helfen, eine Herde von Texas-Longhorn-Rindern nach Norden zu treiben. Sutter hofft darauf, seine Mastrinder in Roswell oder Denver verkaufen zu können, je nachdem, wie der Markt gerade aussieht. Die Westküste ist hungrig, und Fleisch steht auf dem Speiseplan.

Nach einigem Lassowerfen, Reiten und anderen üblichen Aktivitäten auf dem Weitermarsch gerät der Tross in Konflikt mit Bayou Vermilion und einem abtrünnigen Schamanen, der in ihren Diensten steht und To'sarre genannt wird. Wie sich herausstellt, ist Bill Sutter das letzte überlebende Mitglied des Trupps, der den Räuber vor einigen Jahren der Justiz übergab, und der Schamane will Rache. Die Dinge werden sehr schnell hässlich und Blei beginnt zu fliegen. To'sarre entkommt, aber er schwört, Sutter und jeden, der ihm nahesteht, mit doppeltem Eifer zu verfolgen und zu vernichten.

Schwierigkeiten, die so mächtig sind wie Bayou Vermilion, sollte man nicht auf die leichte Schulter nehmen, deshalb beschließt Sutter, die Sporen zu geben und der Viehtrieb beginnt. To'sarre folgt ihnen und holt die Helden einige Tage später in einem Hinterhalt ein.

Anschließend muss der Lazy S Viehtrieb durch die gestrüppbewachsenen Ebenen von Nord-Texas reisen. Ein langer und durstiger Marsch bringt die Helden und die Herde an ihre Grenzen, bevor sie schließlich in die kühlenden Wasser des Colorado River eintauchen können.

Ein paar Nächte später entpuppt sich eine „Sternschnuppe" als ein Spion der Wasatch Rail, der mit einem Raketenrucksack aus der geheimen Regierungsbasis in Roswell geflohen ist. Der Spion hat es nicht geschafft, aber die geheimen Pläne, die bei seiner Leiche gefunden werden, sind der Beginn einer ganzen Reihe von Schwierigkeiten, die die Viehtreiber während der gesamten Kampagne immer wieder einholen werden.

Unglücklicherweise haben sich die Beziehungen zu den örtlichen Käufern verschlechtert, und Bill beschließt, mit der Lazy S Herde nach Denver, Colorado, weiterzuziehen. To'sarre und seine Truppe folgen ihnen auf dem Fuße, greifen die Flanken der Gruppe an und setzen Voodoo ein, um ihre Feinde heimzusuchen und zu schikanieren.

Es folgt eine Begegnung mit eigensinnigen Grundbesitzern, die von einem Banditen namens Gault schikaniert werden. Von ihm heißt es, dass er gemeinsame Sache mit der Black River Railroad macht. Eines führt zum anderen, und während die Gruppe auf einer Rettungsmission unterwegs ist, wird das Lager angegriffen. Viele der Rancharbeiter werden getötet, und die gesamte Herde wird gestohlen. Das große Finale gipfelt in der blutigen Schlacht am Gault's Gulch.

ZWEITER TEIL: VIEHTREIBER DER HOCHEBENE

Nachdem sie ihre Herde von Gaults Viehdieben zurückgeholt haben, ist die Gruppe kurz vor Denver angekommen. Auch hier ist der Preis für Fleisch in den Keller gegangen, weshalb Bill Sutter sich dafür entscheidet, in das Gebiet von Wyoming weiterzuziehen und dort eine neue Ranch zu errichten. Dort möchte er seine Herde vergrößern und darauf warten, dass sich der Markt wieder erholt. Diejenigen, die ihn dabei unterstützen, sein Ziel zu erreichen, sollen ebenfalls Besitzanteile erhalten.

Nachdem sie mit einem hässlichen Ausbruch von Präriezecken zu kämpfen hatten, ziehen die Viehtreiber weiter und werden schon bald in das intrigante Treiben zwischen der Empire Rail und der Wasatch Railroad hineingezogen, das sich um die geheimnisvollen Pläne dreht, die die Helden in Roswell gefunden hatten. Dampf und Stahl treffen auf Fleisch und Knochen, und die Schuld der Abrechnenden wird wieder einmal mit Blut bezahlt.

Die nächste Reiseetappe führt die Mannschaft des Lazy S durch die Sioux-Nationen. Die Beziehungen sind allerdings angespannt, und die Helden und ihre Herde führt es in die Zuflucht eines baufälligen und verlassenen Forts voller verzweifelter Siedler. Die Gruppe entdeckt eine Bande von Pestvampiren, die sich unter den Siedlern verbergen und führen sie – hoffentlich – ihrem endgültigen Ende zu. To'sarre, der das Blutbad beobachtet hat, wird schließlich mit dem Blut der Vampire infiziert und macht sich aus dem Staub, um einem schmachvollen Ende entgegenzusehen.

Nachdem die Vampire erschlagen wurden, lassen die Sioux die Viehtreiber ihr Land wieder verlassen. Es folgt eine entsetzliche Reise durch den Wind River Canyon und eine Begegnung mit einem gespenstischen Überbleibsel aus den Großen Eisenbahnkriegen.

DRITTER TEIL: RANGE WAR

Bill Sutter und seine Mannschaft erreichen schließlich das südliche Wyoming und das große Stück Land, das er in Denver bereits erworben hatte. Natürlich hatte es der Verkäufer versäumt, Bill zu sagen, dass seine Ranch ihn in direkten Konflikt mit Randolph Logan bringt, dem elenden Sohn eines Pferdediebes von der Northern Star Ranch.

Die Spannungen nehmen zu, und einige von Sutters Rancharbeitern werden getötet. Bill muss mit kranken, infizierten Wölfen fertigwerden, die sich an die Herde heranpirschen, und Logans Männer sorgen ständig für Ärger und Schwierigkeiten. Sogar die Iron Dragon Railroad mischt sich ein, weil sie in ein Vorhaben der Northern Star Ranch involviert ist, das sich für den scheinheiligen Rinderbaron als nicht besonders vorteilhaft herausstellen dürfte!

Doch die wahre Bedrohung geht wieder einmal von To'sarre aus. Der Schamane ist in den Sioux-Nationen umgekommen und ist als ein gefährlicher Seuchenwanderer wiederauferstanden. Er ist auf die Lazy S Truppe fixiert und wird nicht aufhören, sie zu jagen, bis er vernichtet wurde. Mit etwas Geschick kann die Gruppe das Blatt wenden und selbst Jagd auf die Scheußlichkeit machen, um sie ein für alle Mal auszuschalten.

Das Abenteuer endet in einer letzten Auseinandersetzung zwischen den Lazy S Leuten und der Northern Star Ranch sowie der Geheimwaffe letzterer - ein wiederauferstandener Teufelsbulle, der unter Kontrolle von einem von Logans Handlagern steht, einem brillanten aber vollkommen verrückten Wissenschaftler!

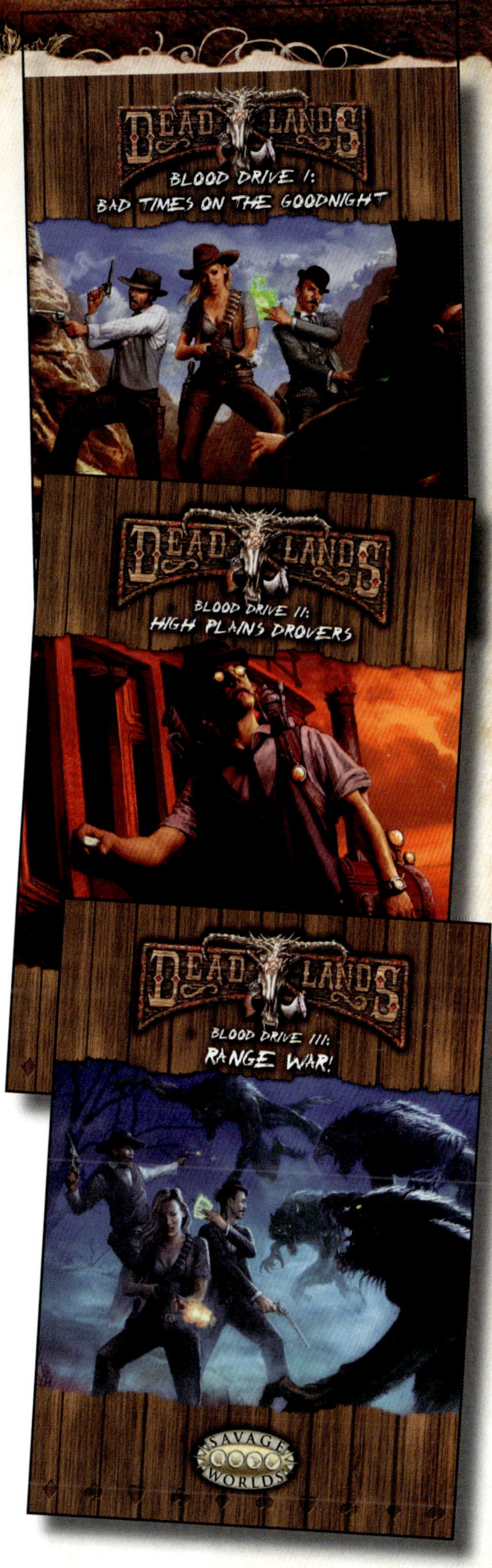

Die Cover der ursprünglichen, nur auf Englisch veröffentlichten Abenteuer-Trilogie.

Kapitel 1

Der Zusammentrieb

Erster Teil: Miese Tage auf dem Goodnight Trail

Das Abenteuer beginnt zum Frühlingsanfang in einer kleinen Stadt im südwestlichen Texas, die Sutter's Flats genannt wird. Durch Intrigen und Manipulationen oder eine unverhohlene Aufforderung hat die Legion des Zwielichts dafür gesorgt, dass der Trupp genau zur richtigen Zeit in der Stadt ist. Einige Helden reiten vielleicht durch die Stadt, wenn sie von Laredo aus auf dem Weg Richtung Norden sind, oder vielleicht wurden sie in die Nähe der Grenze geführt, weil sie dort einem Kopfgeld nachjagen. Vielleicht sind sie auch auf der Flucht - es ist nur schwer möglich, noch weiter wegzulaufen, als in Sutter's Flats!

Sutter's Flats

Furchtstufe: 2

Sutter's Flats liegt nur 10 Meilen von der mexikanischen Grenze entfernt, ungefähr 100 Meilen westlich von San Antonio, Texas. Die Stadt liegt in einem Gebiet aus grasbedeckten Hügeln, die hier und da mit rauen amerikanischen Pappeln gesprenkelt sind.

Obwohl die Bayou Vermilion Eisenbahnstrecke recht nah vorbeiführt, ist die Stadt nicht direkt mit der Eisenbahn zu erreichen und keine der regulären Postkutschenrouten führt hindurch. Kurz gesagt: Nach Sutter's Flats führt es niemanden auf herkömmlichem Weg.

Das bisschen Stadt, das es gibt, besteht aus einem Mietstall, einem Gemischtwarenladen und einem kleinen Saloon, der The Lonely Crow genannt wird. Die wenigen Geschäfte dienen als Versorgungspunkt und Nachrichtenquelle für ein paar ortsansässige Rancher und als Ort, an dem ihre Arbeiter am Samstagabend ihr Geld ausgeben können. Sutter's Flats ist nicht einmal groß genug, um einen Marshal in Teilzeit zu beschäftigen. Die Leute hier kümmern sich selbst um ihre Probleme und sind der Inbegriff von „wilder Unabhängigkeit“.

Jeder Halt in dieser Stadt bringt unweigerlich einen Besuch im Gemischtwarenladen oder im Lonely Crow mit sich, in erster Linie, weil man einfach nirgendwo sonst hingehen kann.

Im Lonely Crow

Diese Kneipe verfügt auch über zwei staubige Zimmer, die man pro Tag, Woche oder Monat mieten kann. Die Räume stehen nahezu immer leer. An jedem zweiten Sonntagmorgen belegt ein reitender Wanderprediger den Hauptraum des Lonely Crow, um seine spärlich besuchten Predigten abzuhalten.

Im Lonely Crow serviert man Kaffee sowie Mittag- und Abendessen. Beide Mahlzeiten bestehen hauptsächlich aus Rindfleisch und Bohnen, wobei manchmal die Bohnensorte wechselt, und zu besonderen Gelegenheiten gibt es Bohnen mit einer dicken Scheibe Speck. Die Bar rühmt sich einer stolzen Bandbreite an Alkohol, von verwässertem Whiskey bis zu verwässertem Tequila … und nichts dazwischen.

Pettingers Laden

Der Eigentümer des Gemischtwarenladens, Frank Pettinger, hat die gebräuchlichsten Waren in seinen Regalen, wobei er einen Preisaufschlag von bis zu 25 % erhebt, je nachdem, wie schwierig es ist, einzelne Waren vorrätig zu haben.

JOBANGEBOT

Nicht lange, nachdem die Reisenden von allem Gebrauch gemacht haben, das Sutter's Flats zu bieten hat – mit anderen Worten, ungefähr fünf Minuten nach ihrer Ankunft – tritt Bill Sutter an sie heran. Die Stadt wurde nach seinem Vater benannt, dem ersten Siedler in diesem Gebiet. Er klopft den Reisestaub aus seiner Kleidung und stellt sich vor:

„Howdy, Fremde. Bill Sutter heiß ich. Ich kenne so ziemlich jeden hier in der Gegend, aber euch habe ich hier noch nie gesehen, deshalb wollt ich nur sagen: ‚Willkommen in Sutter's Flats'. Um eines gleich klarzustellen, die Stadt wurde nach meinem Vater benannt. Er war der erste Siedler in diesem Gebiet, aber das ist auch schon alles, was mich mit diesem Ort verbindet.

Ach, verdammt. Small Talk liegt mir nicht. Ich bin auf der Suche nach ein paar zusätzlichen Arbeitskräften. Ich bereite mich darauf vor, meine Zelte hier abzubrechen. Bayou Vermilion hat den Viehhandel in dieser Gegend fest im Würgegriff, weil sie die einzige Eisenbahnlinie innerhalb von hunderten von Meilen sind, und die Preise, die sie verlangen, Straßenraub zu nennen, wäre eine Beleidigung für jeden Banditen."

Bill hält inne, um die Reaktion der Fremden abzuschätzen, dann fährt er fort.

„Und da das nun mal so ist, packe ich meine Herde zusammen und mache mich sozusagen vom Acker. Ich habe eine zuverlässige Truppe zusammen, aber mir fehlen noch ein paar Hände. Ich bin auf der Suche nach erfahrenen Viehtreibern, aber ich gebe mich mit jedem zufrieden, der weiß, aus welchem Ende der Kanone die Kugel kommt. Die Mittel werden knapp, und ich möchte unterwegs sein, bevor der Frühling zu weit voranschreitet.

Niemand kommt nach Sutter's Flats, wenn er irgendeine andere Möglichkeit hat, also dachte ich mir, ich mache euch mein Angebot."

Sutter erklärt, dass er vorhat, Richtung Norden in die Großen Ebenen zu ziehen. Er hat den Goodnight-Loving Trail schon einmal beritten und plant, ihm über weite Teile der Reise grundsätzlich zu folgen. Sollten die Helden nach anderen, näher gelegenen Zielen wie Dodge City fragen, erklärt Sutter, dass in letzter Zeit ein Überfluss an Vieh in Kansas und Oklahoma die Preise dort in den Keller gehen ließ, was diese Anlaufstellen weitaus weniger interessant für ihn macht. Also bleiben ihm Orte wie Roswell oder Denver übrig, aber darüber wird er sich Gedanken machen, wenn er auf dem Weg nach Norden ist und dort die neuesten Neuigkeiten aufschnappt.

Sutter bietet 30 Dollar pro Monat an Bezahlung an, dazu Verpflegung und ein Bett in seiner Schlafbaracke, bis der Viehtrieb aufbricht. Eine erfolgreiche Überredenprobe bringt ihn dazu, auf 35 Doller zu erhöhen, aber nicht mehr. Der Rancher überlässt für die Dauer der Reise auch jedem Cowboy, der sie benötigt, fünf Reitpferde.

Bill schätzt, dass der Ritt ungefähr ein oder zwei Monate dauern wird. Er denkt, dass er noch etwa einen weiteren Monat hier verbringen wird, um die Rinder zusammenzutreiben und sie fett und gesund zu bekommen, bevor man aufbrechen kann, aber er hofft, das so gut wie möglich abkürzen zu können. Falls die Gruppe zustimmt, erklärt er ihnen, wie sie zu seiner Ranch gelangen, und teilt ihnen mit, dass sie am nächsten Morgen mit der Arbeit beginnen sollen.

ES GEHT LOS

Das Zusammentreiben der Herde ist die geschäftigste Zeit auf einer Ranch. Man ist von Sonnenaufgang bis zum Einbruch der Dunkelheit und oftmals auch darüber hinaus damit beschäftigt, verstreutes Vieh und Pferde wieder einzusammeln, Brandzeichen zu verteilen und die Ausrüstung auf den monatelangen Viehtrieb vorzubereiten. Erfahrene Cowboys sagen, dass diese Arbeit sogar noch härter ist als der Viehtrieb an sich.

Sutter arbeitet mit einem forcierten Zeitplan, da er sich so schnell wie möglich auf den Weg machen will, deshalb arbeiten die Leute von der Lazy S sechseinhalb Tage die Woche. So bleibt seinen Männern nur ein halber

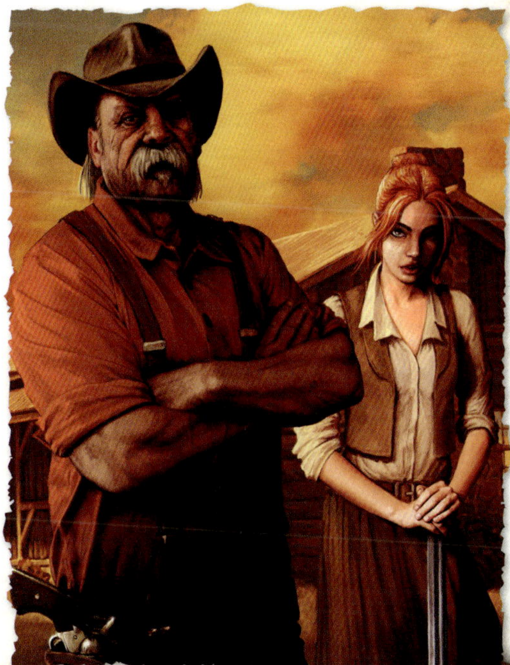

AUF BILL AUFPASSEN

Bill Sutter ist ein zentraler Charakter über weite Teile der Kampagne *Blutige Hufe*. Als Eigentümer der Lazy S Herde ist er derjenige, der die Mannschaft auf Kurs hält, wenn sich die Ereignisse im Laufe des Abenteuers entwickeln. Vor diesem Hintergrund haben wir unser Bestes getan, um ihn widerstandsfähig genug zu machen, damit er die meisten Konflikte überstehen kann, die ihm im Laufe des Viehtriebs zusetzen. Seine Werte sind auf Seite 82 zu finden.

Bitte bedenke: Das Schicksal mag dazu führen, dass Bill ein vorzeitiges Ende findet, ganz gleich, wie sehr sich die Gruppe auch bemüht. Wir möchten dir dringend ans Herz legen, alles zu tun, was notwendig ist, um ihn am Leben zu halten, aber falls er doch im Laufe der Reihe unerwartet versterben sollte, rückt Abby als Eigentümerin der Herde nach. Sofern kein Held sich dazu aufschwingt, selbst dauerhaft in die Rolle des Anführers zu schlüpfen, wird sie in den Fußstapfen ihres Onkels weitermachen und es so ermöglichen, die Ereignisse mit wenigen Anpassungen weiterzuführen.

freier Tag am Sonntagmorgen für all diejenigen, die das Bedürfnis haben, sich die Predigt des Wanderpredigers anzuhören. Die meisten Cowboys nutzen die Zeit lieber, um zu schlafen, manche von ihnen erholen sich ein wenig von der Arbeitswoche, und der Rest erholt sich vom Kartenspielen und dem Whiskey am Samstagabend.

Die Arbeit ist anstrengend und oftmals knallhart – und sie ist auch nicht bei Einbruch der Dunkelheit beendet. Von jedem Cowboy wird erwartet, dass er zwei Stunden pro Nacht am äußeren Rand der Herde entlangreitet, um sie beisammenzuhalten und vor Räubern zu schützen – seien es Tiere, Menschen oder sonstiges.

Ein Cowboy ist bis zum Abendessen *Erschöpft* (ungefähr um 18:00 Uhr), vorausgesetzt, er packt ordentlich mit an. Die *Erschöpfung* lässt nach einer ordentlichen Nacht Schlaf nach – gerade rechtzeitig, um aufzustehen und wieder von vorne anzufangen.

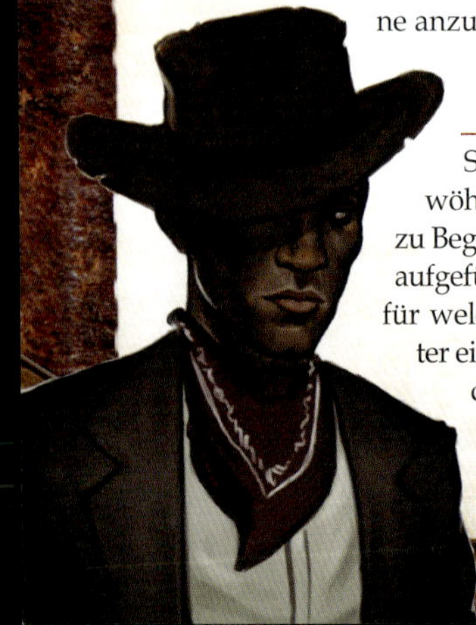

RANCHLEBEN

Sutter setzt die Gruppe für gewöhnliche Arbeiten ein. Würfele zu Beginn jedes Tages auf die unten aufgeführte Tabelle, um festzulegen, für welche Aufgaben jeder Charakter eingeteilt wird. Charaktere mit demselben Würfelergebnis arbeiten zusammen – die anderen werden dazu eingeteilt, mit einem der 14 anderen Rancharbeiter zusammenzuarbeiten.

Lass die Spieler kurz erzählen, wie sie die ihnen zugewiesene Aufgabe erledigen, mit wem sie zusammenarbeiten und was sich im Verlauf des Arbeitstages Interessantes ereignet. Das soll kein Zwischenspiel sein, sondern vielmehr eine Möglichkeit, um das harte Leben auf der Ranch deutlich zu machen und besser nachvollziehen zu können sowie um ein wenig Erzählen und Rollenspiel einzubringen.

Zwischen diesen Arbeiten betraut Bill Sutter seine Helfer mit zwei weiteren Aufgaben – siehe **Zerschunden und Wund vom Sattel** und **Entlaufene Hündchen finden** weiter unten. Du kannst sie innerhalb der anderen Aufgaben einfließen lassen.

Rancharbeiter: Lass dich von der Gruppe dabei unterstützen, die anderen Arbeiter zu gestalten, indem sie ihre Tätigkeiten beschreiben. Du kannst das Formular am Ende dieses Buches oder unsere Webseite nutzen, um ihre Namen aufzuschreiben, woher sie kommen und dir ein paar Notizen zu ihrer Persönlichkeit zu machen (wenn du möchtest, kannst du hierfür die Tabelle **Persönlichkeiten von Verbündeten** in *Savage Worlds* verwenden). Ermutige die Spielercharaktere dazu, ein paar Freunde zu entwickeln, aber auch ein paar Kontrahenten und vielleicht sogar Liebschaften. Wenn ihr Anknüpfungspunkte zur übrigen Mannschaft der Lazy S Ranch findet, wird das die Kampagne auf die nächste Stufe heben.

W10	AUFGABEN
1	Rinder brandmarken
2	kranke oder verletzte Tiere zusammentreiben und entscheiden, was mit ihnen zu tun ist
3	bei der Geburt eines Kalbes assistieren
4	Tiere schlachten, um die Mannschaft zu versorgen
5	Heu von den Feldern einbringen und aufschichten, um die Tiere zu füttern. Auf dem Viehtrieb: Pferdestriegeln oder beschlagen
6	Zaumzeug, Geschirre, Sättel etc. einölen und in Stand halten
7	einen Klapperschlangenbau ausheben, der die Herde bedroht
8	Lebensmittel für die bevorstehende Reise konservieren oder trocknen. Auf dem Viehtrieb: Zusätzliche Nahrung jagen oder frisches Wasser für die Mannschaft holen
9	sich um die persönlichen Probleme eines Arbeiters kümmern (betrunken, niedergeschlagen, verschwunden, verletzt)
10	sich um eine Auseinandersetzung zwischen zwei Arbeitern kümmern, die hässlich zu werden droht

VORARBEITER LUKE CANTON

LASSOWERFEN & REITEN

Blutige Hufe beginnt wie ein klassischer Western mit viel Lassowerfen, Reiten und anderen Cowboyarbeiten. Hier findest du Anregungen, um solche Aufgaben darzustellen, wenn sie im Laufe der langen Reise auftreten.

VIEH KONTROLLIEREN

Wenn das Spiel nicht in Runden ausgespielt wird, ist die Kontrolle von Vieh eine *Schnelle Begegnung*, bei der die Fertigkeit *Reiten* verwendet wird. Ein Fehlschlag bedeutet, dass es eine Weile dauert, bis man die Herde dazu bewegen kann, in dieselbe Richtung zu laufen, aber irgendwann bewegt sie sich weiter. Ein *Kritischer Fehlschlag* bringt für die Beteiligten Beulen & Kratzer mit sich.

Um Tiere in einer taktischen Situation kontrollieren zu können, zum Beispiel mitten im Kampf, kannst du auf die folgenden Regeln zurückgreifen. Beachte: Wenn *Einschüchtern* eingesetzt wird, um Vieh zu kontrollieren, haben Modifikatoren, die auf menschlicher Intelligenz beruhen (wie zum Beispiel *Bedrohlich*), keinen Effekt.

- **KONTROLLIEREN:** Ein Cowboy kann ein Rind kontrollieren, indem er als Aktion eine Einschüchtern- oder Reitenprobe ablegt (wenn er im Sattel sitzt, kann er frei wählen). Gelingt die Probe, wird das Tier zu einem Verbündeten und verhält sich grundsätzlich so, wie der Cowboy es will, solange er sich innerhalb einer Entfernung von etwa 5" (10 Meter) befindet. Dies kann allerdings nicht dazu verwendet werden, ein Rind in einer Runde mehr als die ihm zugewiesene Bewegungsweite zu bewegen.
- **LASSOWERFEN:** Ein Rind mit dem Lasso einzufangen, ist eine Aktion, die eine Athletikprobe erfordert. Gelingt die Probe, erhält der Cowboy einen Bonus von +2 auf seine Probe, um das Rind zu kontrollieren (siehe oben). Das Seil bleibt in der Regel ganz, es sei denn, der Cowboy würfelt einen *Kritischen Fehlschlag* beim Versuch, das Tier zu kontrollieren.

MASSENPANIK

Jeder, der in eine Massenpanik gerät, muss als Aktion *Entziehen* (oder *Reiten*, sofern er im Sattel sitzt), wenn er dran ist, oder 2W6 Schaden erleiden (von manchen Tieren auch mehr, entsprechend ihrer Beschreibung). Erhöhe um einen zusätzlichen W6, wenn der Cowboy beim *Entziehen* einen *Kritischen Fehlschlag* würfelt. Normalerweise sind drei Erfolge auf *Entziehen* erforderlich, um der Flutwelle einer typischen Herde zu entkommen, aber kürzere Sprints zu festen Hindernissen wie Felsen oder Gebäuden können den Charakter ebenfalls aus der Gefahrenzone bringen. Es müssen nicht alle drei Proben auf *Entziehen* nacheinander erfolgreich sein – es sollten aber insgesamt drei sein.

Das Vieh nach einer Massenpanik wieder zusammenzutreiben, kostet die unglückseligen Cowboys, die für sie verantwortlich sind, in der Regel einige Stunden.

WILDE PFERDE ZÄHMEN

Ein Pferd zu „brechen" bedeutet, es dazu zu bringen, seinen Führern zu vertrauen, einen Sattel zu dulden, grundlegende Kommandos zu verstehen und schließlich auch, einen Reiter anzunehmen.

Das Vertrauen entsteht von Geburt an. Mit dem Rest beginnt man für gewöhnlich, wenn das Pferd zwischen zwei und drei Jahren alt ist. Üblicherweise sind mehrere Monate täglicher Arbeit erforderlich. Ein wildes Pferd auszubilden, ist normalerweise nicht lohnend, aber es gibt immer Ausnahmen.

Nachdem die Cowboys eine Herde Pferde eine Weile aufgezogen haben, sind die Reittiere so gut wie bereit für die letzten Schritte. Dies ist eine *Schnelle Begegnung*, die ein einzelner Cowboy einmal pro Tag in Angriff nehmen kann (für gewöhnlich durch den Einsatz von *Reiten*, aber auch andere Fertigkeiten könnten eingesetzt werden). Ein Erfolg bedeutet, dass sich das Tier widersetzt, aber der Cowboy kann es am nächsten Tag noch einmal versuchen. Eine Steigerung bedeutet, dass das Pferd zum Reiten bereit ist. Ein Fehlschlag bringt Beulen & Kratzer mit sich und ein *Kritischer Fehlschlag* verursacht eine *Wunde*! Wilde Pferde zu zähmen, ist eine gefährliche Arbeit, mein Freund.

HERUMRAUFEN

Du möchtest deinem Pferd ein bisschen mehr Persönlichkeit geben? Lasse jeden Spieler für jedes seiner Pferde auf die Tabelle Persönlichkeiten von Verbündeten und auf die unten aufgeführte Tabelle Eigenschaften von Pferden würfeln. Spieler sollten den Pferden Namen geben und sich zu jeder Besonderheit eine Notiz auf dem Blatt am Ende dieses Buches machen.

W20	EIGENSCHAFTEN VON PFERDEN
1–10	Nichts Besonderes
11	Ruhig: Das Pferd verleiht seinem Reiter das Talent *Ruhige Hände*.
12	Lebhaft: Geschicklichkeit W10, Athletik W10
13	Klug: Verstand W6 (T)
14	Temperamentvoll: Willenskraft W8
15	Stark: Stärke W12+1
16	Kräftig: Konstitution W10, Robustheit 9
17	Schnell: Bewegungsweite 14
18	Krieger: Der Tritt des Pferdes verursacht Stä+W6, und sein *Kämpfen* beträgt W6.
19	Bissig: Biss Stä+W4. Alle Pferde beißen, aber dieses Pferd beißt wie ein Tiger!
20	Spielerermessen

ZERSCHUNDEN UND WUND VOM SATTEL

Sutters Mannschaft ist schon seit einer ganzen Weile dabei, Pferde für den unvermeidlichen Viehtrieb auszubilden, aber sechs wilde Mustangs müssen immer noch die letzten Schritte hinter sich bringen. Am Ende des zweiten Tages führt Vorarbeiter Luke Canton die Neuankömmlinge zum Pferch und deutet auf die Gruppe wilder Mustangs.

„Ich habe euch noch gar nicht offiziell begrüßt, also herzlich willkommen auf der Lazy S. Für harte Arbeit werdet ihr hier belohnt. Wenn ihr euch auf die faule Haut legt, fliegt ihr raus. Bill ist ein unnachgiebiger Mann, aber fair, und er teilt seinen Wohlstand, wenn er es kann.

Bei den üblichen Routinearbeiten habt ihr schon euren Beitrag geleistet, aber das hier ist eure erste richtige Aufgabe. Seht ihr diese sechs Mustangs da drüben? In der letzten Zeit haben wir einen ganzen Haufen Pferde für den bevorstehenden Viehtrieb gezähmt, aber dieser Haufen ist besonders störrisch. Geht da rein und macht sie endgültig gefügig. Und passt auf die mit dem seltsamen Blick auf – wir nennen sie Teufelsauge."

Fünf der sechs Mustangs sind gewöhnliche, wenn auch temperamentvolle Tiere, aber das sechste wurde als Wildpferd gefangen. Sie will nicht ausbrechen, lässt aber auch niemanden auf sich reiten. Niemandem ist es bisher gelungen „Teufelsauge" zu zähmen, und sie scheint ein höllisches Vergnügen daran zu haben, jeden Reiter abzuwerfen, der er versucht. Auch, wenn sie es nicht zugeben wollen, die Cowboys der Lazy S glauben, dass da noch etwas Ungewöhnliches in Teufelsauge steckt, und sie haben Angst davor.

Nutze die Regeln für Wilde Pferde Zähmen auf Seite 11, um die Mustangs zu brechen (dafür sind einige Tage zwischen den anderen Aufgaben erforderlich). Um die widerspenstige Teufelsauge zu brechen, erfolgt die Probe für die *Schnelle Begegnung* mit einem Abzug von -2, und jeder, der bei dem Versuch einen *Kritischen Fehlschlag* würfelt, erleidet eine zusätzliche *Wunde*, weil Teufelsauge ihm einen wütenden Tritt verpasst.

Wenn ein Cowboy Teufelsauge bezwingen kann, überlässt Bill Sutter sie ihm dauerhaft. Dieser Held bekommt ein zähes und treues Reittier bis zum Ende der Kampagne (oder solange der Mustang überlebt).

⍟ **LUKE CANTON:** Siehe Seite 81.

- **PFERDE (5):** Siehe *Savage Worlds.*
- **TEUFELSAUGE:** Siehe Seite 88.

ENTLAUFENE HÜNDCHEN FINDEN

Nachdem sie am nächsten Tag ihre üblichen Aufgaben erledigt haben, bittet Luke die Neuankömmlinge darum, die verstreute Herde zusammenzutreiben.

„Wir lassen die Rinder den Winter über frei herumlaufen, damit sie sich die besten Weideflächen suchen können. Im Frühling treiben wir sie dann wieder zusammen. Die Jungs sind seit einer Woche dabei, sie nach und nach wieder reinzubringen, aber da sind ein paar eigensinnige Rinder, die wir nicht finden können.

Konzentriert euch auf das Gebiet südwestlich von der Ranch nahe dem Rio Grande. Die Rinder neigen dazu, sich beim Wasser zu sammeln, aber der Trupp hat nicht allzu viele entlang des Flussufers gefunden. Ich vermute, dass sie wahrscheinlich in einer der Schluchten da draußen feststecken."

Die Gruppe kann ganz nach eigenem Ermessen zusammenbleiben oder sich aufteilen. Jede Gruppe legt dann eine Überlebenprobe -2 ab, um den Tag über auf die Suche zu gehen. Du kannst nach eigenem Ermessen weitere Modifikatoren anwenden, um geschickte Taktik oder eingesetzte Mächte zu belohnen oder träge Charaktere, Angeber oder Drückeberger zu bestrafen, die ihre jeweiligen Handicaps und Persönlichkeiten ausspielen.

Jeder Erfolg und jede Steigerung findet ein verschollenes Rind. Je mehr sie zurückbringen, desto zufriedener ist Bill mit ihrer Arbeit.

KRABBELTIERE

Am nächsten Tag wartet noch einmal dieselbe Aufgabe. Frage die Helden, ob sie zusammenbleiben oder sich aufteilen möchten, um ein größeres Gebiet abdecken zu können. Falls die Gruppe sich aufteilt, wiederhole die Überlebenprobe für eine Gruppe. Die andere Gruppe findet im späteren Verlauf des Tages zwei junge Rinder, die in dichtem Brombeergestrüpp feststecken. Auf dem Rückweg mit den Tieren kommen die Cowboys durch ein Pappelwäldchen und stoßen dort auf eine Reihe ausgedörrter Kuhleichen. Kurz darauf erkennen sie ganz genau, was dieses Blutbad angerichtet hat:

Eine haarige, schwarze Spinne von der Größe eines Hundes bricht plötzlich aus dem Boden hervor! Die abscheuliche Kreatur schnappt nach einem der Rinder, die ihr gerettet habt. Das Tier schreit erbärmlich, als es den Halt verliert und auf die Knie stürzt. Einen Herzschlag später bricht ein weiteres Rind durch den Erdboden und fällt in eine kleine Kuhle. Aus der Kuhle wimmeln hunderte handtellergroße Spinnen, die sich über die wild strampelnde Kuh und über den umliegenden Erdboden ergießen.

Die Terranteln sind absolut zufrieden mit dem Hamburger, den sie sich bereits beschafft haben. Sie greifen keinen der Charaktere an, es sei denn, einer der Viehtreiber greift sie an oder versucht, eines der Rinder zu retten. Wenn die Helden bereit sind, die zwei Rinder verlorenzugeben, können sie sich mühelos aus dem Staub machen, ohne angegriffen zu werden.

Greift jemand in das Geschehen ein, um den Rindern zur Hilfe zu eilen, zieht das schnell die Aufmerksamkeit der Spinnenmutter auf sich. Der Schwarm folgt ihr nach und strömt wie ein beißender Teppich aus Schmerz auf die größte Anordnung von Pferden und Helden zu. Wenn die Spinnen an der Reihe sind, taucht eine weitere Spinnenmutter aus ihrem Versteck auf und greift an! Gewähre ihr eine Heimlichkeitsprobe gegen *Wahrnehmung* ihres Opfers, um zu sehen, ob sie in dieser ersten Runde einen Überraschungsangriff erhält.

Wenn die Spinnen besiegt wurden, fördert eine schnelle Durchsuchung des Wäldchens mehr als ein Dutzend ausgetrockneter Kadaver von Rindern der Lazy S und von ein paar Rehen und anderen, kleineren Tieren zu Tage. Die anderen Cowboys haben sie wahrscheinlich vollkommen übersehen, weil die Hüllen so verdorrt sind, dass man sie nur sehen kann, wenn man unmittelbar in dem Wäldchen steht.

- **GROSSE TERRANTULA (2):** Siehe Seite 91.
- **TERRANTULA-SCHWARM:** Siehe Seite 91.

EIN UNGEBETENER BESUCH

Diese Begegnung solltest du am nächsten Abend, unmittelbar vor dem Essen einflechten. Als sich der Trupp beim Proviantwagen vor Sutters Haus versammelt, nähert sich eine kleine Gruppe von Reitern. Es sind sechs ziemlich mürrisch dreinschauende Bewaffnete, die hinter einem besser gekleideten Mann mit einem Paar glänzender Colts her reiten. Etwas abseits auf einer Seite befindet sich ein siebter Mann, ein Indianer mit hartem Blick, der in eine abgewetzte Armeejacke mit vereinzelten Armreifen und Fetischen gekleidet ist – To'sarre. Eine Aufmerksamkeitsprobe –2 zeigt mehrere alte Einschusslöcher in dem blauen Stoff.

Der gut gekleidete Bewaffnete ruft nach Sutter, der eine Schrotflinte aufnimmt und sie in die ungefähre Richtung der Neuankömmlinge hält. Der schick gekleidete Wortführer sagt:

> *„Ich wünsche Ihnen einen guten Tag, Mr. Sutter. Mein Name ist Bartholomew Phelps, und ich bin hier im Auftrag der Bayou Vermilion Railroad. Ich bin befugt, Ihre Rinder zum vereinbarten Preis von 5 Dollar pro Kopf zu kaufen."*

DAS WHO'S WHO AUF DER LAZY S

Hier findest du eine Liste der verschiedenen Cowboys und Arbeiter auf dem Lazy S Viehtrieb.

- **BILL SUTTER:** Eigentümer der Lazy S Herde und oberster Boss auf dem Viehtrieb. Seine Werte findest du auf Seite 82.
- **ABIGAIL „ABBY" MORTON:** Bills eigensinnige Nichte und das jüngste Mitglied der Mannschaft. Ihre Werte findest du auf Seite 82.
- **LUKE CANTON:** Sutters vertrauenswürdigster Arbeiter. Luke ist der Trailboss des Trupps. Er ist ein wettergegerbter alter Cowboy, der schon alles gesehen hat und sich keinen Mist erzählen lässt. Siehe Seite 81.
- **JAVIER ORTEGA:** Javier ist ein ehemaliger mexikanischer Soldat, der jetzt für die Mannschaft kocht und den Proviantwagen fährt. Siehe Seite 82.
- **COWBOYS DES LAZY S:** Weitere 14 Cowboys wurden für den Viehtrieb angeheuert. Ihre Werte findest du auf Seite 82. Am Ende dieses Buches und auf unserer Webseite gibt es ein Datenblatt, auf dem sie alle schriftlich festgehalten werden können.

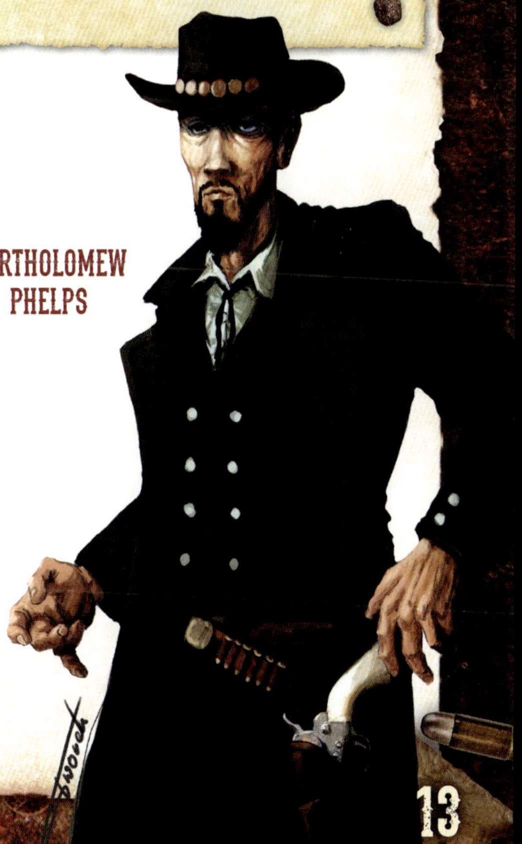
BARTHOLOMEW PHELPS

Sutter verzieht das Gesicht und knurrt. „Wie ich schon den anderen Kerlen Ihrer Eisenbahn gesagt habe, können Sie bleiben, wo der Pfeffer wächst. Das ist nicht mal die Hälfte von dem, was sie auf dem freien Markt wert sind!" Phelps grinst höhnisch. „Ah, aber das hier ist kein freier Markt.

Soweit ich weiß, will keiner hier in der Gegend Rinder kaufen, die Ihr Brandzeichen tragen, und ich befürchte, die Viehwagen meines Auftraggebers sind in absehbarer Zukunft vollständig ausgebucht. Ich schlage vor, sie nehmen das Angebot an, bevor die Preise weiter fallen."

Sutter wird plötzlich so ernst wie ein Prediger. „Die Preise sind hier nicht das einzige, das fallen wird, wenn Sie und Ihre Leute sich nicht schleunigst vom Acker machen."

Mit diesen Worten zieht Sutter die beiden Spannhähne seiner Schrotflinte mit dem Daumen zurück. Phelps wirft einen Blick auf die wachsende Gruppe an Rancharbeitern, die von der Auseinandersetzung angelockt wurden. Sutters Männer sind den Reitern der Bayou Vermilion zahlenmäßig überlegen, deshalb tippt Phelps sich an den Hut, wendet sein Pferd und führt seinen Trupp wieder hinaus. To'sarre geht als letzter. Er bleibt noch für eine halbe Minute, die eine Ewigkeit zu dauern scheint, und starrt Bill Sutter mit kaltem, unverhohlenem Hass an.

Davon abgesehen lassen sich die Vollstrecker auf keinen Fall auf einen Kampf ein. Selbst, wenn die Helden ungeduldig werden und ihre Knarren ziehen, fliehen die Bewaffneten der BV.

- **BARTHOLOMEW PHELPS:** Verwende Bewaffneter, Veteran, S. 83, Provozieren W8. Er ist mit zwei Colt Peacemakern (Reichweite 12/24/48, 2W6+1, FR 1, PB 1) bewaffnet.
- **BEWAFFNETE DER BAYOU VERMILION (2, plus 1 pro Held):** Verwende das Profil für Bewaffnete auf Seite 82.
- **TO'SARRE:** Siehe Seite 86.
- **DER TRUPP DER LAZY S:** Bill Sutter, Abby Morton, Luke Canton und alle 14 Rancharbeiter. Siehe Seite 81f.

WER IST DAS?

Falls die Gruppe nach dem Indianer fragt, der die Vollstrecker begleitet hat, nachdem sie fort sind, erklärt Sutter ihnen:

„Sein Name ist To'sarre. Er ist ein alter Comanchen-Plünderer aus dieser Gegend. Er und ich haben so eine Art Vergangenheit. Ich gehörte zu der Gruppe, die ihn damals '73 aufgespürt hat.

Vermilion hat ihn zweifellos angeheuert, weil er die Gegend hier kennt … und weil er wahrscheinlich kein Problem damit hat, das scharfe Ende einer Waffe auf jeden der Einheimischen zu richten. Besonders auf mich."

Später am Abend, als sich der Großteil der Ranch zum Abendessen versammelt hat, wendet sich Sutter an die Gruppe.

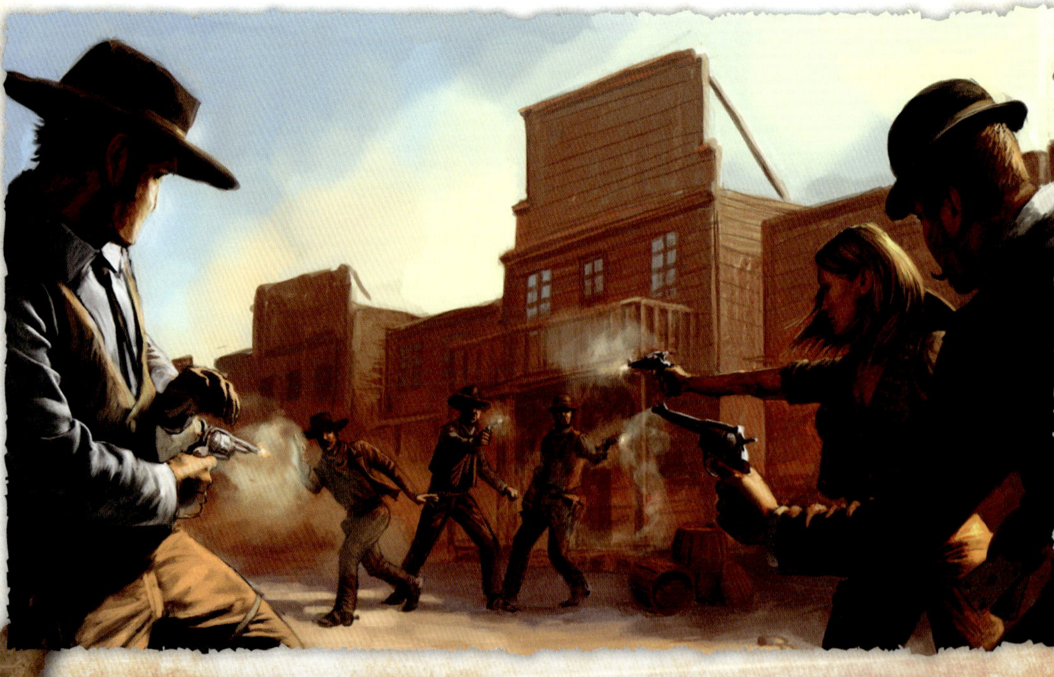

„Tut mir leid, dass ich vorher nichts von der Bayou Vermilion gesagt habe. Sie haben vor einigen Tagen einen Abgesandten mit einem Angebot vorbeigeschickt, weil sie die ganze Herde für 5 Dollar pro Kopf kaufen wollten. Wie ihr wisst, können wir viel mehr von jedem kriegen, der versucht, die Rinder zum Labyrinth zu schicken. Also habe ich nein gesagt und dass ich sie nach Norden zu den großen Viehfarmen treiben werde. Sie haben durchblicken lassen, dass wir niemals dort ankommen werden, und ich mag es nicht, wenn man mir droht. Mit dem, was sie momentan aufzubieten haben, kommen wir klar, aber wenn sie Verstärkung anfordern, kriegen wir Schwierigkeiten. Insbesondere, wenn einige der Gerüchte stimmen, die ich über sie gehört habe. Also treibe ich die Herde zusammen und breche in drei Tagen nach Norden auf. Es wird wahrscheinlich Ärger geben. Falls das über das hinaus geht, was irgendjemand hier in seinem Vertrag stehen hat, dann ist jetzt der richtige Zeitpunkt, um auszusteigen."

Sutter bietet trotz dieser Eröffnung keine höhere Bezahlung oder andere Bedingungen an. Die Rancharbeiter haben für einen Viehtrieb unterschrieben und bislang hat sich außer dem Zeitplan nichts geändert. Er versteht es, wenn jemand aussteigen möchte – jeder hat die schauerlichen Geschichten über ein paar merkwürdige Beschäftigte der Bayou Vermilion Railroad gehört –, andererseits war immer mit irgendwelchen Viehdieben und anderen Unruhestiftern zu rechnen und von denen, die bleiben wollen, erwartet er, dass sie ihre Pflicht tun.

WETTRENNEN UM VORRÄTE

Am nächsten Morgen ruft Sutter die Helden zusammen. Er schickt seine Nichte Abby mit einem Wagen nach Sutter's Flats, um die letzten Vorräte zu besorgen, die sie für den Viehtrieb brauchen, und er möchte, dass ihr sie begleitet, um ihr beim Beladen des Wagens zu helfen. Wenn Abby außer Hörweite ist, fügt er hinzu, dass er Phelps oder der Bayou Vermilion nicht weiter traut, als er spucken kann, und er weiß, dass To'sarre mit seinen Rachegelüsten keine gute Wendung bedeutet. Bill fügt hinzu:

„Ich habe gar nichts gegen die Comanchen. Ich habe mal einen ganzen Sommer lang bei ihnen gelebt. Aber dieser Bastard besteht nur aus Hass und Rache."

Die Fahrt in die Stadt verläuft ereignislos. Als sie dort ankommen, zieht Abby eine Liste mit Vorräten hervor und macht sich auf den Weg zum Gemischtwarenladen. Einige der Helden zieht sie mit sich, damit sie ihr dabei helfen können, die Last zu schleppen. Diejenigen, die dafür eingespannt werden, stehen schon bald untätig daneben, während Abby den Eigentümer des Ladens dazu auffordert, ihr verschiedene Waren einzupacken.

IHR SCHON WIEDER!

Als Abby ungefähr fünf Minuten im Laden ist, nähern sich Phelps und eine Gruppe von Bewaffneten der Bayou Vermilion denen, die draußen warten. Phelps mustert die Gruppe von Kopf bis Fuß, wägt seine Chancen ab und verkündet dann in spöttischem Ton:

„Ich bewundere euch für eure Hartnäckigkeit, wenn auch nicht für euren gesunden Menschenverstand. Die meisten hätten sich längst aus dem Staub gemacht, angesichts des Sturms, der sich mit Sicherheit zusammenbraut. Stattdessen verlasst ihr die Lazy S, wo ihr zumindest für den Moment noch zahlenmäßig im Vorteil wart."

Falls irgendjemand aus der Gruppe den Ruf hat – oder den Ruf erlangen möchte – ein Revolverheld zu sein, fordert Phelps ihn heraus. Sollte der Held die Herausforderung annehmen, kannst du die Duell-Regeln aus *Deadlands: The Weird West* verwenden. Phelps zieht es vor, bei jeder Probe zu *Provozieren*.

Wird Phelps besiegt, ziehen sich seine Männer zurück … für den Moment. Gewinnt er, gehen seine Männer auf die Gruppe los und zetteln irgendeinen unfairen Kampf, Hinterhalt oder sonstige Dummheiten an. Entschließt sich keiner der Cowboys dazu, sich mit Phelps anzulegen, finden er und seine Männer einen anderen Grund, um das Feuer zu eröffnen. Sobald Phelps oder mehr als die Hälfte seiner Bewaffneten *Ausgeschaltet* oder tot sind, fliehen die Überlebenden.

Abby und die jeweiligen Gruppenmitglieder, die sich zu diesem Zeitpunkt im Laden befinden, steigen in der Runde ein, nachdem das Feuer eröffnet wurde. Falls du gerade spendabel bist, Marshal, kannst du jedem der Helden, die sich im Laden befinden, eine Wahrnehmungsprobe gestatten, damit er auf die Auseinandersetzung aufmerksam wird, bevor das Blei zu fliegen beginnt.

- ✪ **ABBY MORTON:** Siehe Seite 82.
- ✪ **BARTHOLOMEW PHELPS:** Verwende Bewaffneter, Veteran, S. 83, Provozieren W8. Er ist mit einem Colt Peacemaker (Reichweite 12/24/48, 2W6+1, FR 1, PB 1) bewaffnet.
- **BEWAFFNETE DER BAYOU VERMILION (2, plus 1 pro Held):** Verwende das Profil für Bewaffnete auf Seite 82.

„DAS WIRD MIR GROSSEN SPASS MACHEN. ES IST SCHON EINE WEILE HER, SEIT ICH EINER HERAUSFORDERUNG BEGEGNET BIN."

-Phelps

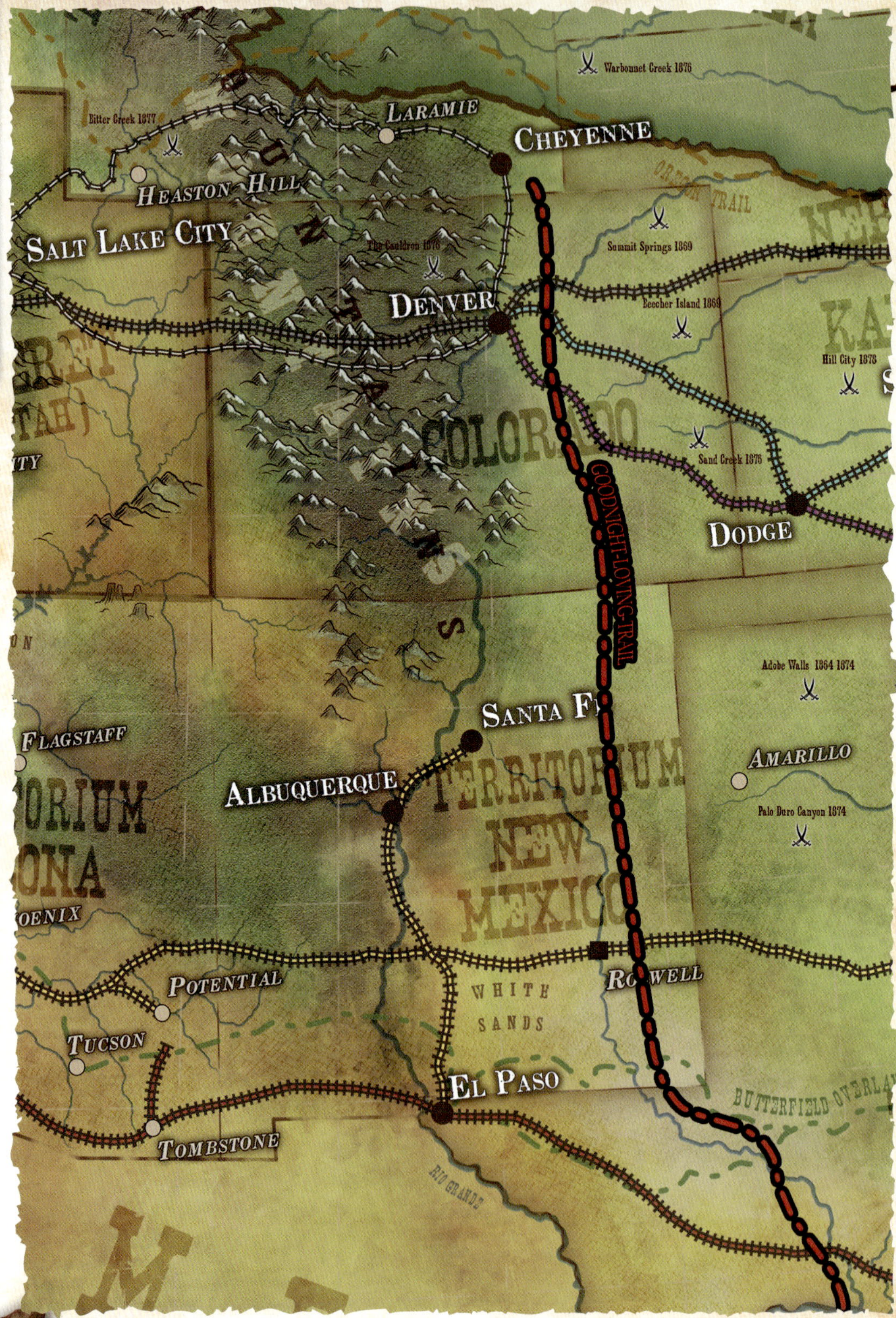
Warbonnet Creek 1876
Laramie
Cheyenne
Bitter Creek 1877
Heaston Hill
Salt Lake City
The Cauldron 1876
Denver
Summit Springs 1869
Beecher Island 1869
Hill City 1878
Colorado
Sand Creek 1876
Dodge
Goodnight-Loving-Trail
Adobe Walls 1864 1874
Amarillo
Palo Duro Canyon 1874
Flagstaff
Albuquerque
Territorium New Mexico
White Sands
Potential
Tucson
El Paso
Tombstone
Rio Grande

Kapitel 2

TREIBT SIE AN

Erster Teil: Miese Tage auf dem Goodnight Trail

FURCHTSTUFE: 2

Nach der Auseinandersetzung bei Pettinger's Laden ist Sutter entschlossener als je zuvor, die Herde auf den Weg zu bringen. Der nächste Tag wird mit letzten Vorbereitungen verbracht, sowohl für die Herde als auch für die Cowboys selbst. Auch Sicherheitsgründen behält Sutter alle seine Arbeiter nah bei der Ranch.

Sobald sich die Herde in Bewegung setzt, wird jedem eine spezielle Aufgabe während des Viehtriebs zugewiesen. Sutter trifft alle wichtigen Entscheidungen, aber Luke, der die meiste Erfahrung auf der Strecke hat, ist der Trailboss. Seine Aufgabe besteht nicht nur darin, die beste Route für die Herde zu finden, sondern auch, vorauszureiten, um Wasserlöcher und Lagerplätze zu finden.

SWING, FLANK & DRAG

Die Reiter der Lazy S werden zwischen den Reitpunkten Swing und Flank aufgeteilt (siehe Abbildung auf der nächsten Seite). Die Point-Reiter sind nach dem Trailboss die erfahrensten Arbeiter. Sie nehmen den begehrten Platz am Kopfende der Herde ein und sorgen dafür, dass die Leittiere immer in die richtige Richtung gehen. Sie legen auch die Geschwindigkeit für die Reise fest. Luke Canton wird nahezu immer auf eine der Point-Positionen gesetzt.

Swing-Männer reiten in Zweiergruppen, einer auf jeder Seite und ungefähr nach einem Drittel der gesamten Länge der Herde. Sie sorgen dafür, dass es weitergeht. Die Flank-Reiter werden für gewöhnlich zu zweit und ungefähr nach zwei Dritteln der gesamten Länge eingesetzt. Sie sind dafür verantwortlich, Rinder wieder einzufangen, die nach der einen oder anderen Seite der Hauptgruppe ausscheren.

Als diejenigen mit der geringsten Erfahrung (zumindest bei der Lazy S) bekommt die Gruppe die Aufgabe der Drag-Reiter des Viehtriebs – was bedeutet, dass sie direkt dahinter reiten. Drag-Reiter sind dafür verantwortlich, alle Nachzügler zusammenzutreiben und die langsameren Tiere an die Laufgeschwindigkeit der Herde anzupassen. Sie müssen außerdem den Staub und die Ausdünstungen von mehreren tausend Rindern und Ochsen einatmen, was die Position so ziemlich zum untersten Ende des Totempfahles auf diesem Ritt macht.

Es gibt noch einen weiteren Grund, warum Sutter die Helden auf der Drag-Position einsetzt. Es ist die wahrscheinlichste Stelle, an der plündernde Indianer, Viehdiebe oder Banditen die Herde angreifen könnten, weil sie dort zuschlagen und wieder verschwinden können, bevor die restliche Mannschaft überhaupt etwas davon mitbekommt, dass ein Angriff stattfindet. Sutters Arbeiter mögen sich mit Rindern auskennen, aber sie sind nicht alle erfahrene Revolvermänner. Der Rancher setzt darauf, dass zumindest einige aus der Gruppe es sind – deshalb hat er sie überhaupt erst angeheuert!

DIE REMUDA

Abby wurde mit der Aufgabe betraut, die zusätzlichen Reitpferde der Mannschaft zu versorgen. Sie hält sie während des Tages ziemlich nah am Proviantwagen und bindet sie für die Nacht in einem Pferch aus Seilen in der Nähe des Lagers an. Jeder Arbeiter auf dem Viehtrieb verfügt über ein paar zusätzliche Pferde für den Ritt. Alle zusammen bilden seine „Kette".

Die Aufgaben während des Viehtriebs

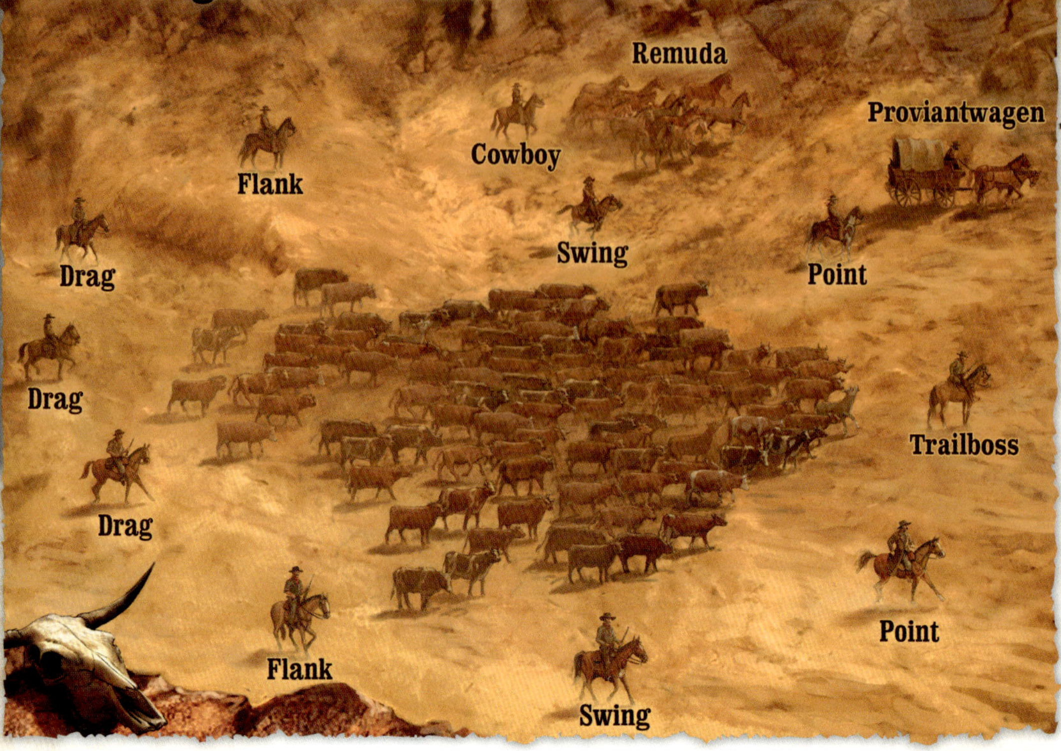

In diesem Teil des Landes verwenden Cowboys häufiger die spanische Bezeichnung „Remuda". Es ist üblich, dass Reiter verschiedene Pferde haben, die sie je nach Aufgabe bevorzugen: ein robustes Pferd für den täglichen Ritt, ein schnelles für das Zusammentreiben und ein trittsicheres, besonnenes Tier für nächtliche Patrouillenritte. Alles in allem hat sie damit mehrere Dutzend Pferde zu versorgen.

Da es unwahrscheinlich ist, dass einer der Helden zu Beginn dieses Abenteuers ungefähr ein halbes Dutzend Reittiere zur Verfügung hatte, kannst du davon ausgehen, dass Sutter ihnen für den Viehtrieb eine Gruppe von fünf Leihpferden zur Verfügung stellt.

PROVIANTWAGEN

Das Herzstück – und, was noch wichtiger ist, der Magen – des Trupps auf dem Viehtrieb ist der Proviantwagen. Der Proviantwagen ist der alleinige Verantwortungsbereich von Javier Ortega, einem ehemaligen mexikanischen Soldaten, der großen Wert auf seine Zuständigkeit legt. Niemandem ist es gestattet, den Wagen oder seinen Inhalt ohne seine Zustimmung – und für gewöhnlich auch seine strenge Bewachung – anzurühren.

In dem Wagen werden nicht nur die Lebensmittel für den Viehtrieb transportiert, sondern auch jegliche Ausrüstung, die zu sperrig ist, um sie auf den Reittieren der Cowboys zu verstauen, wie zum Beispiel Schlafsäcke, Abdeckplanen für schlechtes Wetter und dergleichen. Ein Wasserfass ist an einer Seite des Wagens festgezurrt, und auf der Rückseite ist etwas angebracht, das aussieht, wie ein großer Schrank.

Der Schrank ist Ortegas fahrende Küche. Ein klappbarer Deckel kann als Arbeitsfläche heruntergelassen werden und gibt den Blick auf eine Reihe von Schubfächern und Regalen frei, in denen alles vorhanden ist, von Salz und Schmalz bis zu Tabak und Rizinusöl. Auf der Unterseite des Wagens sind in einer weiteren Kiste – der Gepäckraum genannt – die Bratpfannen, Kochtöpfe, Schüsseln und Ortegas wertvoller Dutch Oven verstaut.

Ortega übernimmt keine Nachtwachen, aber er hat trotzdem den längsten Arbeitstag von allen auf dem Viehtrieb. Er steht beizeiten auf, um am Morgen ein schnelles, warmes Frühstück vorzubereiten, und geht für gewöhnlich nicht ins Bett, bevor sich auch der Letzte zur Nachtruhe hingelegt hat. Seine letzte Aufgabe eines jeden Tages besteht darin, die Deichsel des Wagens nach dem Nordstern auszurichten, damit sich die Herde am nächsten Tag orientieren kann, falls der Morgenhimmel bedeckt sein sollte.

Der Proviantwagen reist der Herde für gewöhnlich voraus, damit Ortega genug Zeit hat, das Lager aufzuschlagen und das Abendessen vorzubereiten, bis die Mannschaft ankommt. Sutter stellt möglicherweise ein oder zwei Reiter ab, um Ortega zu begleiten, falls er Schwierigkeiten voraus vermutet.

AB IN DIE KÜCHE!

Falls einer der Helden gut dazu geeignet ist, die Aufgabe des Kochs für den Viehtrieb zu übernehmen, kannst du entscheiden, dass Sutter diesen Charakter für den Posten einstellt. In diesem Fall schließt sich Ortega der Reise nicht an. Der Spielercharakter, der diese Rolle übernimmt, übernimmt auch sämtliche Pflichten, die für Ortega gedacht sind, und er ist außerdem während der gesamten Dauer des Viehtriebs für den voll beladenen Proviantwagen verantwortlich.

BAYOU VERMILION GREIFT AN

Die ersten Tage des Viehtriebs verlaufen ziemlich eintönig. Die Gruppe verbringt den Großteil ihrer Zeit damit, sich darüber klar zu werden, was genau sie eigentlich tun sollen, mal abgesehen von Staub einatmen und Fliegen totschlagen. Du kannst gerne nach eigenem Gutdünken ein paar alltägliche Komplikationen einflechten, wie verstreute Rinder oder ein übermütiges Pferd, um die Spieler auf Trab zu halten (siehe Textbox Lassowerfen & Reiten auf Seite 11).

In der dritten Nacht fern von der Lazy S holt eine Gruppe Bewaffneter von der Bayou Vermilion die Herde ein, mit der Absicht, etwas Vergeltung für Phelps und seine Männer zu üben. Diesmal ist der Trupp der Lazy S weit genug von potenziellen Zeugen entfernt, sodass die Eisenbahngesellschaft kein Problem damit hat, zusätzlich zu ihren normalen Söldnern ein paar ihrer „Spezialeinheiten" loszuschicken.

Schon früh am Tag reiten Sutter und Luke der Herde voraus, um nach einem Wasserloch für die nächsten Tage Ausschau zu halten. Sie sind noch nicht zurückgekehrt, aber Sutter hatte die Mannschaft schon im Vorfeld vorgewarnt, dass sie wahrscheinlich nicht vor dem nächsten Morgen zurück sein würden. Zum Zeitpunkt des Angriffs befinden sich vier Cowboys von der Lazy S außerhalb des Lagers, weil sie die Außenbereiche der Herde abreiten.

Die Bayou Vermilion Bande greift das Lager gegen Mitternacht an. Würfle auf *Überraschung* (–2 für diejenigen, die gerade schlafen), um die Strauchdiebe zu entdecken, bevor sie den Angriff starten. Die lebenden Toten konzentrieren sich auf die Cowboys und die Helden. Die Hälfte der Bewaffneten mit warmen Körpern versuchen, durch Schreie und Schüsse in die Luft das Vieh zu vertreiben, während die Anderen den Angriff auf das Hauptlager unterstützen. To'sarre unterstützt den Angriff aus dem hinteren Bereich mit *Eigenschaft erhöhen/senken* oder *Furcht*, wenn möglich, und feuert gelegentlich seine Winchester auf Weite Entfernung, um jeden aufs Korn zu nehmen, der sich blicken lässt.

Die Bewaffneten kämpfen, bis die Hälfte von ihnen tot oder *Ausgeschaltet* ist, dann ergeben sie sich oder fliehen. To'sarre zieht sich zusammen mit den Bewaffneten zurück oder wenn er eine *Wunde* erleidet. In beiden Fällen setzt er *Gestaltwandeln* ein, um die Gestalt einer Krähe anzunehmen, und fliegt in die Nacht davon, um seine sichere Flucht zu gewährleisten. Es mag wenig überraschen, dass die lebenden Toten bis zum bitteren Ende kämpfen.

Wenn die Schießerei beendet ist und die Verwundeten versorgt sind, verbringt der Trupp der Lazy S – inklusive der Gruppe – den Rest des Abends damit, alle Rinder wieder einzufangen, die die Bewaffneten der Bayou Vermilion vertrieben haben.

- **DER TRUPP DER LAZY S:** Abby Morton, Javier Ortega und sämtliche verbliebenen Rancharbeiter. Bill und Luke sind zum Kundschaften vorausgeritten und nicht anwesend. Siehe Seite 81f.
- **TO'SARRE:** Siehe Seite 86.
- **BEWAFFNETE DER BAYOU VERMILION (2, plus 1 pro Held):** Verwende das Profil für Bewaffnete auf Seite 82.
- **WANDELNDE TOTE (2, plus 1 pro Held):** Siehe Seite 91.

EINE LANGE TROCKENZEIT

Nach dem Angriff der Bayou Vermilion verlaufen die nächsten ungefähr zwei Wochen friedlich. Du kannst tägliche Begegnungen erwürfeln (siehe **Begegnungen** in *Deadlands: The Weird West*), ein **Zwischenspiel** einflechten (siehe *Savage Worlds*) oder diese Zeit nach eigenem Ermessen einfach übergehen, Marshal. Mit der Zeit wird das Land trockener, und die Wasserquellen werden seltener und weiter verstreut. Am sechzehnten Tag des Viehtriebs trifft die Herde auf eine Wüstenregion. Die Herde ist vor der Sommerhitze unterwegs, also finden sie nicht den sengenden Glutofen vor, der die Region in den nächsten Monaten sein wird. Trotzdem sieht es so aus, als würde es eine eher unangenehme Weiterreise werden.

An einem kleinen Wasserloch, das wenig mehr als eine Schlammpfütze ist, warnt Sutter die Truppe, dass sie wahrscheinlich innerhalb der nächsten ein oder zwei Wochen nur wenig Wasser finden werden. Er lässt den Trailkoch seine Wasserfässer füllen, aber trotzdem wird es nicht genügend Wasser geben, um die gesamte Mannschaft ausreichend zu versorgen.

An den nächsten beiden Tagen wird es begrenzte Wasserrationen geben. Das bedeutet, dass die Charaktere jeden Tag Konstitutionsproben ablegen müssen, um den Auswirkungen des Durstes widerstehen zu können. Wenn eine Probe misslingt, erleidet der betreffende Charakter *Erschöpfung* gemäß den Stufen, die in *Savage Worlds* beschrieben werden. Aufgrund der schwerwiegenden Umstände kann auch eine erfolgreiche Überlebenprobe diesen Effekt nicht vollständig negieren, da jegliche Bemühungen wenig mehr hervorbringen als das Sammeln von Morgentau. Stattdessen verleiht ein Erfolg einen Bonus von +2 auf die Konstitutionsprobe des Charakters (oder fünf Cowboys mit einer Steigerung).

IRGENDEINE QUELLE IN DER DÜRRE

Am dritten Tag erreicht die Herde endlich die erste Wasserstelle auf der Strecke. Das fragliche Wasser befindet sich in einem kleinen Brunnen bei einer verlassenen Behausung mit Scheune, die mitten in einer gottverlassenen Wildnis stehen. Glücklicherweise hält das die Rinder und Pferde davon ab, das Wasser zu verderben, indem sie einfach hineinlaufen. Gleichzeitig wird es aber auch zu einer ermüdenden und zeitraubenden Aufgabe, genügend Wasser für die gesamte Herde und die Mannschaft aus dem Brunnen zu schöpfen.

Sutton teilt die Mannschaft in Schichten ein, um das Wasser mit Eimern aus dem Brunnen zu holen. Der Wasserpegel liegt ungefähr 50 Fuß unter der Oberfläche, also wird das Ganze schnell zu einer beschwerlichen Aufgabe und der größte Teil des Tages geht dafür drauf. Cowboys, die gerade nicht dafür eingeteilt sind, den Eimer heraufzuholen, wechseln sich damit ab, die Außenbereiche der Herde abzureiten und sich auszuruhen.

Es ist zwar ein langer und ermüdender Tag, aber am Ende können alle Tiere ihren Durst stillen. Auch die Cowboys der Lazy S können trinken, so viel sie wollen, und ihre Feldflaschen auffüllen. Die schlechte Nachricht: Bis zur nächsten Wasserquelle sind es noch einmal vier Tage.

NIEMAND ZUHAUSE ....

Die anderen Cowboys zeigen keinerlei Interesse an der verlassenen Behausung, aber es ist wahrscheinlich, dass zumindest einige der Helden interessiert sind. Eine Erkundung offenbart, dass irgendetwas Merkwürdiges im Gange ist. Die Tür ist von innen verriegelt, und sämtliche Fenster sind verschlossen. Klopfen oder Rufen erhält keine Antwort. Um die Tür gewaltsam zu öffnen, ist eine Stärkeprobe (–2) erforderlich. Die Gruppe kann diese Probe gemeinsam ablegen oder einfach ein Pferd und ein Seil verwenden, sofern dies nötig ist.

Das Innere und die Einrichtung des kleinen Zweizimmerhauses erscheinen so gut wie unberührt. Es sind noch ein paar Gegenstände von sentimentalem und einigem finanziellem Wert zurückgeblieben, darunter auch eine kleine Kiste mit Schmuck (insgesamt 50 Dollar wert), ein geladenes und nicht abgefeuertes Evans Old Model Sporter Gewehr und 32 Dollar.

Das Innere des Hauses ist von einer Staubschicht bedeckt, in der vor dem Eintreten der Charaktere keinerlei Spuren zu erkennen sind. Noch rätselhafter sind die beiden Teller, die auf einem kleinen Tisch im Hauptraum bereitgestellt wurden und auf denen man die vertrockneten Überreste einer vor langer Zeit nicht gegessenen Mahlzeit erkennen kann. Ein erfolgreicher Wurf auf *Überleben* –2 enthüllt den Ermittlern, dass das Haus mindestens seit sechs Monaten niemand mehr betreten hat. Es gibt kein Anzeichen von den Bewohnern oder was aus ihnen geworden ist.

Die Scheune enthält zwar die üblichen Werkzeuge und Ausstattung für eine kleine Farm, es befinden sich aber keine Tiere darin, und alle Ställe sind geschlossen und fest verriegelt.

Falls die Cowboys Sutter von dem berichten, was sie vorgefunden haben, ist er etwas verwundert, aber nicht sonderlich besorgt. Immerhin, so sagt er, liegt die Farm mehrere Tagesreisen von jeglicher anderen Zivilisation entfernt und weit im Comanchengebiet. Es gibt keinerlei Anzeichen dafür, dass die Farm von irgendjemandem überfallen wurde. Vielmehr scheint jeder Hinweis, den sie gefunden haben, darauf hinzudeuten, dass niemand die Farm betreten hat, seit ihre Bewohner sie verlassen haben.

Letzten Endes gibt es keine Erklärung dafür, was mit den früheren Bewohnern passiert ist. Es ist jedoch klar, dass sie fort sind, also weist Sutter die Mannschaft an, alles einzusammeln, was sie an Werkzeugen und Vorräten gebrauchen können, und dann weiterzureiten.

Wir können dir keine Antwort anbieten, Marshal, es sei denn, du möchtest deine eigene beisteuern. Es ist nur ein weiteres Geheimnis des Unheimlichen Westens, das der Gruppe vielleicht ein wenig Unbehagen bereitet.

UND WIEDER IN DEN STAUB

Sutter beschließt, auch in der Nacht weiterzuziehen, um die Auswirkungen des Durstes auf die Tiere zu verringern. Die zusätzliche Strecke wiegt den Gewinn allerdings auf, deshalb sind, wie oben, wieder einmal Konstitutionsproben für jeden Charakter erforderlich. Überlebenproben ergeben lediglich einen Bonus auf die Probe, aber nicht zwingend eine Erleichterung.

In dieser Nacht solltest du den Reitern eine Wahrnehmungsprobe –2 gewähren. Diejenigen, denen die Probe gelingt, bemerken einen einzelnen Wolf oder Coyoten, der der Herde in einiger Entfernung folgt. Falls ein Cowboy versucht, ihn zu erwischen, verschwindet er in der Wildnis, scheinbar ohne Spur. Tatsächlich ist es To'sarre, der *Gestaltwandeln* und *Wildniswandler* einsetzt, um der Lazy S zu folgen, immer in Erwartung einer Gelegenheit für seine Rache.

Nach weiteren vier Tagen und Nächten auf der Reise erreicht die Gruppe endlich einen Nebenfluss des Pecos River. Die Leit-Longhorns riechen das Wasser schon lange, bevor die Mannschaft es sehen kann, und die Rinder werden unruhig.

Die Gruppe muss dabei helfen, die Tiere unter Kontrolle zu halten (siehe **Lassowerfen & Reiten** auf

Seite 11). Da die Herde sehr durstig ist, ist jede Probe um –2 erschwert. Für die anderen Rancharbeiter kann als Gruppe eine Probe auf *Unterstützen* abgelegt werden. Falls die *Schnelle Begegnung* misslingt, rennen die Longhorns in wilder Panik (siehe **Lassowerfen & Reiten**) zum Wasserloch und verlieren dabei ein paar Dutzend Tiere durch Erschöpfung und Getrampel.

LEBENDIGE SCHLANGEN!

Das Wasser ist so seicht, dass es keine große Mühe bereitet, die Herde hinüberzubringen. Dank ihres großen Durstes scheut sich die Herde nicht davor, in das Wasser zu gehen, und an dieser Stelle ist der Fluss wenig mehr als ein Wasserlauf der sich einbildet, ein Fluss zu sein. Sutter weist die Gruppe an, die Tiere eher hindurchzuführen als sie tatsächlich anzutreiben. Auch die Mannschaft kann diese Gelegenheit nutzen, um ihre Feldflaschen und die Wasserfässer des Proviantwagens wieder aufzufüllen und ihre Pferde zu tränken.

Wenn sie den Flusslauf halb durchquert haben, sollte jeder eine Wahrnehmungsprobe ablegen. Derjenige, der den niedrigsten Wert würfelt, wird von einer Ansammlung von Wasserschlangen überrascht, die an die Wasseroberfläche aufsteigen, weil sie von der durchziehenden Herde aufgeschreckt wurden. Die Reptilien sind nicht groß oder giftig, aber sie sind durch das plötzliche Auftauchen der Rinder aufgerührt und äußerst aggressiv!

- **SCHLANGENSCHWARM (4):** Siehe Textbox. Es sind vier Mittlere Schwärme (sie teilen sich nicht auf).

SCHLANGENSCHWARM

Schlangenschwärme sind nicht intelligent genug, um irgendetwas anders zu tun, als sich zu bewegen und zuzubeißen. Sie können keine Mehrfachaktionen durchführen, Proben ablegen, etc.

Attribute: Geschicklichkeit W10, Konstitution W10, Stärke W8, Verstand W4 (T), Willenskraft W12

Fertigkeiten: Athletik W6, Wahrnehmung W6

Bewegungsweite: 10; **Parade:** 4; **Robustheit:** 7

Talente: –

Spezialfähigkeiten:

- **Biss:** Die Schlangen fügen bei jedem Zug hunderte von kleinen Bissen zu. Sie treffen automatisch (es sei denn, sie sind *Angeschlagen*) und verursachen jedem, der sich am Ende ihres Zuges innerhalb der Schablone befindet, 2W4 Schaden. Der Schaden wird den am wenigsten gerüsteten Stellen zugeordnet (wer komplett geschlossene Kleidung trägt, ist immun).
- **Schwarm:** +2, um sich von *Angeschlagen* zu erholen, Parade +2. Schnitt- und Stichwaffen verursachen keinen wirklichen Schaden. Flächenangriffe funktionieren normal. Im Wasser ist es nicht möglich, die Schlangen zu zerstampfen.

STERNSCHNUPPEN .... & GITTER

Eine Woche später erreicht die Herde den Süden von Roswell, New Mexico. Dieser Flecken Wildnis unterscheidet sich wenig von der Wüste, die sie gerade hinter sich gelassen haben, bis auf die steigende Tiefe der Pecos, aber es ist schon beruhigend, einfach nur zu wissen, dass eine größere Stadt in der Nähe ist.

Dort schlägt Sutter das Lager auf und weist die Mannschaft an, die Herde in eine seichte Bucht am östlichen Ufer des Flusses zu führen. Als das erledigt ist, trommelt er die Mannschaft zusammen und sagt ihr:

> *„Es war ein schwerer Ritt bis hierher. In Anbetracht des Zustandes, in dem sich die Herde befindet, werde ich zur Armeebasis reiten und versuchen, unseren Viehbestand gleich hier zu verkaufen. Falls das nicht funktioniert, rede ich mit der Lone Star Railroad. Ihre Hauptstrecke führt hier entlang, und sie haben möglicherweise die Kapazitäten, um mit dieser großen Menge fertigzuwerden. Ich nehme Abby und ein paar andere mit. Luke, du hast das Kommando über den Rest, bis wir zurück sind. Haltet die Füße still, und vermeidet Ärger."*

Eine Stunde später brechen Sutter, Abby und zwei beliebige andere Arbeiter in Richtung Norden nach Roswell auf.

SIEH MAL, DA OBEN AM HIMMEL!

Die Action beginnt etwas später am selben Abend. Du kannst den Spielern die folgenden Zeilen vorlesen, wenn ihr bereit für die nächste Begegnung seid:

> *Ein entferntes Grummeln im Westen scheint ein herannahendes Unwetter anzukündigen. Einige der erfahreneren Cowboys holen Abdeckplanen aus dem Proviantwagen und brummeln etwas von einer langen und feuchten Nacht, die ihnen bevorsteht. Ein flackerndes Licht erscheint zunächst wie ein Blitz am Horizont, gefolgt von weiterem Donner. Dann wird das Flackern zu einem ständigen Leuchten, das plötzlich vom Boden aufsteigt und sich den Wolken im Westen nähert …*

Die unruhigen Longhorns fangen aufgrund der merkwürdigen Geschehnisse an, sich zu bewegen. Ihre Laune verschlechtert sich in derselben Sekunde, als der Lichtbogen des fremdartigen Objektes wie eine Rakete in den Himmel aufsteigt und sich auf die Herde der Lazy S zubewegt. Kurz danach erhebt es sich in die Wolken, und obwohl sein Grummeln immer noch deutlich zu hören ist, wirkt sich das Leuchten wenigstens nicht mehr bedrohlich auf die verängstigten Rinder aus.

Plötzlich gibt es einen Blitz, und das Objekt, das jetzt deutlich sichtbar Flammen und Rauch ausstößt, stürzt wieder aus den Wolken herab und schießt etwa eine Meile vom Lager entfernt auf die Erde zu. Luke Canton weist den Trupp eilig an, das Vieh zu beruhigen, bevor es zu einer ausgewachsenen Massenpanik kommt. Er wendet sich an die Gruppe und sagt:

> *„Hey ihr Greenhorns, seht zu, dass ihr da rüberkommt und findet heraus, was das für ein Ding ist! Ich möchte nicht, dass ihr hier alles durcheinanderbringt, indem ihr versucht, diese dickköpfigen Viecher im Dunkeln unter Kontrolle zu bringen."*

IDENTIFIZIERTES STURZOBJEKT

Es ist nicht schwer, den Landepunkt des Objektes ausfindig zu machen. Kleine Feuer, die durch den Aufprall entfacht wurden, sind für die Cowboys wie Signalfeuer, als sie sich ihren Weg durch die spärlich bewachsene Landschaft bahnen.

Das Objekt liegt nahe dem Fluss auf dem flachen Erdboden. Dort stellen sie fest, dass es sich bei dem Objekt tatsächlich um einen Mann in einer Uniform der United States Army handelt, der einen großen Raketenrucksack trägt! Besser gesagt, es handelte sich um einen Mann. Die Landung des Mannes ließ sehr zu wünschen übrig, wobei sein Überleben deutlich auf der Strecke blieb. Den Raketenrucksack hat ein ähnliches Schicksal ereilt, und jetzt ist er höchstens noch in der Lage, zu fliegen, wenn er von einer Felsklippe geschubst wird – und dann auch nur genau so lange, bis er am Boden ankommt.

Diese Begegnung führt im weiteren Verlauf zu einer ganzen Reihe von Schwierigkeiten, deshalb solltest du sicherstellen, dass sie auch wirklich stattfinden kann und die Rancharbeiter auch die Möglichkeit erhalten, sich den Leichnam einige Minuten lang anzusehen, bevor es in **Weg von dem Raketenrucksack!** (siehe unten) zum nächsten Ereignis kommt!

AUSGEHFEIN

Der Mann war eigentlich ein Wasatch-Spion, der sich am frühen Abend in die Forschungseinrichtung der U.S. Army in Roswell eingeschlichen hatte. Wenn sich die Gruppe einen Augenblick Zeit nimmt, um sich die Sache genauer anzusehen, gibt es ein paar Hinweise darauf, dass hier etwas nicht in Ordnung ist.

Erstens weist der Raketenrucksack einige Einschusslöcher auf. Es scheint wahrscheinlich, dass das der Grund für den Unfall war (eine Probe auf *Reparieren* oder *Verrückte Wissenschaft* bestätigt das).

Der „Soldat" ist unglücklicherweise bei dem Absturz gestorben, aber eine Wahrnehmungsprobe enthüllt ein Einschussloch in der Jacke seiner Uniform mit einer dazu passenden Wunde (die Jacke hat er einem toten Soldaten abgenommen, um sich für seine Spionagetätigkeit zu verkleiden). Eine Allgemeinwissenprobe für jeden Charakter mit einem militärischen Hintergrund enthüllt dem Abenteurer, dass die Hose des Mannes, die zunächst wie eine herkömmliche Uniform aussah, tatsächlich nur eine einfache Alltagshose ist, die so eingefärbt wurde, dass sie wie ein Teil einer Armeeuniform aussieht.

Wenn ein neugieriger Held den Leichnam durchsucht, findet er zwei Dinge von Interesse. Das erste ist ein kleines Bündel Deseret-Banknoten. Eine Allgemeinwissenprobe verrät den Charakteren, dass man diese selten jenseits von Deseret selbst findet, deshalb ist es ein bisschen ungewöhnlich, dass sie jetzt bei einem Leichnam in New Mexico gefunden werden.

Das zweite ist ein einzelnes Stück Papier mit Präzisen Zeichnungen von etwas, das wie ein mechanischer Mensch aussieht, zusammen mit kryptischen Notizen, die größtenteils aus chemischen Formeln und technischen Berechnungen bestehen. Eine Probe auf *Verrückte Wissenschaft* enthüllt sofort, worum es sich dabei handelt. Seit Jahren fragen sich Praktizierende der Neuen Wissenschaft, wie Dr. Darius Hellstromme seine erstaunlichen – und furchterregenden – Automaten erschafft. Mechanische Menschen sind eine Sache, aber die Automaten sind irgendwie in der Lage, zu denken und zu reagieren. Und was das Allerschlimmste ist, wenn sie deaktiviert werden, explodieren ihre Köpfe und nehmen das Geheimnis ihrer bizarren Intelligenz mit.

(Wir kennen natürlich das Geheimnis, Marshal. Automaten können „denken", weil sie von Zombiegehirnen kontrolliert werden! Dr. Hellstromme möchte allerdings nicht, dass seine Konkurrenten über derart verheerende Kriegswaffen verfügen, und genauso wenig möchte er sich mit der Reaktion der Öffentlichkeit auseinandersetzen, wenn so etwas publik würde!)

Eine Steigerung bei der Probe auf *Verrückte Wissenschaft* enthüllt, dass, wer auch immer diese Notizen niedergeschrieben hat, das „Geheimnis der Automaten" ebenfalls nicht lüften konnte, aber er versuchte es zweifellos. Was der geheimnisvolle Raketenmann damit gemacht hat, kann man nur vermuten. Die Wahrheit ist, dass er ein Wasatch-Spion ist, den Dr. Hellstromme ausgesandt hat, um herauszufinden, ob die U.S. Army irgendwie einen Automaten in ihren

Besitz bringen konnte, ohne dass sein Kopf explodiert ist (das hat sie nicht). Er hat die Notizen eingesteckt, um seinem Auftraggeber zu zeigen, dass die Army ihm immer noch nicht auf die Schliche gekommen ist, aber er wurde entdeckt. Er stahl einen Raketenrucksack und versuchte, damit zu fliehen, aber ein Glückstreffer traf ihn, und ein weiterer traf den Raketenrucksack, wodurch er schlingernd wie eine Sternschnuppe in den Himmel geschossen wurde.

WEG VON DEM RAKETENRUCKSACK!

Nachdem sich die Gruppe einige Minuten lang an der Absturzstelle umgesehen hat, taucht ein Trupp von Army-Soldaten aus der Dunkelheit auf und eröffnet das Feuer. Lasse für *Überraschung* würfeln, und teile Aktionskarten aus!

Die Soldaten sind Teil einer schnellen Eingreiftruppe, die ausgeschickt wurde, um den Spion festzunehmen. Sie gehen davon aus, dass die Gruppe mit dem Dieb unter einer Decke steckt, als sie alle gemeinsam am Absturzort antreffen, und eröffnen augenblicklich das Feuer.

Es handelt sich um einen vollen Trupp mit 10 Mann plus Captain Callahan, einem hartgesottenen, aber vernünftigen Veteranen, der sich schon einige Scharmützel mit Banditen, Verbrechern und Plünderern geliefert hat.

Die Soldaten sind sich nicht sicher, für wen der Spion gearbeitet hat oder was er gestohlen hat. Schadensbegrenzung ist deshalb ihr Hauptanliegen – sie haben den Befehl erhalten, unter keinen Umständen jemanden entkommen zu lassen. Wenn die Charaktere nicht sofort ihre Schusswaffen fallen lassen und sich ergeben, kämpfen die Soldaten, bis sicher ist, dass sie nicht gewinnen können.

Falls die Gruppe sich den Soldaten ergibt oder mit ihnen verhandelt, werden sie in Gewahrsam genommen und für einige Tage in der Basis der U.S. Army in der Nähe von Roswell festgehalten. Die meisten Zeit verbringen die Charaktere mit Säcken über ihrem Kopf (um zu verhindern, dass sie andere geheime Projekte zu Gesicht bekommen) oder in zermürbenden Befragungen mit Captain Callahan. Schließlich werden ihre Aussagen von Sutter und der übrigen Mannschaft der Lazy S bestätigt, und sie werden wieder freigelassen.

Sollte die Gruppe die Schießerei für sich entscheiden oder die Soldaten verjagen, taucht Callahan am nächsten Morgen in Begleitung von 80 Mann im Lager auf. Die Helden sehen die herannahenden Truppen so rechtzeitig, dass ihnen genügend Zeit bleibt, jegliche belastenden Beweise zu verstecken. Trotz Sutters Protest nehmen die Soldaten das Lager auseinander auf der Suche nach Beweisen dafür, dass irgendjemand von der Mannschaft an dem Einbruch beteiligt war.

Sollte Callahan irgendetwas Belastendes finden – falls zum Beispiel ein Mitglied der Gruppe darauf bestanden hat, den beschädigten Raketenrucksack mit ins Lager zu nehmen – droht er augenblicklich damit, jeden in Gewahrsam zu nehmen. Callahan hat allerdings keine Lust, das wirklich zu tun, also solltest du dafür sorgen, dass die Spielercharaktere ihn davon abbringen können, nachdem sie etwas ins Schwitzen geraten sind.

Unabhängig davon, wie die Begegnung ausgeht, hat sich das Verhältnis anschließend verschlechtert, und die Army verzichtet darauf, Sutters Herde zu kaufen. Am Endbahnhof in Roswell lehnt auch die Lone Star ab, möglicherweise aus Sorge um die Beziehungen zur Army. Sutter ergibt sich seinem Schicksal, lässt die Mannschaft die Rinder zusammentreiben, und Luke führt die Herde am nächsten Morgen bei Tagesanbruch nach Norden.

- **CAPTAIN CALLAHAN:** Verwende das Profil für Soldat, Offizier auf Seite 86.
- **SOLDATEN (10):** Siehe Seite 86.

ÜBER DEN CANADIAN

Ungefähr eineinhalb Wochen nach den katastrophalen Ereignissen bei Roswell muss die Mannschaft ihre erste größere Flussüberquerung meistern: der Canadian River, nördlich der Stelle, die eines Tages einmal

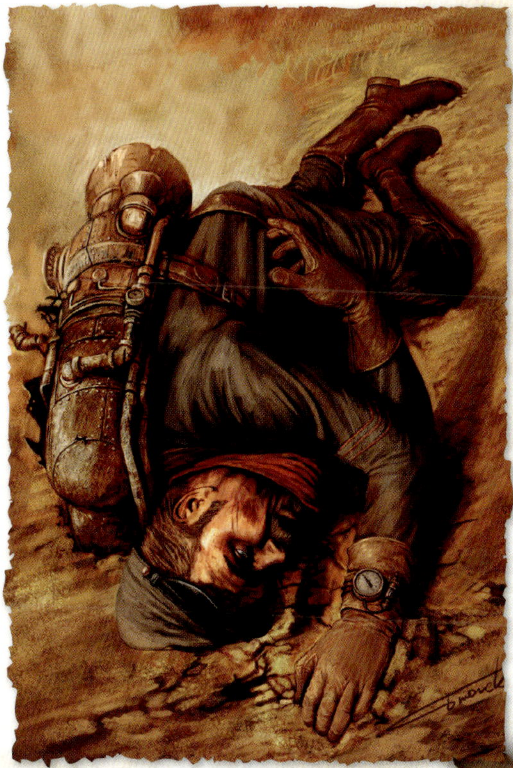

Tucumcari, New Mexico, sein soll. Normalerweise ist er ein langsam dahinfließender Strom, dessen Ufer aus Schlick bestehen, aber so spät in der Jahreszeit beginnt der Canadian durch die Schneeschmelze und den Frühlingsregen anzuschwellen. Die Herde sicher hindurchzuführen, stellt die Rancharbeiter vor eine ziemlich große Herausforderung.

Sutter reitet einen Tagesritt voraus, um den Fluss zu erkunden, und findet eine relativ sichere Stelle für die Durchquerung. Die Herde versteht das natürlich nicht, also wird die Gruppe als Drag-Reiter mit der Aufgabe betraut, die Rinder in den Fluss hineinzutreiben. Longhorns sind nicht gerade für ihre amphibischen Fähigkeiten bekannt, deshalb zeigen sich die Rinder ziemlich unwillig, das strömende Wasser zu betreten.

Die Gruppe muss die Tiere in einer gefährlichen *Schnellen Begegnung* (Siehe **Lassowerfen & Reiten** auf Seite 11) vorantreiben. Es handelt sich um eine große Herde reizbarer Longhorns in einem tiefen Flusss, deshalb sind die Proben um –2 erschwert.

TREIBSAND!

Sutter hat seine Sache gut gemacht, als er die Furt ausgekundschaftet hat, aber Longhorns sind berüchtigt für ihr Talent, sich in Schwierigkeiten zu bringen. Als der Hauptteil der Rinder den Canadian durchquert, schafft es ein unglückseliger Ochse, einen Flecken Treibsand zu erwischen. Auch diesmal ziehen die Drag-Reiter wieder den Kürzeren. Es ist ihre Aufgabe, das Tier wieder herauszuziehen.

Die Mannschaft muss schnell agieren, um das strampelnde Tier in Sicherheit zu bringen. Die Zähflüssigkeit des Treibsandes arbeitet allerdings gegen sie und hält den Ochsen zurück.

Um das Tier mit einem Pferd und einem Lasso herauszuziehen, ist eine erfolgreiche Reitenprobe erforderlich (es mit dem Lasso einzufangen, gelingt automatisch, da es sich nicht bewegen kann). Der Retter muss eine Reitenprobe ablegen, um zu verhindern, dass das Tier während dieses Zuges einsinkt. Eine Steigerung kann den Ochsen befreien. Nur ein Reiter kann den Versuch machen, wobei ihn allerdings andere wie üblich *Unterstützen* können.

Der Schlamm ist zähflüssig, und das Rind ist in Panik, deshalb ist die Probe um –4 erschwert! Nach fünf erfolglosen Versuchen steckt das unglückselige Tier so tief im Schlamm, dass es darin versinkt. Ein *Kritischer Fehlschlag* bedeutet, dass das arme Tier bei dem Versuch, es zu befreien, tödlich verletzt wird – möglicherweise wird ihm das Genick oder eine Gliedmaße gebrochen. Der Cowboy kann sein Seil entfernen und es noch einmal versuchen, falls er dies möchte, aber das Tier hat es hinter sich.

RACHSÜCHTIGE RÜCKKEHR

Einen Tag nach der Durchquerung des Canadian treibt Sutter die Herde weiter nördlich in Richtung Colorado. Vor der Mannschaft zeichnen sich die östlichen Gebirgsausläufer des Sangre de Cristo Gebirges ab. Sutter erklärt eines Nachts am Lagerfeuer, dass der meiste Verkehr in die Großen Ebenen durch den Raton Pass erfolgt. Ein ziemlich geschäftstüchtiger Unternehmer, „Onkel Dick" Wooten, hat vor mehr als zehn Jahren dort eine Zollstation errichtet. Wootens Zoll für die gesamte Herde würde wahrscheinlich den Großteil von Sutters Finanzmitteln verschlingen, also ist er stattdessen auf dem Weg zum nahegelegenen Trincheras Pass.

To'sarre hat die Gruppe bis in dieses Gebiet verfolgt. Er hofft, sich hier mit einem Teil seiner früheren Kampfgefährten zusammenschließen zu können. Er hat auch der geheimnisvollen Black Mesa in der Nähe einen Besuch abgestattet, wo ihm eine Schar schwarzer Nachtraben anvertraut wurde.

SCHLECHTE TRÄUME

Während To'sarre auf seine Kumpanen wartet, will er Sutter und seine Arbeiter weichklopfen, indem er eine Schar von Nachtraben herbeiruft. Ein Dutzend dieser Abscheulichkeiten rottet sich an den Ausläufern der Herde zusammen und sucht die Arbeiter drei Nächte lang heim. Die Helden müssen jede Nacht eine Furchtprobe ablegen, weil sie von den furchterregenden Schrecken der Nacht gequält werden. Dabei wird die Probe in jeder Nacht nach der ersten kumulativ um -1 erschwert. Dies ist eine gute Gelegenheit, um ein Zwischenspiel einzuflechten (siehe *Savage Worlds*), zum Beispiel indem alle drei Nächte in einer einzelnen thematischen Geschichte zusammengefasst werden.

Am Ende der dritten Nacht ist die Mannschaft durch den Mangel an erholsamem Schlaf körperlich erschöpft und erleidet eine Stufe *Erschöpfung*, die erst nach einer Woche ohne die Albträume wieder abklingt. Sollte die Gruppe die Vögel irgendwie entdecken (die Abscheulichkeiten müssen sich in einem Radius von 24 Meter um ihre Opfer befinden, um ihre Spezialfähigkeit Albtraum einsetzen zu können), ist es eine Kleinigkeit, sie fortzuscheuchen, da die Raben die körperliche Auseinandersetzung scheuen. Gelingt dies, ist in dieser Nacht keine Furchtprobe erforderlich und, was vielleicht noch wichtiger ist, die kumulative Erschwernis wird für die nächste Nacht zurückgesetzt.

- **NACHTRABEN (12):** Siehe unten.

NACHTRABEN

Diese Nachtraben dienen To'sarre. Sie suchen seine Feinde in ihrem Schlaf heim und verstärken die Albträume ihrer Opfer, um sie für irgendeine bevorstehende Auseinandersetzung mürbe zu machen.

Nachtraben fliehen, wenn sie entdeckt und konfrontiert werden.

Attribute: Geschicklichkeit W6, Konstitution W6, Stärke 1, Verstand W6 (T), Willenskraft W8

Fertigkeiten: Athletik W4, Heimlichkeit W12, Wahrnehmung W10

Bewegungsweite: 2; **Parade:** 2; **Robustheit:** 1

Spezialfähigkeiten:

- **Albträume:** Ein Nachtrabe muss sich innerhalb von 12" (24 Meter) um ein Opfer befinden, um sich in seine Träume einzuklinken und diese in Albträume zu verwandeln. Jede Nacht, in der es dies tut, muss das Opfer eine Furchtprobe ablegen. Wenn sie fehlschlägt, erleidet das Opfer für die nächsten 24 Stunden eine Stufe *Erschöpfung*. Dies kann nicht dazu führen, dass es *Ausgeschaltet* wird, aber je länger es andauert, desto mehr weist das Opfer blasse Narben und Verletzungen aus seinen Albträumen auf. Dies geht so lange weiter, bis der Nachtrabe getötet wird oder das Opfer auf irgendeine andere Art und Weise ums Leben kommt.
- **Fliegen:** Bewegungsweite 20"
- **Furchterregend:** Um Feinde zu verscheuchen, kann ein Nachtrabe als Aktion *Furcht* auslösen, indem er einem Feind in die Augen blickt.
- **Größe –4 (Winzig):** Diese Vögel sind von anderen Raben nicht zu unterscheiden.

TO'SARRE GREIFT AN

Am nächsten Morgen übertragen Sutter und Luke Canton der Gruppe das Kommando, während sie vorausreiten, um den Pass auszukundschaften. Sie schließen sich der Herde irgendwann im Laufe des nächsten Tages wieder an.

Unglücklicherweise ist To'sarres Kriegerschar angekommen, und er plant, noch in dieser Nacht anzugreifen (er weiß nicht, dass Sutter sich nicht im Lager befindet). Gegen 1:00 Uhr morgens schleichen sich der Schamane und seine Kumpanen durch die Herde an. To'sarre wird zusätzlich von einem Schwarm Fledermäuse begleitet, eine Annehmlichkeit, die ihm seine *Tierfreund*-Macht bietet. Sie sollen ihm als nützliche Ablenkung dienen.

Sobald To'sarre und seine Kriegerschar sich in einem Radius von 20 Meter vom Proviantwagen befinden (oder wo auch immer sich ein Großteil der ruhenden Cowboys versammelt haben), schickt er seinen Fledermausschwarm aus. Danach setzt er die Macht *Furcht* unter Verwendung des Flächeneffekt-Modifikators (und des Reichweite-Modifikators, falls notwendig) gegen die größte Ansammlung an Trailarbeitern ein. Dann gibt er seiner Kriegerschar das Zeichen zum Angriff.

Wenn der Kampf im Gange ist, setzt To'sarre entweder *Furcht* oder *Eigenschaft erhöhen/senken* ein, um die Helden bestmöglich zu schwächen oder seine Kämpfer zu unterstützen. Die Hälfte der Krieger bleibt in Deckung, versteckt sich im Gebüsch und feuert ihre Gewehre aus der Dunkelheit heraus auf die Rancharbeiter ab. Die andere Hälfte stürzt herbei, um jedes einzelne Opfer in den Nahkampf zu verwickeln.

Die Kriegerschar kämpft, bis mehr als zwei Drittel von ihnen *Ausgeschaltet* oder gefangen genommen sind. To'sarre versucht zu fliehen, wenn sich seine Krieger zurückziehen, er eine *Wunde* erleidet oder über weniger als 5 Machtpunkte verfügt. Letztere hebt er sich für den Notfall auf und setzt *Gestaltwandeln* ein, um Rabengestalt anzunehmen und wegzufliegen.

Du solltest dein Bestes geben, um sicherzustellen, dass To'sarre fliehen kann, Marshal. Obwohl dies für eine lange Zeit das letzte Mal ist, dass die Gruppe etwas von ihm zu sehen bekommt, wird er doch bald zurück sein. Für den Moment tritt er den Rückzug an, um seine Wunden zu lecken und seine blutige Rache zu planen. Er nimmt sein Handicap *Rachsüchtig* (schwer) sehr ernst!

In der Annahme, dass er besiegt wurde, wendet sich To'sarres Kriegerschar von ihrem wahnsinnigen Freund ab. Der Schamane schäumt vor Wut über ihre Feigheit und erschlägt sie alle. Sobald er sich erholt hat, kehrt er zurück, um die Herde der Lazy S in Tiergestalt durch die Großen Ebenen zu verfolgen, in Erwartung einer neuen Gelegenheit, um zuzuschlagen.

- **DER TRUPP DER LAZY S:** Abby Morton, Javier Ortega und alle übrigen Rancharbeiter. Bill und Luke sind nicht anwesend. Siehe Seite 81f.
- **TO'SARRE:** Siehe Seite 86.
- **TO'SARRES KAMPFTRUPPE (8, plus 2 pro Held):** Siehe Seite 87.

„DIE NACHTRABEN SIND AUF UNSERER SEITE. UNSERE FEINDE WERDEN ZU ERSCHÖPFT SEIN, UM ZU KÄMPFEN. WIR WERDEN SIEGREICH SEIN. UND NUN REITET. BEDIENT EUCH EURES ZORNS. LASST NIEMANDEN AM LEBEN."

-To'sarre

KAPITEL 3

NIEMANDSLAND

ERSTER TEIL: MIESE TAGE AUF DEM GOODNIGHT TRAIL

FURCHTSTUFE: 2

Nachdem die Reisegruppe einen weiteren Angriff von To'sarre überlebt hat, bleibt der Rest der Reise hinauf zum Trincheras Pass, New Mexico, und darüber hinweg ereignislos. Das Terrain ist nicht allzu steil, der Pfad umgeht ein paar Schluchten und wird an keiner Stelle besonders schwierig. Tatsächlich gestaltet sich die Überquerung so sanft, dass die Helden den Pass bereits nahezu hinter sich gelassen haben, bis sie bemerken, dass sie gerade dabei sind, die höchste Stelle zu passieren. Auf der anderen Seite breiten sich die weiten, offenen Ebenen von Colorado aus.

EIN MARKENZEICHEN DER TERRITORIES

Eine Tagesreise nördlich des Passes kommt die Mannschaft der Lazy S an den niedergebrannten Überresten einer kleinen Behausung vorbei. Die Furchtstufe steigt hier und in der unmittelbaren Umgebung auf 3.

Ein oberflächlicher Blick auf die Ruinen lässt sofort erkennen, dass die Heimstätte in der letzten Woche oder so abgebrannt ist. Eine genauere Untersuchung lässt verstörendere Fakten zu Tage treten. Hinter der Heimstätte wurde ein Dreibein über den Überresten eines kleinen Feuers errichtet. Daran hängt ein prall gefüllter Sack mit frischen Tierhäuten herab. Um den Sack zu öffnen, ist eine Furchtprobe gegen Übelkeit erforderlich, da ein schrecklich verzerrter Leichnam herausfällt.

Jeder, der den Leichnam untersuchen möchte, darf eine Heilenprobe ablegen, um die Todesursache festzustellen – das Opfer wurde lebendig in den Sack eingenäht und dann über das Feuer gehängt. Die Hitze hat die arme Seele gekocht, während sie gleichzeitig dafür gesorgt hat, dass sich das Leder zusammenzeiht und ihn zerquetscht hat, während er geröstet wurde!

Diejenigen, die entweder Erfahrungen mit den Großen Ebenen oder dem Südwesten haben, wissen, dass manche Indianerstämme ähnliche Methoden einsetzen, um Gefangene zu töten. Eine Überlebenprobe (Spurenlesen) offenbart schnell die Spuren von mehr als einem Dutzend Pferden, aber sie trugen alle Hufeisen. Die meisten Kriegerscharen der Indianer reiten unbeschlagene Pferde.

Graben in den Ruinen fördert keinerlei Gegenstände von Wert aus den Trümmern zu Tage. Aus der Behausung wurden offensichtlich sämtliche Wertgegenstände entfernt, bevor sie in Brand gesetzt wurde.

In Wirklichkeit war dies das Werk des örtlichen Viehdiebes Socrates Gault – was durch die Hufspuren der Pferde ziemlich deutlich wird. Gault und seine Bande haben es so aussehen lassen, als sei dies das Werk von Indianern gewesen, falls ihnen das Gesetz auf die Schliche kommt, aber jeder weiß, dass der Eigentümer der Heimstätte, Gerald Moore, erst kürzlich mit Gaults Räubern in Konflikt geraten ist. Die Gruppe kann dies herausfinden, wenn sie später mit einigen der Ortsansässigen spricht.

RUNTER VON MEINEM RASEN!

Zweit Tage später befindet sich die Gruppe am hinteren Ende der Herde, als sie von weiter vorne einen Schuss hören kann. Wenn sie auf eine kleine Anhöhe steigen, können sie eine weitere Behausung sehen, die etwas größer ist als die letzte. Die Leitochsen beginnen, auseinanderzutreiben und umherzulaufen, während einige Reiter der Lazy S versuchen, die Tiere wieder unter Kontrolle zu bringen.

Ursache der Verwirrung - und wahrscheinlich auch der Ursprung des Schusses - scheinen ein paar Männer zu sein, die in kurzer Entfernung vor den umherlaufenden Rindern stehen. Wenn die Helden näherkommen, sehen sie, dass beide Männer Gewehre in den Händen halten. Zwei Leute aus dem Trupp der Lazy S sprechen mit den Männern, aber selbst aus der Entfernung lässt sich erkennen, dass das Gespräch nicht gut verläuft.

Vorausgesetzt, die Spielercharaktere nähern sich den Verhandlungen, können sie hören, wie einer der Fremden Sutter anschreit.

> *„Ich soll verdammt sein, wenn ich zulasse, dass ihr mein Feld mit einem Haufen stinkender Texasrinder niedertrampelt! Als wäre es nicht schon genug, dass wir uns mit Grenzräubern aus New Mexico, einheimischen Guerillakämpfen, indianischen Plündertrupps und Gaults Sippschaft herumschlagen müssen. Jetzt wollt ihr auch noch tausende von Rindern durch unser Land schleifen. Das wird auf keinen Fall passieren, Mister! Ich scheuche diese Viecher den Ganzen Weg zurück nach Santa Fe, wenn ich muss!"*

Wenn sie angesprochen werden, stellen sich die Männer als Earle und Gail Farley vor, zwei Brüder. Sie und ihre Familien haben sich vor ungefähr fünf Jahren in diesem Gebiet angesiedelt. Die Farleys sind es gewöhnt, alle möglichen Arten von Plünderern abwehren zu müssen, also sind sie mehr als gewappnet, um sich Sutter und seiner Mannschaft entgegenzustellen. Die Brüder werden die Rancharbeiter nicht angreifen, sofern sie nicht zuerst angegriffen werden, aber sie sind klug genug, um sich aus einer Schießerei zurückzuziehen, wobei sie versuchen, die Herde mit ein paar Schüssen auseinanderzutreiben.

- **FARLEY BRÜDER (2):** Verwende das Cowboy Profil auf Seite 81, erhöhe aber *Stärke* und *Konstitution* auf W8. Earle Farley hat *Überreden* W8 und sein Bruder Gail hat *Überreden* W6. Jeder von ihnen ist mit einer doppelläufigen Schrotflinte (12/24/48, 1-3W6, FR 1) und einem Colt Frontier (12/24/48, 2W6+1, FR 1, PB 1) bewaffnet.

REDEN SIE NUR, MISTER!

Die Farleys beharren darauf, ihr Land zu beschützen, was sie Unkooperativ macht (siehe *Überreden* in *Savage Worlds*). Falls sich ihr Verhalten zu Neutral verbessern lässt, lassen sie die Herde gegen einen Tribut von 500 Dollar passieren.

Falls es sich auf Kooperativ verbessert, erklären sie sich einverstanden, die Herde kostenlos passieren zu lassen, aber sie begleiten die Fremden, solange sie sich auf ihrem Land befinden, um sicherzugehen, dass sie keine Schwierigkeiten machen.

An irgendeinem Punkt während der Unterhaltung erwähnt Gail Gault noch einmal. Wird er darum gebeten, näher darauf einzugehen, sagt er:

> *„Gault ist ein dreckiger ehemaliger Grenzräuber, der ein paar Dutzend bewaffneter Banditen in seiner Truppe hat. Die Einheimischen hätten sich vielleicht gegen ihn zusammengetan, aber er hat Beziehungen zu Black River und keiner von uns kann diese Art von Ärger gebrauchen. Habt ihr schon mal von den Wichita-Hexen gehört? Nein, vielen Dank, Sir. Ich bin nicht scharf drauf, verflucht zu werden oder in eine Kröte verwandelt oder irgend sowas."*

Gaults Verbindung zur Black River ist eine Lüge - der Bandit hat das Gerücht selbst in die Welt gesetzt, um es unwahrscheinlicher zu machen, dass seine Opfer sich wehren!

Falls die Helden die niedergebrannte Heimstätte ins Gespräch bringen, die sie vor ein paar Tagen entdeckt haben, sagen die Brüder, dass das wahrscheinlich Gaults Werk ist. Bisher hat Gault noch nicht versucht, den Besitz der Farleys zu überfallen, aber ihnen ist zu Ohren gekommen, dass die Bande

GAIL FARLEY

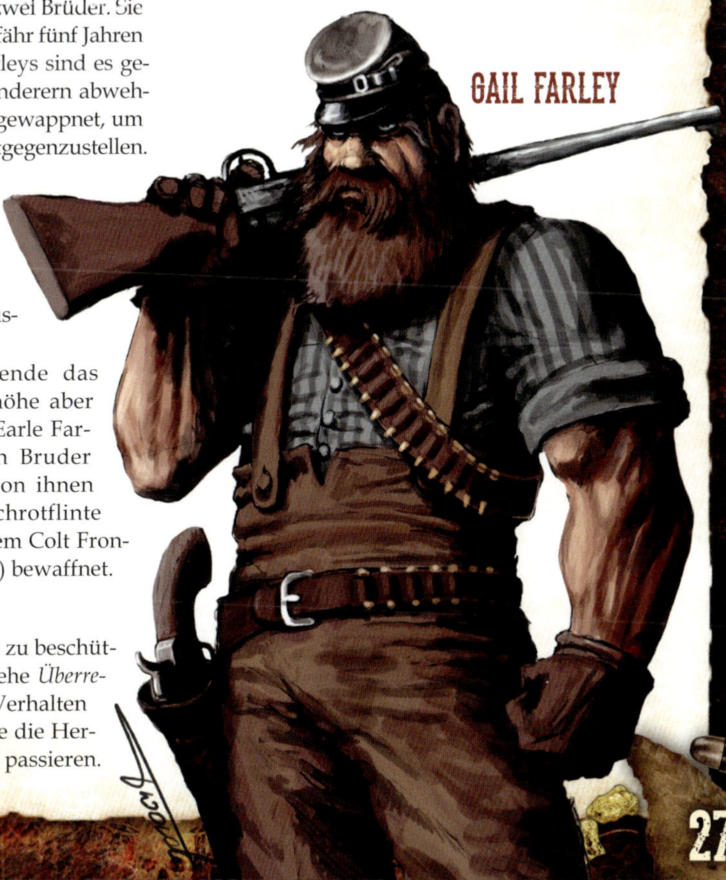

ganze Siedlungen im Norden niedergemetzelt haben soll, und sie gehen davon aus, dass es nur eine Frage der Zeit ist.

ÄRGER MIT DEM GESETZ

Ein paar Tage nachdem die Herde an der Heimstätte der Farleys vorbeigekommen ist, tritt Sutter mit einem besonderen Auftrag an die Gruppe heran. Er sagt:

„Ich habe ein paar Leute nach Dog Leg geschickt – das ist eine kleine Stadt einen Tagesritt westlich von hier – um nach Vorräten Ausschau zu halten. Sie sind immer noch nicht zurück. Ich bin äußerst besorgt, dass sie vielleicht mit Indianern, Grenzräubern, Banditen oder sogar diesem Gault Typen aneinandergeraten sind, von dem die Farley Jungs gesprochen haben. Ihr kennt euch alle etwas besser mit Schwierigkeiten aus als die Anderen, also wie wäre es, wenn ihr eben nach Dog Leg rüber reitet und nachseht, ob ihr diese Radaubrüder finden könnt."

Bill fügt hinzu, dass er mit der Herde nach Norden weiterziehen wird. Falls die Helden sich verspäten oder die Spur verlieren, wartet er außerhalb von Exposition auf sie, eine Stadt, die sich ein paar Tage weiter nördlich befindet.

DOG LEG

FURCHTSTUFE: 3

Nach einem ereignislosen Ritt über die Farley-Ranch erreicht die Gruppe Dog Leg. Wie angekündigt, handelt es sich um eine kleine Ansiedlung mit ungefähr 100 Bewohnern. Das Hauptgeschäftsviertel der Stadt besteht aus einem Mietstall, einem Saloon mit dem Namen „Boston's", Jen's Gemischtwarenladen und dem Büro des Marshals. Die Suche nach den vermissten Rancharbeitern sollte sich deshalb relativ einfach gestalten.

Wenn die Gruppe zunächst den Gemischtwarenladen oder den Saloon betritt, erfahren sie schnell, dass die vermissten Cowboys gestern vom Marshal der Stadt festgenommen wurden. Eine Runde Drinks, ein ordentliches Trinkgeld und eine Überredenprobe bringt den Barmann im einzigen Saloon der Stadt dazu, hinter vorgehaltener Hand Folgendes zu erzählen:

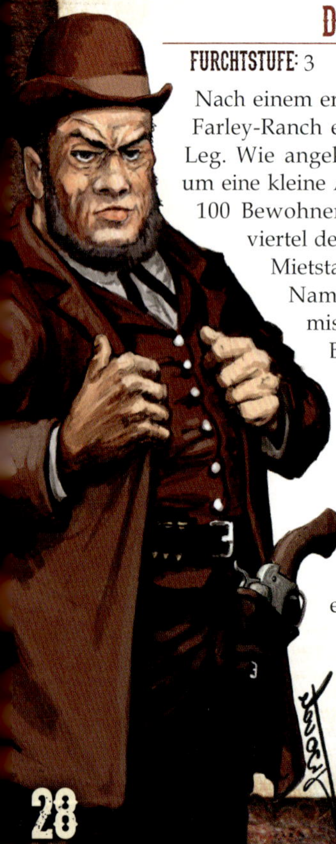

MARSHAL WILCOTT

„Eure Jungs sind im Gefängnis. Vermutlich, weil sie meinen Laden aufgemischt haben sollen, aber das haben sie nicht. Das waren Marshal Wilcott und seine Jungs. Sie sine Socrates Gaults Männer. Er hat eine große Gang außerhalb der Stadt. Wie ich gehört habe, soll er für Black River arbeiten. Der alte Marshal hat versucht, ihm das Handwerk zu legen, als er hierherkam, und hat dafür eine ziemlich üble Bleivergiftung kassiert. Danach hat Gault seinen Handlanger, Dalton Wilcott, als neuen Marshal eingesetzt. Ihr solltet vorsichtig sein, was diese Leute betrifft, Freunde."

Wilcott und zwei andere Schergen führen die Stadt für Gault. Die Stadtbewohner sind zu verängstigt, um sich gegen sie aufzulehnen, weil die Gang so viele Männer zählt und es angeblich Verbindungen zu Mina Devlins Black River Eisenbahn gibt (was allerdings nicht stimmt).

DER „MARSHAL"

Ob es ihr erster Halt ist oder sie dorthin geführt werden, nachdem sie eine der anderen Örtlichkeiten in Dog Leg besucht haben, der Weg der Gruppe führt unweigerlich zum Marshal der Stadt. Das Büro ist ein ziemlich unscheinbares Holzgebäude mit einem frisch – wenn auch primitiv – gezeichneten Schild mit der Aufschrift MARSHAL. Wer das Gebäude betritt, bemerkt das deutliche Fehlen von Gitterstäben an den Fenstern oder irgendeines anderen Zeichens von Bewehrung.

Die Tür zum Büro des Marshals ist leicht angelehnt. Im Inneren sitzt Marshal Dalton Wilcott hinter einem Schreibtisch mit den Füßen auf dem Tisch und dem Hut ins Gesicht gezogen. Im hinteren Bereich des Raumes sitzen zwei von Sutters Rancharbeitern auf dem Fußboden und sind an einen Metallbolzen gekettet. Beide Männer sehen mitgenommen aus. Sie haben sichtbare Prellungen und Schrammen und einer von ihnen hat ein blaues Auge.

Marshal Wilcott schiebt seinen Hut nach oben, als die Helden eintreten. Ein paar ungepflegter Banditen, die der Deputyabzeichen nicht würdig sind, beäugen die Gruppe von der anderen Seite des Raumes aus. Wilcott mustert die Neuankömmlinge und knurrt mit mürrischer Stimme,

„Was kann ich für euch tun, Fremde?"

Wenn die Helden einräumen, mit den inhaftierten Cowboys in Verbindung zu stehen, sagt Wilcott,

„Tja, dann haben wir hier wohl ein kleines Problem. Diese Kerle haben sich besoffen und dann mein liebstes Wasserloch aufgemischt. Die Jungs und ich mussten sie in Gewahrsam nehmen – zum Wohle der Stadt natürlich. Bevor wir sie gehen lassen können, müssten wir eine Entschädigung für die Beschädigung der örtlichen Einrichtungen haben. Ich würde sagen, einhundert pro Kopf sollten reichen."

VERHANDLUNGEN

Wilcott verlangt 100 Doller pro Person, damit die Cowboys der Lazy S in Sicherheit gebracht werden können. Er hat sie schon befragt und schätzt, dass Sutter genug Kapital haben sollte, um diese Summe zu löhnen. Eine erfolgreiche Überredenprobe und etwas Bares auf die Kralle sorgt dafür, dass sich Wilcott auf 75 pro Mann herunterhandeln lässt, mit einer Steigerung sogar auf 50 Dollar.

Dem Marshal ist es ziemlich egal, ob die Gruppe sein Lösegeld bezahlen kann, oder nicht. Er hat schon einen seiner Männer losgeschickt, um Gault darüber zu informieren, dass sich eine große Herde durch das Gebiet bewegt. Wilcott weiß, dass Gault wahrscheinlich versuchen wird, Sutters Rinder zu konfiszieren und alles andere von Wert natürlich auch. Wenn er seine eigenen Taschen schon vorher ein bisschen füllen kann, ist das nur das Sahnehäubchen.

Selbst oberflächliche Nachforschungen in der Stadt können keinerlei Beweis oder Zeugen dafür auftun, dass die Rancharbeiter „den Laden aufgemischt haben", und die Cowboys leugnen dies natürlich auch. Diese Information hat für die Gruppe keinen besonderen Nutzen, mal abgesehen von einem Beweis für Wilcotts üble Absichten. Falls die Gruppe innerhalb der Stadt nach Verbündeten sucht, erklärt sich niemand bereit, gegen den Marshal vorzugehen, aus Angst davor, was Gault im Gegenzug mit ihm machen könnte. Tatsächlich solltest du dich eindringlich darum bemühen, die Gruppe davon abzubringen, sich Wilcott und seinen Männern entgegenzustellen!

„Wir müssen hinterher immerhin noch hier leben, wisst ihr."

Falls die Gruppe das Geld bezahlt, lässt Wilcott die Männer frei und lässt die Gruppe zur Herde zurückkehren. Falls die Helden sich dazu entschließen, Sutters Cowboys mit Gewalt zu befreien, zögern die Banditen nicht, ihre Waffen das Reden übernehmen zu lassen. Wilcott kämpft, bis er mindestens zwei *Wunden* erleidet, und ergibt sich dann. Seine Handlanger ergeben sich nur, wenn er es tut oder wenn er *Ausgeschaltet* ist.

- **DALTON WILCOTT:** Verwende das Profil Bewaffnete, Veteran auf Seite 83.
- **DEPUTIES (2):** Verwende das Profil Bewaffnete auf Seite 82.

ÜBERBRNGER SCHLECHTER NACHRICHTEN

Die Helden kehren zum Lager zurück und sehen sofort, dass es Ärger gegeben hat. Es sind nur noch wenige Rinder da, der Proviantwagen ist weg und Abigail, Luke und ein paar Viehtreiber knien über den Leichen von vier anderen. Abby stürzt hektisch auf die Gruppe zu, als sie sie erblickt, und es bricht aus ihr heraus:

„Gaults Plünderer haben zugeschlagen, kurz nachdem ihr weg wart. Wir haben uns zur Wehr gesetzt, aber …" Abby blickt zu den Leichen auf dem Boden hinüber und wischt sich eine Träne aus den Augen. „Es waren einfach zu viele. Ein paar von uns haben sich in diesem Pappelwäldchen dort drüben verschanzt, aber Gault hat uns einfach ignoriert und alles mitgenommen. Er hat auch Bill, Javier und einige von unseren Jungs."

Die Charaktere bemerken, dass nur Abby, Luke Canton und ein halbes Dutzend der anderen Rancharbeiter übriggeblieben sind – würfele, um festzulegen, wer noch da ist. Bill Sutter, Javier und die übrigen Viehtreiber wurden zusammen mit dem größten Teil der Herde mitgenommen. Obwohl es unüberlegt sein mag, bedenkt man die Größe von Gaults Bande, drängt Abby auf einen sofortigen und grausamen Gegenschlag. Falls die Cowboys zustimmen, erhebt Luke Widerspruch:

„Die Bastarde haben 30 Revolverhelden oder mehr. Ich weiß, dass ihr es draufhabt, aber das ist sogar für euch zu viel. Ich denke, wir sollten zur nächsten Stadt reiten und uns selbst ein paar Bewaffnete anheuern."

Wenn die Gruppe Luke zustimmt, spiele **Unerwartete Verbündete**, wie unten aufgeführt. Falls sie sich direkt auf den Weg zu Gault machen, springe zu **Die Schlacht bei Gault's Gulch**.

UNERWARTETE VERBÜNDETE

FURCHTSTUFE: 3

Die nächste Stadt ist Exposition, einen sechs Stunden Ritt entfernt (vier, wenn die Helden bereit sind, eine Reitenprobe zu versuchen, bei deren Fehlschlagen sie *Erschöpfung* erleiden, die anhält, bis die Cowboys mindestens acht Stunden außerhalb des Sattels ausruhen konnten).

Exposition liegt am Ende eines Eisenbahnabzweigs, und Luke weiß, dass es dort ein Telegraphenbüro gibt. Die Einwohner blicken ängstlich auf die Fremden, die die Stadt betreten, und kurz darauf taucht eine Gruppe bewaffneter Männer und Frauen auf, die das scharfe Ende ihrer Waffen in Richtung der Gruppe halten. Eine Frau mit kalten Augen, die ganz vorne in der Gruppe steht, ruft:

„Das ist weit genug! Lasst eure Waffen fallen und nehmt die Hände hoch!"

Eine Überredenprobe von einem der Helden reicht aus, um die Situation zu beruhigen, bevor das Blei fliegt. Falls keiner aus der Gruppe das Wort ergreift, verhindern Luke oder Abby die Schießerei – es sei denn, die Gruppe ist besonders blutdurstig. Die Anführerin ihrer vermeintlichen Geiselnehmer entschuldigt sich nicht sofort für die Verwechslung, aber sie weist ihre Leute an, die Waffen zu senken.

Es stellt sich heraus, dass sie eine Gruppe von Vollstreckern der Black River sind, die den Endbahnhof in Exposition bewachen. Dem Hauptquartier in Memphis ist zugetragen worden, dass Gault die örtliche Bevölkerung geplündert und dabei behauptet hat, die Unterstützung der Eisenbahn zu haben. Mina Devlin ist weit davon entfernt, eine Heilige zu sein, aber sie nimmt ziemlichen Anstoß daran, wenn jemand sich ihres Ansehens bedient. Ihre Bewaffneten haben den Befehl, die Banditen zur Strecke zu bringen.

Die Anführerin der Vollstrecker ist eine kampferprobte Veteranin aus den Großen Eisenbahnkriegen mit Namen Constance Merit. Sie ist keine der berüchtigten Wichita-Hexen – so weit hat sich dieser Konflikt noch nicht hochgeschaukelt. Merit war davon ausgegangen, dass eine so gut ausgerüstete Gruppe zu Gaults Bande gehört – daher die unfreundliche Begrüßung. Wenn die Gruppe Merit mitteilt, dass sie hinter dem Banditen her ist, brennt sie zweifellos darauf, sich ihnen anzuschließen.

Merit erklärt sich bereit, 10 ihrer Vollstrecker mit der Gruppe mitzuschicken, für den geringen Preis von 50 Rindern. Sie selbst muss hierbleiben und gemeinsam mit den übrigen Bewaffneten den Endbahnhof beschützen – die übrigens zum größten Teil Frauen sind. Durch eine erfolgreiche Überredenprobe lässt sie sich auf 30 Tiere herunterhandeln und mit einer Steigerung erklärt sie sich auch mit 20 Rindern einverstanden. Merits eigentliches Ziel ist es, ihre Chefin zu beeindrucken – der Rest ist nur ein Sahnehäubchen.

- ✪ **CONSTANCE MERIT:** Verwende das Profil Bewaffneter, Veteran auf Seite 83.
- ■ **VOLLSTRECKER DER BLACK RIVER (10):** Verwende das Profil Bewaffneter auf Seite 82.

DAS GESETZ, ODER DESSEN FEHLEN

Falls die Gruppe versucht, zusätzlich zu Merits Vollstreckern irgendwoher Unterstützung für den Angriff auf Gault zusammenzutrommeln, hat sie wenig Glück. Obwohl es ein Fahndungsplakat gibt, das 1.000 Doller Kopfgeldprämie auf Gault aussetzt, scheint niemand in der Stadt großes Interesse daran zu haben, sie in Anspruch zu nehmen.

Es gibt einen Marshal in Exposition, aber Verbrechen, die außerhalb der Stadtgrenzen verübt werden, fallen nicht in seinen Zuständigkeitsbereich – er hat auch kein Interesse daran. Ihm ist nur daran gelegen, den Frieden in Exposition aufrechtzuerhalten und sich mit Merit und ihren Vollstreckern gut zu stellen. Den Sheriff von Colfax County hat seit Tagen niemand mehr gesehen, und es gibt keinen US Marshal innerhalb von hundert Meilen.

Die Stadtbewohner haben gleichermaßen wenig Interesse daran, Gault zu verfolgen. Plünderer sind in den Großen Ebenen zu einem Teil des Lebens geworden, der einfach akzeptiert wird, genau wie Unwetter und Wirbelstürme. Die meisten Leute sehen nicht, welchen Vorteil ihnen eine Schießerei mit einer Bande hartgesottener Mörder bringen sollte.

Nichtsdestotrotz können besonders überzeugende Gruppen ein paar kühne Seelen anheuern. Mit einer erfolgreichen Probe auf *Informationsbeschaffung* –4 kann die Gruppe fünf Stadtbewohner auftun, die bereit sind, bei Sutters Rettung zu helfen. Eine Steigerung auf die Probe verschafft ihnen weitere fünf, aber der Gruppe gelingt es trotz aller Bemühungen nicht, mehr als 10 Einheimische zu mobilisieren.

- ■ **STÄDTER (5 oder 10):** Siehe Seite 88.

DIE SCHLACHT BEI GAULT'S GULCH

Unabhängig davon, ob sie gleich die Verfolgung der Plünderer aufnehmen oder zunächst noch Verstärkung aus Exposition organisieren, ist es nicht besonders schwierig, Gaults Bande aufzuspüren. Letztendlich hinterlassen ein paar tausend Rinder tendenziell eine Spur! Die Gruppe muss noch nicht einmal eine Überlebenprobe zum Spurenlesen ablegen, um ihr zu folgen.

Die breite Schneise aus Hufspuren und Kuhfladen führt ungefähr einen Tagesritt östlich von der Stelle, wo die Plünderer das Lager der Lazy S angegriffen haben. Die Rinder sind in einer steilen Schlucht zusammengepfercht. Der Eingang ist mit einer einfachen Barrikade aus Seilen blockiert (siehe Karte am Ende dieses Kapitels). Gault und seine Männer haben ganz in der Nähe ihr Lager aufgeschlagen. Eine Wache sitzt auf den Felsvorsprüngen neben dem Eingang zur Schlucht. Man sieht dutzende von Banditen herumlaufen, die alle bis an die Zähne bewaffnet sind.

DIE CHANCEN AUSGLEICHEN

Ganz gleich, wie sie die Sache angehen, es mit Gaults Bande aufzunehmen, bedeutet einen heftigen Kampf! Eine clevere Gruppe findet aber möglicherweise dennoch verschiedene Wege, um die zahlenmäßige Überlegenheit der Viehdiebe auszugleichen.

Erstens: Gault hat keinen seiner Gefangenen getötet. Er hofft, dass er die Geiseln an irgendeinem

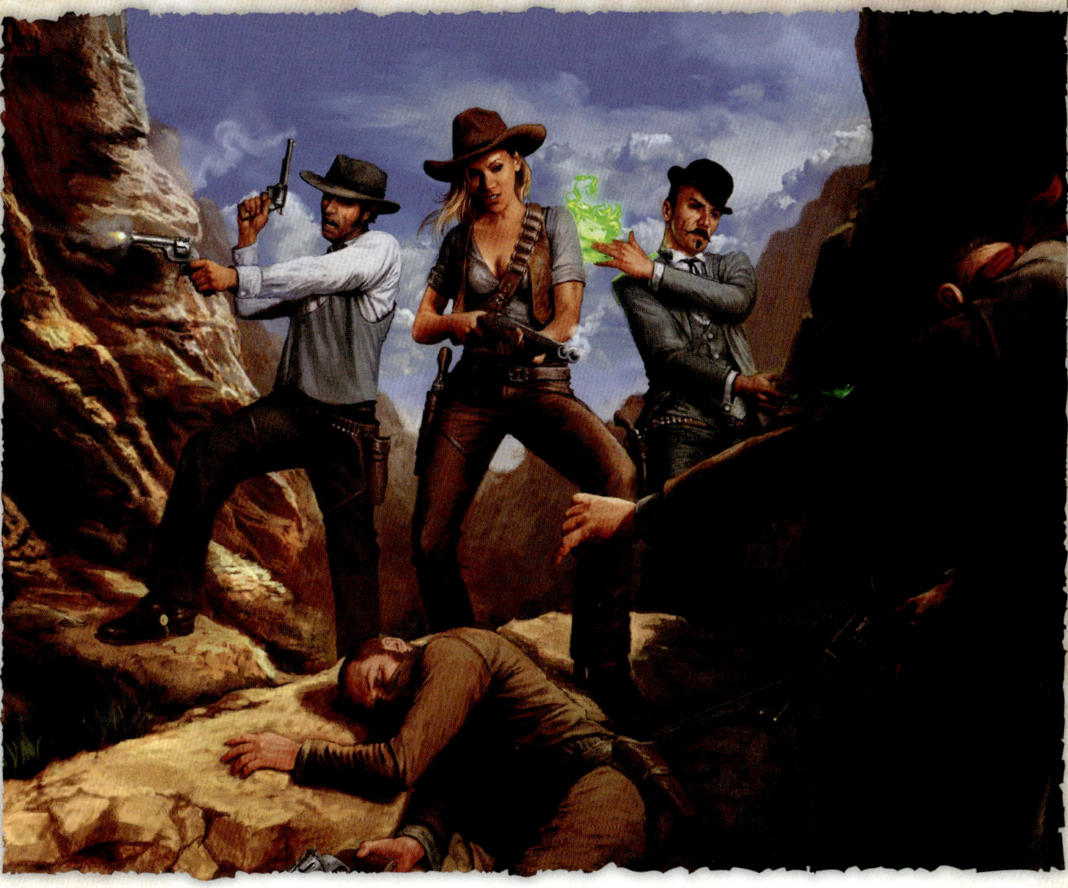

Punkt gegen ein Lösegeld einhandeln kann, und hat sie im südlichen Teil seines Hauptlagers festbinden lassen. Wenn die Gruppe sie befreien kann, verschafft sie sich so fünf weitere Kämpfer und Sutter selbst. Selbstverständlich ist in diesem Augenblick keiner der Gefangenen bewaffnet.

Zweitens: Die Bande hat zwar Beobachtungsposten auf den Felsvorsprüngen platziert, aber die Männer sind gelangweilt und unaufmerksam. Schleichende Helden sollten in der Lage sein, sich an sie heranzuschleichen und sie auszuschalten, bedenkt man, dass sie das Überraschungsmoment auf ihrer Seite haben.

Zu guter Letzt könnten die Retter versuchen, die gestohlenen Rinder in Panik zu versetzen. Wenn sie das Lager umrunden, können sie am östlichen Ende der Schlucht hineinschlüpfen und sich der Herde von hinten nähern. Um die Seilbarrikade unbemerkt durchzuschneiden, ist eine Heimlichkeitsprobe erforderlich. Das Überraschungsmoment ist aber nicht erforderlich, sobald die Kühe in Panik zu geraten beginnen und direkt durch das Lager der Plünderer stampfen! Die Massenpanik dauert 10 Runden lang an und verheert die undisziplinierten Viehdiebe. Natürlich muss die Truppe der Lazy S die Longhorns im Anschluss wieder zusammentreiben, aber ein oder zwei Tage im Sattel sind besser als zu frühe Bekanntschaft mit dem eigenen Grab.

- **COLONEL SOCRATES GAULT:** Siehe unten.
- **GAULTS LIEUTENANTS (1 pro Held):** Verwende das Profil Bewaffneter, Veteran auf Seite 83, oder erstelle eine eigene Bande, wenn du die Herausforderung etwas erhöhen möchtest!
- **PLÜNDERER (40):** Verwende das Profil Bewaffneter auf Seite 82.

COLONEL SOCRATES GAULT

„Colonel" Gault ist niemals wirklich ein Colonel gewesen. Er hat weder bei den Streitkräften der Union noch denen der Konföderierten gedient. Er ist nur ein ambitionierter Bandit, der seit Jahren die Großen Ebenen durchstreift und den Krieg als Entschuldigung dafür nutzt, um zu plündern, zu brandschatzen und sich mit sämtlichen Grenzräubern zusammenzutun, die sich ihm anschließen möchten.

Es ist noch nicht allzu lang her, dass Gault sich im Gebiet des südlichen Colorado niedergelassen hat. Schnell hatte er eine beträchtliche Bande aus Gesetzlosen, Mördern und sogar ein paar unzufriedenen ehemaligen Soldaten um sich geschart. Er verschwendete wenig Zeit und bediente sich seiner Bande, um erfolgreich die Kontrolle über einen kleinen Teil des vom Krieg gebeutelten Staates zu übernehmen.

Gault ist ein kluger Taktiker, aber er neigt dazu, seinen Ambitionen den Vorrang vor seinen Möglichkeiten zu geben. Er überdenkt nur selten die langfristigen Konsequenzen, die seine Handlungen mit sich bringen könnten – eine Eigenschaft, die mehr als einmal dazu geführt hat, dass er mit eingekniffenem Schwanz abhauen musste.

Attribute: Geschicklichkeit W6, Konstitution W10, Stärke W8, Verstand W6, Willenskraft W6

Fertigkeiten: Allgemeinwissen W6, Athletik W6, Einschüchtern W6, Heimlichkeit W4, Kämpfen W8, Kriegskunst W6, Reiten W8, Schießen W8, Überleben W4, Überreden W4, Wahrnehmung W6

Bewegungsweite: 6; **Parade:** 6; **Robustheit:** 7

Handicaps: Blutrünstig, Hässlich (leicht), Gesucht (schwer – Große Ebenen)

Talente: Kampfreflexe, Anführer, Schmerzresistenz, Wirklich schwer zu töten

Ausrüstung: LeMat Revolver ((12/24/48, 2W6, FR 1, PB 1) und Schrotflinte (5/10/20, 1-3W6, FR 1), Säbel (Stä+W6), Pferd, Cowboyhosen, Sattel

NACHSPIEL

Nachdem die Helden Gault besiegt haben, danken Sutter und die anderen Gefangenen ihnen für die Rettung. Wenn die Vollstrecker der Black River dabei waren, kehren sie nach Exposition zurück und nehmen die vereinbarte Anzahl an Rindern mit. Sämtliche Stadtbewohner, die die Helden für ihre Sache gewinnen konnten, gehen ebenfalls. Sutter bleibt mit dem Trupp für die nächsten Tage bei der Schlucht, damit sämtliche Rinder, die während der Schießerei verstreut wurden, sich erholen und wieder zusammengetrieben werden können.

Eine Durchsuchung des Banditenlagers fördert Gaults Versteck unrechtmäßig erworbener Einnahmen zu Tage. In einer Truhe in seinem Zelt befinden sich 1.500 Doller in Scheinen und 400 Dollar in Goldstaub. Sutter schlägt vor, das Geld hälftig zwischen den Cowboys und der Rettungsmannschaft aufzuteilen (darunter auch die Gruppe und Abby). Niemand aus dem Trupp protestiert offen, wenn die Charaktere sich dazu entschließen, alles für sich selbst zu beanspruchen. Dieses Verhalten könnte aber im späteren Verlauf die Beziehung der Gruppe zu den anderen Rancharbeitern beeinträchtigen.

Sobald die Rinder wieder zusammengetrieben sind, brechen die Viehtreiber nach Denver auf. Sutter macht in Exposition Halt, um die Vorräte aufzustocken und den erschöpften Männern eine Nacht der Erholung zu ermöglichen. Die Gruppe kann dann auch versuchen, die 1.000 Dollar Kopfgeld auf Gault zu beanspruchen. Unglücklicherweise haben die überlebenden Vollstrecker und Stadtbewohner bereits einen Anteil eingefordert. Nichtsdestotrotz hat der Marshal 500 Dollar für die Helden zurückbehalten.

DAS ENDE DER REISE

Die Herde verbringt zwei Wochen damit, im hohen Präriegras zwischen Exposition und Denver Fett anzusetzen. Du kannst nach eigenem Gutdünken ein oder zwei Begegnungen einfließen lassen, Marshal, oder der Truppe eine kleine Erholungspause gönnen.

Wenn sie die „Mile-High City" erreichen, lässt Sutter die Herde ein paar Meilen außerhalb der Stadt anhalten. Die Truppe schlägt das Lager auf, und Bill bricht nach Denver auf, um dort zu versuchen, den Kauf abzuschließen. Die Rancharbeiter haben die Erlaubnis, sich selbst etwas in der Stadt umzusehen, solange genügend von ihnen zurückbleiben, um sicherzustellen, dass die Herde gut versorgt ist.

Der Gruppe bleiben ein paar Tage, um zu entspannen, sich einen Drink zu genehmigen und einen Teil ihres sauer verdienten Geldes auszugeben, bevor die Dinge im nächsten Kapitel wieder ins Rollen kommen.

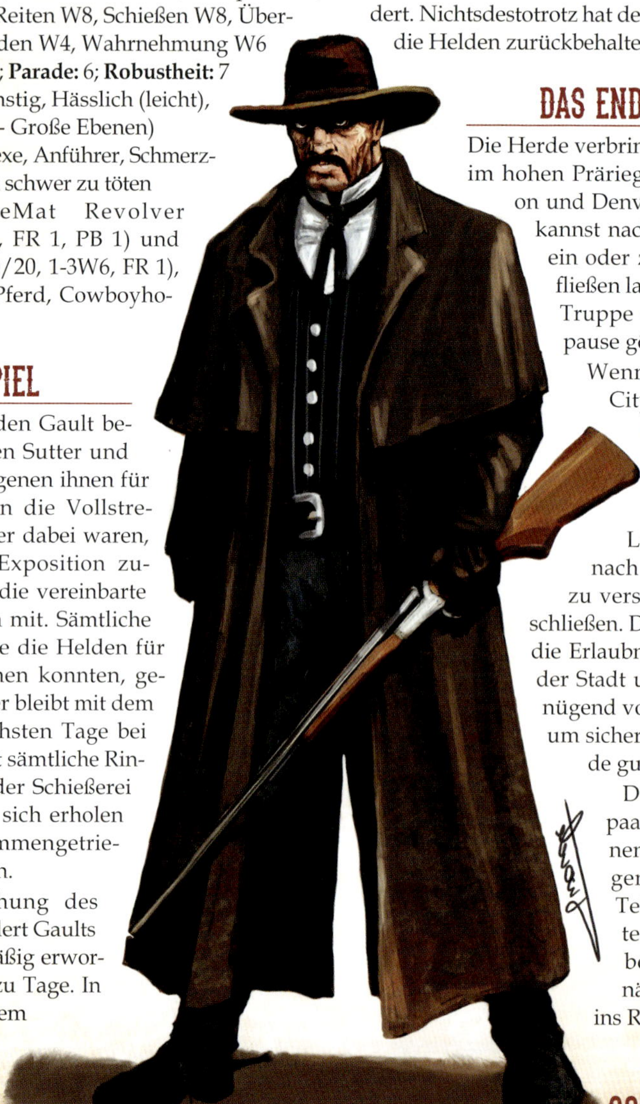

COLONEL SOCRATES GAULT

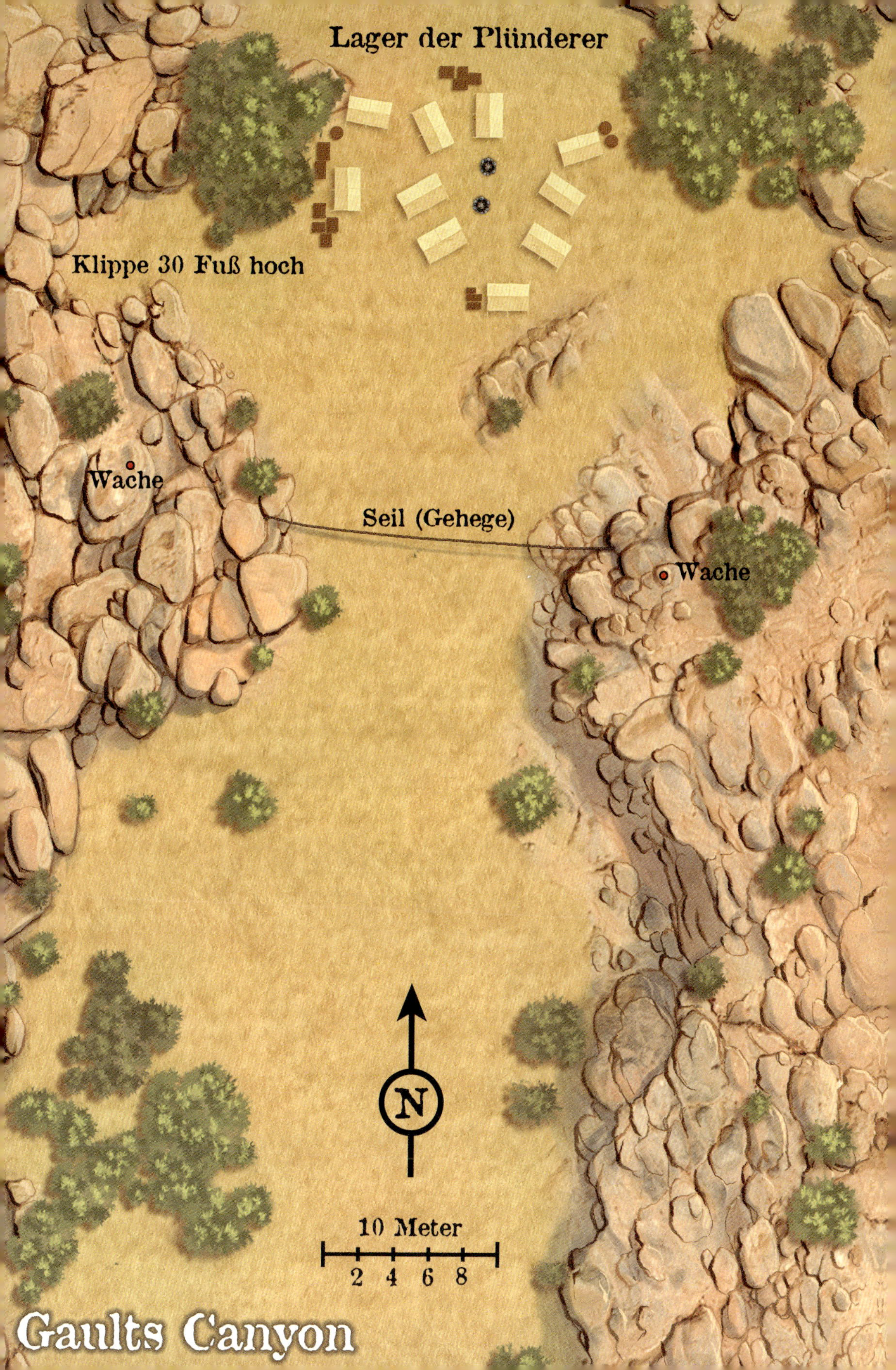
Lager der Plünderer
Klippe 30 Fuß hoch
Wache
Seil (Gehege)
Wache
N
10 Meter
2 4 6 8
Gaults Canyon

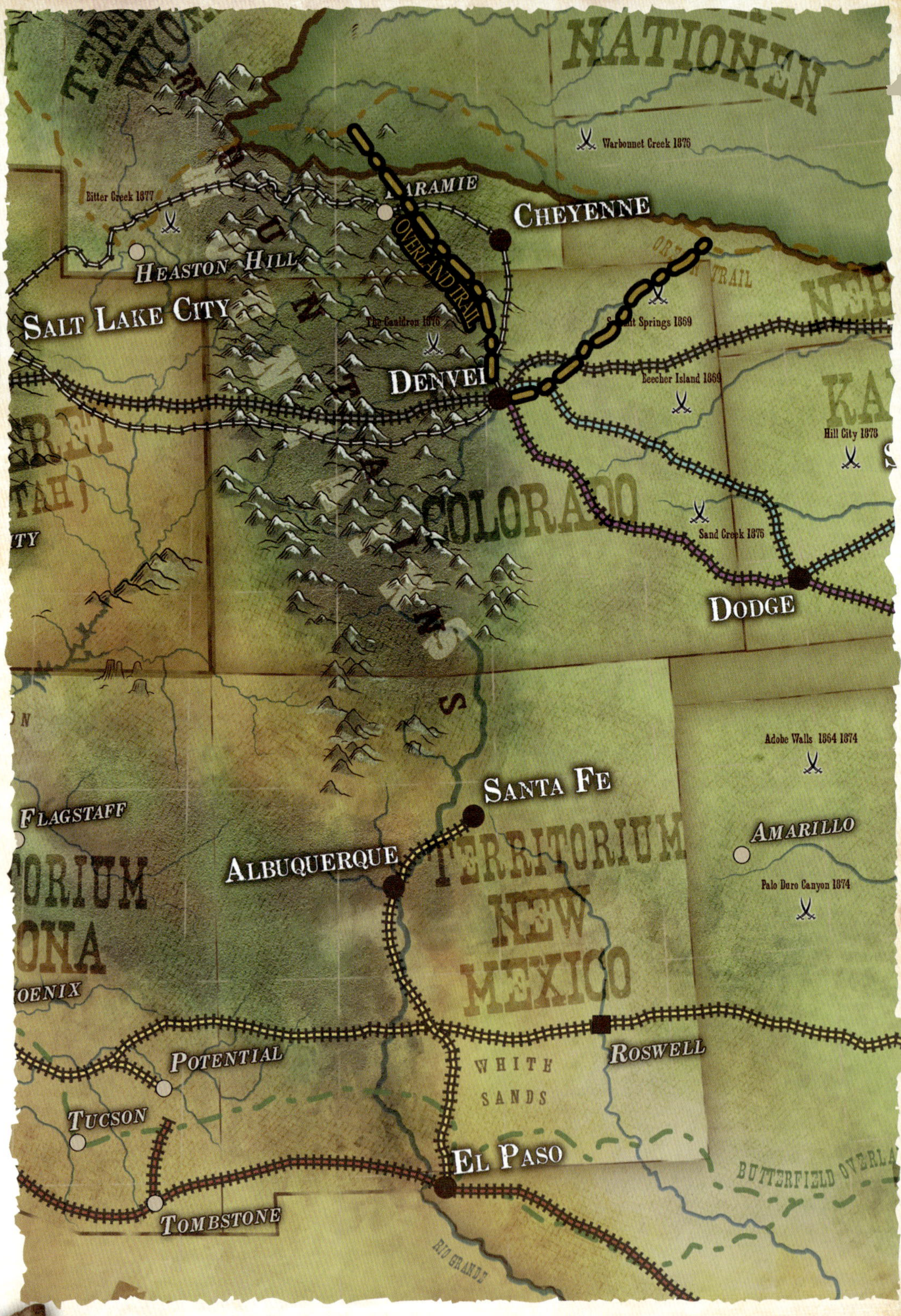
NATIONEN
Warbonnet Creek 1876
Bitter Creek 1877
Cheyenne
Heaston Hill
Salt Lake City
Overland Trail
The Cauldron 1876
Beecher Island 1869
Hill City 1878
Colorado
Sand Creek 1876
Dodge
Adobe Walls 1864 1874
Santa Fe
Flagstaff
Albuquerque
Territorium New Mexico
Amarillo
Palo Duro Canyon 1874
Potential
White Sands
Roswell
Tucson
El Paso
Tombstone
Rio Grande

KAPITEL 4

NORDWÄRTS NACH WYOMING

ZWEITER TEIL: WILDES TREIBEN AUF DER HOCHEBENE

FURCHTSTUFE: 3

Die Herde lässt sich ungefähr einen halben Tagesritt südöstlich von Denver nieder. Sie hat fast die ganze Woche in demselben Gebiet gegrast, während Sutter ein Gefühl für den örtlichen Viehmarkt entwickelte.

Den größten Teil der Zeit verbringt der Trupp – inklusive der Gruppe – damit, entweder an den Außenbereichen der Herde entlangzureiten und Nachzügler wieder einzusammeln oder einfach um den Proviantwagen herumzusitzen und Geschichten auszutauschen. Die Viehtreiber bekommen ab und zu sogar die Möglichkeit, nach Denver zu gehen, um Vorräte zu besorgen oder einfach ein wenig auf die Pauke zu hauen. Im Vergleich dazu, die sturköpfigen Longhorns durch tausende von Meilen feindlicher Wildnis zu treiben, waren die letzten paar Tage der Himmel. Selbstverständlich ist im Unheimlichen Westen nichts so Einfaches von langer Dauer.

PLANÄNDERUNG

Nach ein paar Tagen kehrt Sutter mit finsterer Miene ins Lager der Viehtreiber zurück. Er ruft alle Cowboys zusammen, die zu diesem Zeitpunkt nicht damit beschäftigt sind, die Herde abzureiten, und sagt ihnen, dass er einige Neuigkeiten hat.

„Es hat sich herausgestellt, dass wir ein bisschen spät hier angekommen sind. Zwischen den Herden, die aus dem Wyoming-Territorium runterkommen und den Herden aus Texas, die den Markt in Dodge schon gefüllt haben, sind die Preise für Rindfleisch im Keller. Er liegt nur eine Winzigkeit über dem, was diese Bayou Vermilion Halsabschneider angeboten haben, und diesmal gilt es flächendeckend.

Nachdem ich jetzt ein wenig darüber nachgedacht habe, schätze ich, dass das sowohl gut als auch schlecht ist. Es ist schlecht, weil ich nicht als reicher Mann nach Texas zurückreiten werde – zumindest nicht sofort. Gut ist es, weil es hier eine weitere Herde gibt, die fehl am Platz ist und die ich deshalb für 'nen Appel und 'n Ei aufkaufen konnte. Zusätzlich hat mir ein Typ ein Stück Land im Bighorn Basin oben in Wyoming verkauft, das ein gutes Stück größer ist als meine Ranch auf den Brazos. Ich habe die Schnauze voll davon, mich mit den Rowdys von Bayou Vermilion herumschlagen zu müssen, also hab' ich meine Ranch in Texas telegraphisch verkauft und sein Angebot angenommen. In Wyoming haben wir bessere Chancen, um das Labyrinth mit Rindfleisch zu beliefern, und ihr wisst, dass diese Leute immer hungrig sind.

Ich plane also, beide Herden mit nach Norden zu nehmen und dort eine neue Ranch aufzubauen. Jeder, der mit mir reiten möchte, ist willkommen. Wenn jemand das nicht möchte, kann ich das absolut verstehen. Ihr sollt jegliche Bezahlung erhalten, die euch zusteht. Von meiner Seite erwarten euch weder Groll noch irgendwelche Fragen."

Sutters Plan besteht darin, dem Overland Trail zu folgen, der nach Norden aus Denver herausführt, den westlichen Zipfel der Sioux-Nationen zu kreuzen und sich dann seinen Weg nach Norden durch den Wind River Canyon zu bahnen. Er bietet denjenigen, die noch weiter bei der Lazy S bleiben möchten, eine Bezahlung von 45 Dollar pro Monat an. Ein paar Cowboys erklären sich bereit, dabeizubleiben, aber manche entschließen sich auch, nach Texas zurückzureiten (du kannst entscheiden, welche das sind, Marshal). Sutters Nichte Abby wird selbstverständlich mit ihm nach Norden gehen.

Während die Übrigen über ihre Entscheidung nachdenken, nimmt Sutter die Charaktere zur Seite. Er sagt:

„Ihr Leute habt euch mir und Abby gegenüber von Anfang an anständig verhalten. Um ehrlich zu sein, hat dieser Deal hier ein ziemliches Loch in meine Tasche gefressen und ich werde noch zusätzliche Helfer anheuern müssen. Ich bin bereit, euch an Stelle eines Lohns ein Zehntel meines Besitzanspruches an meiner ursprünglichen Herde abzutreten, das ihr unter euch aufteilen könnt, wenn ihr euch dazu entschließt, bei uns zu bleiben."

Sutters ursprüngliche Herde umfasste ungefähr 1.500 Stück Vieh. Kalkuliert man Verluste während des Viehtriebs und ein paar Verkäufe auf dem Weg ein, kam Sutters Trupp nur mit einem verringerten Bestand von 1.300 Rindern in Denver an, also bietet der Rancher der Gruppe ungefähr 130 Rinder an. (Wenn sie zu einem günstigen Preis verkauft werden, könnte jedes Longhorn bis zu 40 Doller bringen.)

Er hat den Beitrag, den die Helden geleistet haben, äußerst schätzen gelernt, deshalb können die Charaktere mit ihm einen noch besseren Deal aushandeln. Mit einer erfolgreichen Überredenprobe erhöht er sein Angebot auf 200 Stück. Bei einer Steigerung lässt er sich sogar auf bis zu einem Viertel der ursprünglichen Herde ein – 325 Rinder! An seiner neuen Herde möchte er sie allerdings noch nicht beteiligen.

COWBOYS ZUR MIETE

Die neue Herde, die Sutter aufgekauft hat, umfasst ungefähr 2.000 Stück Vieh. Das stellt mehr als eine Verdoppelung der ursprünglichen Lazy S Herde dar. Um all diese Tiere zu versorgen, ist die Lazy S unterbesetzt.

Von den ursprünglichen Cowboys entscheidet sich ungefähr ein halbes Dutzend dafür, bei der Herde zu bleiben (darunter auch Luke Canton, unter der Voraussetzung, dass er noch am Leben ist). Bill plant, insgesamt auf 20 Reiter aufzustocken – inklusive der Gruppe – bevor die Herde nach Norden aufbricht. Er lässt bekannt machen, dass er auf der Suche nach erfahrenen Helfern ist.

Es dauert nicht lange, bis die ersten Landstreicher auf der Suche nach Arbeit auftauchen. Die meisten von ihnen sind anständige, hart arbeitende Cowboys, die auf der Suche nach jedem Job sind, den sie bekommen können, aber Luke warnt davor, dass manche von ihnen auch Banditen oder Viehdiebe sein könnten, die für ihre Bande die Mannschaft einschätzen und die Sicherheitsmaßnahmen auskundschaften möchten.

EIN SPION IM COWBOYGEWAND

Ein besonders schwatzhafter Geselle schein besonders scharf darauf zu sein, bei der Lazy S anzuheuern. Er spricht mit jedem im Lager, auch mit den Helden, und scheint zunächst ein recht freundlicher Typ zu sein. Der vermeintliche Viehtreiber gibt sich als Jay Goodman aus und behauptet, schon bei verschiedenen Viehtrieben mitgeritten zu sein, vor allem auf den Trails um Texas und Chisholm. Alle Caballeros, die Erfahrungen auf einem der beiden Trails haben, halten Goodmans Geschichte für in Ordnung. Er scheint beide Routen zu kennen und all die altbekannten Risiken, die sie bergen. Gleichwohl erhält jeder, der Zeit mit ihm verbringt, die Möglichkeit, eine Wahrnehmungsprobe –2 abzulegen und zu spüren, dass Goodman irgendetwas verheimlicht.

Was auch stimmt! Goodman arbeitet für Empire Rail, die in allem bis auf den Namen ein Ableger der US Army ist. Erinnerst du dich noch an diesen Vorfall mit dem Spion in Roswell? (Siehe **Sieh mal, da oben am Himmel!** Auf Seite 21.) Captain Callahan ist der merkwürdigen Angelegenheit weiter nachgegangen und die US Army glaubt immer noch, dass es einen Wasatch-Spion geben könnte, der mit der Lazy S zusammenarbeitet.

Falls sich in der Gruppe ein verrückter Wissenschaftler befindet, ist er oder sie die Nummer Eins auf ihrer Verdächtigenliste. Ob der Rest des Trupps beteiligt ist oder nicht, wird ebenfalls spekuliert.

Goodman ist gut darin, sich einzuschleichen. Er plaudert mit jedem Mitglied der Gruppeund flunkert mühelos, während er seine ganzen Anekdoten über seine Erfahrungen auf dem Trail auspackt.

Sobald Goodman das Gefühl hat, eine Verbindung zur Gruppe aufgebaut zu haben, wechselt er das Thema langsam in Richtung des Viehtriebs aus Texas. Er lässt die Helden für eine Weile reden, konzentriert sich aber auf Roswell, wenn sie es erwähnen. Falls sie das nicht tun, fragt er sie direkt, ob sie dort vorbeigekommen sind und fügt hinzu, dass er dort einmal in einen „Schlamassel" mit der Army geraten und nur knapp mit dem Leben davongekommen ist. Goodman hofft, dass seine Geschichte die Fremden dazu animiert, von ihren eigenen Erfahrungen dort zu berichten.

Nachdem Goodman einige Zeit mit der Gruppe verbracht hat, beginnt er, die Dinge unter Dach und Fach zu bringen. Er bittet die Mannschaft, ihn im Hinterkopf zu behalten, falls es Arbeit geben sollte, und kehrt nach Denver zurück, um seinen Bericht abzugeben. Er glaubt nicht, dass die Mannschaft mit Wasatch im Zusammenhang steht, aber Andere bei Empire Rails sind nicht davon überzeugt und beschließen, das weitere Vorgehen der Herde noch etwas länger zu beobachten.

IRGENDETWAS STIMMT DA NICHT

Es ist möglich, dass die Helden bemerken, dass mit Goodman irgendetwas nicht in Ordnung ist. Falls er damit konfrontiert wird, leugnet er jegliche Anschuldigungen und beharrt darauf, dass er nur ein unbescholtener Cowboy ist, der nach ehrlicher Arbeit sucht.

Unter extremem Zwang (oder bestimmten Mächten) gesteht Goodman, dass er ein Spion von Empire Rail ist. Er behauptet zunächst, nur sicherstellen zu wollen, dass die Gruppe genau das ist, was sie vorzugeben scheint, da sie sich in der Nähe der Hauptlinie von Empire Rail befindet (das entspricht der Wahrheit). Falls er noch weiter unter Druck gesetzt wird, räumt Goodman ein, dass man besorgt ist, der rätselhaften „Raketenmann" drüben in Roswell könnte einen Komplizen gehabt haben, der dem Leichnam die geheimen Informationen abgenommen haben könnte, die er gestohlen hatte.

- **JAY GOODMAN:** Siehe Seite 84.

AUSBRUCH

Dank einer Kombination aus ein wenig guter Viehhaltung und einer großen Portion Glück war bislang kein Tier aus Sutters ursprünglicher Herde von irgendeiner Art von ernsthaftem Parasitenbefall betroffen. Der ehemalige Besitzer der Herde, die in Denver gekauft wurde, hatte nicht so viel Glück. Diese Herde ist auf ihrem Weg zum Markt über ein Nest von Präriezecken gestolpert und einige der Tiere wurden befallen. Nun hat Bill Sutter auch nicht mehr so viel Glück.

Als sich die Lazy S dem South Platte River etwa eine Woche nordöstlich von Denver nähert, bemerkt einer der Helden ein Longhorn, das ins Stolpern gerät und schließlich stürzt. Ein strauchelndes Rind ist nichts Besonderes, aber die Rinder sind durch gutes Weideland gelaufen. Es gab keine Wasserknappheit und die Bewegungsgeschwindigkeit war während der letzten Tage ziemlich gemächlich. In Anbetracht der Situation ist dieses Vorkommnis etwas ungewöhnlich.

EINE KURZENTSCHLOSSENE AUTOPSIE

Jeder, der sich dazu entschließt, sich das gefallene Rind genauer anzusehen, stellt fest, dass das Tier auf der Seite liegt. Sein Bauch bewegt sich in Spasmen nach innen und außen, und es zuckt, als würde es nach Atem ringen.

Lasse Charaktere, die das Tier untersuchen möchten, eine Wahrnehmungsprobe ablegen. Ein Erfolg bedeutet, dass der Untersuchende sich sicher ist, dass das Tier bereits tot ist. Seine Augen sind nach innen verdreht, seine Lippen von den Zähnen zurückgezogen. Seine Nüstern und seine Brust weist keinerlei Bewegung auf, was darauf hindeutet, dass das Rind nicht atmet. Was auch immer sich dort bewegt, ist nicht das Tier selbst.

Mit einer Steigerung findet der Untersuchungen außerdem ein paar kleine Risse in den Lippen des Tieres. Sie haben bereits zu heilen begonnen und sind mindestens eine Woche alt. (Das ist die Stelle, an der die Zecke in das Maul des Rindes hineingekrochen ist.)

Ungefähr zu diesem Zeitpunkt – oder kurz nachdem das erste Tier gestürzt ist, falls die Gruppe es nicht untersucht hat – durchdringt das Geräusch von Schnauben und Kreischen die gesamte Herde, als weitere Tiere einem ähnlichen Schicksal zum Opfer fallen. Insgesamt stürzt beinahe ein Dutzend von ihnen plötzlich zu Boden und bringt die Helfer der Lazy S ins Grübeln … aber nur für einen Augenblick.

DA STIMMT WAS NICHT!

Nur Augenblicke nach dem plötzlichen Zusammenbruch (oder welcher zeitliche Ablauf deinem Spiel auch am besten dienlich ist, Marshal) zeigen sich die Übeltäter hinter den Todesfällen – indem sie aus den Bäuchen der befallen Longhorns hervorbrechen! Angeschwollene und mit Blut und Innereien besudelte Zecken reißen sich ihren Weg aus den schreienden Stieren und Kühen rings und die Gruppe herum, wobei sie Stücke und Teile der Eingeweide der Tiere in alle Richtung schleudern.

Die grausige Szenerie reicht aus, um selbst von den abgebrühtesten Cowboys eine Furchtprobe (–2) gegen Übelkeit zu erfordern. Die gute Nachricht ist, dass kein Kampf ansteht, weil die widerwärtigen Kriechtiere ganz aufgedunsen sind vom Blut der Rinder. Ihre Blasen sind buchstäblich zum Platzen gefüllt und die winzigen Abscheulichkeiten können nicht mehr tun, als aus den Kadavern und über den Boden zu kriechen. Kerle mit einem robusten Magen, die eine Furchtprobe schaffen, treten einfach auf die kleinen Scheißdinger und zertrampeln sie, wobei dieses Vorgehen allerdings den Inhalt des Blutsacks überall auf den Beinkleidern des Charakters verteilt.

- **PRÄRIEZECKEN:** Siehe *Deadlands*. Diese Zecken sind zu aufgebläht, um zu kämpfen und können ohne Widerstand zertreten werden.

WAS AUCH IMMER DU VOR HAST, NICHT SCHIESSEN!

Die schlechteste – und für viele Gruppen wahrscheinlichste – Reaktion wäre es, wenn jemand aus der Truppe eine Waffe zieht und anfängt loszuballern. Das tötet zwar garantiert jede Zecke, die erfolgreich ins Ziel genommen wurde, aber es ist ebenfalls eine unglaublich dumme Idee, mitten in einer Herde von Texas-Longhorns loszuballern, deren Nerven durch den Geruch von Blut und Rinderinnereien ohnehin schon blank liegen. Falls irgendein Revolverheld in der Hitze des Gefechtes auch nur einen einzigen Schuss abfeuert, geraten die Rinder in Panik und starten eine Massenpanik!

Falls du gerade besonderen Blutdurst verspürst, vergiss nicht, dass auch noch mehr als ein Dutzend anderer Cowboys anwesend ist – von denen die meisten ebenfalls derzeit eine kurze Zündschnur haben und in der Lage wären, in einem Moment des Schocks oder der Angst einen Schuss auf eine Zecke abzufeuern.

Da jeder, der eines der gestürzten Rinder untersuchen möchte, sich mitten in der Herde befindet, dürfte er wahrscheinlich einer Welt des Schmerzes entgegensehen. Siehe **Lassowerfen und Reiten** auf Seite 11 für weitere Einzelheiten. In diesem Fall bestünde die erste Priorität der Truppe darin (abgesehen vom Überleben), die Tiere wieder unter Kontrolle zu bekommen. Falls notwendig, sind die Helfer für den Rest des Nachmittages damit beschäftigt.

Wenn sich die Herde beruhigt hat, kann die Gruppe versuchen, alle übrigen Rinder auszusortieren, die von den Parasiten befallen sind. Das bringt allerdings einen langen und blutigen Tag harter Arbeit für den gesamten Trupp mit sich.

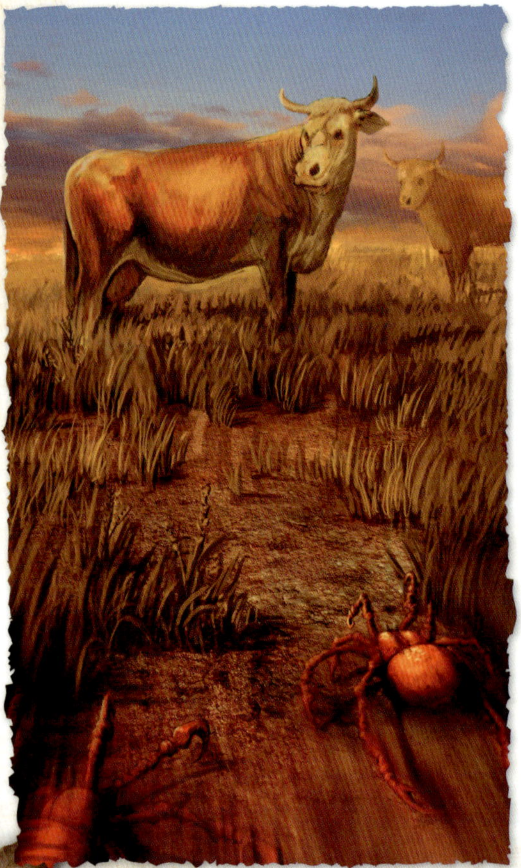

VOR DEN TOREN DES HADES

Mit dem Übergang zum Hochsommer wird das Wetter milder und die Bedrohung durch riskante Flussüberquerungen wird geringer. Der Trupp durchwatet den South Platte River mühelos an einer Haltestation der Postkutsche, die als Latham Station bekannt ist, und der Weg nach Norden ins Wyoming-Territory scheint frei zu sein.

Nach einigen Tagen auf der Reise durch relativ sanftes Hügelgebiet ohne Schießereien oder Massenpaniken beginnen die Charaktere wahrscheinlich, sich zu entspannen.

Nördlich der Latham Station passiert die Herde die am nächsten gelegene Stelle mit dem am besten bewachten Stützpunkt der Wasatch Railroad östlich der City o' Gloom – Camp Hades. Camp Hades ist schwer bewaffnet, und das ist auch gut so. Es bewacht den östlichen Eingang zum Plutonian Express, der von den östlichen Ausläufern der Rockies den ganzen Weg bis nach Kalifornien führt!

Glücklicherweise verläuft der Overland Trail in einiger Entfernung westlich des Wasatch-Lagers. Sutter glaubt, dass diese Entfernung ausreicht, um jegliche unerwünschten Verwicklungen mit den zahlreichen Vollstreckern der Eisenbahn in diesem Gebiet zu vermeiden. Unglücklicherweise hat Hellstrommes Eisenbahngang ein persönliches Interesse an der Lazy S entwickelt.

SPIONAGESPIELCHEN

Es mag wenig überraschen, dass beinahe jeder andere Eisenbahn-Baron bewaffnete Einheiten oder Spione in diesem Gebiet angesiedelt hat, um ein Auge auf Hellstrommes Machenschaften zu halten. Wenn du möchtest, dass die Gruppe auf der Hut bleibt, lass sie eine Wahrnehmungsprobe ablegen, um auf eine Gruppe schwer Bewaffneter aufmerksam zu werden, die die Herde für kurze Zeit von einem erhöhten Punkt in einiger Entfernung beschattet. Es handelt sich um Kundschafter von einem oder mehreren Eisenbahn-Baronen, die jegliche ungewöhnliche Aktivität in der Gegend beobachten. Sie stellen schnell fest, dass die Mannschaft der Lazy S keine ernsthafte Bedrohung darstellt, und ziehen weiter – aber möglicherweise nicht, ohne die Viehtreiber zuvor ein wenig nervös gemacht zu haben.

Eine Gruppe, die der Herde etwas mehr Aufmerksamkeit schenkt, ist Empire Rail. Die Vollstrecker der Eisenbahn wurden von ihrem Spion Goodman vorgewarnt und haben nach der Mannschaft der Lazy S Ausschau gehalten. Empire Rail ist immer noch unschlüssig, ob die Gruppe mit Wasatch zusammenarbeitet, aber ihre Bewaffneten behalten ihre Hände für alle Fälle lieber nah am Waffenknauf.

WASATCH KLOPFT AN

Ungefähr zwei Tage, nachdem sie die South Platte überquert haben, machen die Helden einen Dampfwagen aus, der sich über das felsige Terrain auf die Herde zubewegt. Das Gefährt ist massig, hat eine merkwürdige Form und bewegt sich langsam. Offenkundig handelt es sich nicht um das standardmäßige Katalogmodell von Smith & Robards.

Falls sie nicht selbst die Initiative ergreifen, weist Sutter die Helden an, die Gerätschaft anzuhalten, bevor sie die Herde durcheinanderbringt.

Als der Dampfwagen näherkommt, erkennen die Cowboys den Grund für die merkwürdige Silhouette des Gerätes. Das Gefährt ist schwer gepanzert, und sogar der Fahrersitz ist von Stahlplatten umgeben. Ein Gatling-Geschützt ist hinter der Fahrerkabine montiert – und bemannt. Der Schütze hat die Helden mit der Waffe nicht genau ins Ziel genommen, aber er stellt sicher, dass sie immer wieder einen Blick auf die Gewehrläufe der Waffe erhaschen.

PROBLEMLÖSER

Der Dampfwagen hält in kurzer Entfernung vor der Gruppe an. Ein hochgewachsener, dünner Mann in einem stahlgrauen Mantel steigt aus der Beifahrerseite aus. Sein Blick ist ausschließlich auf den Trupp der Lazy S fokussiert – und besonders auf die Gruppe.

Jurgen Emmerich begann als Erfinder in der Forschungseinrichtung von Wasatch, aber die Eisenbahn stellte schnell fest, dass er deutlich besser für das Schlachtfeld geeignet war als für das Labor. Emmerich hat ein Händchen dafür, Probleme zu lösen. Er ist skrupellos, und es ist unmöglich, ihn von seinem Kurs abzubringen, bevor er nicht sein Ziel erreicht hat. Als zusätzlichen Bonus betrachtet er Menschen entweder als Werkzeuge oder als Hindernisse, die er je nach Situation benutzen kann oder sich ihrer entledigen muss.

Wasatch haben Berichte erreicht, nach denen ihr Spion im Spezialwerk der Army, Roswell, versucht haben soll, mit einer bedeutenden Geheiminformation zu fliehen. Wasatch glaubt, dass die Army kurz davor steht, das Geheimnis um Hellstrommes Automaten zu entschlüsseln, und dass der Spion entscheidende Informationen bezüglich ihres Fortschrittes hatte. (Wie bereits in **Sieh mal, da oben am Himmel!** auf Seite 21 angemerkt, ist die Army meilenweit davon entfernt.)

Ebenso wie Empire Rail hat auch Wasatch gehört, dass ihr Spion getötet wurde und die Herde der Lazy S zufällig als erste bei seinem Leichnam ankam – und bei der Information, die er bei sich hatte.

Wasatch hat Emmerich geschickt, damit er ein Gefühl für die Gruppe bekommt und wiederbeschafft, was auch immer sie gefunden haben mag. Emmerich hat es in seinem Wahnsinn zu seinem persönlichen Kreuzzug gemacht, die Informationen um jeden Preis zurückzubekommen. Er lässt es so aussehen, als seien seine Auftraggeber diejenigen, denen es wichtig ist, dabei treibt seine eigene Besessenheit ihn an.

BRUTALE TAKTIK

Emmerich steigt aus und schreitet entschlossen auf die Charaktere zu. Der Mann strahlt die Wärme und Persönlichkeit eines Stücks kalten Stahls aus.

> *„Guten Tag, Ladies und Gentlemen. Mein Name ist Jurgen Emmerich und ich bin ein Vertreter der Wasatch Railroad, einer Firma, die zu 100 Prozent Hellstromme Industries gehört. Ich bin sicher, mein Arbeitgeber ist Ihnen bekannt.*
>
> *Uns ist zugetragen worden, dass Sie oder einer Ihrer … ‚Cowboy-Kollegen' im Besitz von geistigem Eigentum ist, das uns gehört. Wie wir glauben, haben Sie es irgendwo in der Nähe von Roswell, New Mexico, von einem gewissen unglückseligen ‚Raketenmann' an sich genommen, nicht wahr?*
>
> *Dieses Eigentum ist für meinen Auftraggeber von enormem Wert, und er wüsste es gerne schnellstmöglich wieder in seinem Besitz. Selbstverständlich bin ich aufgrund des persönlichen Werts dieses Eigentums befugt, Ihnen in seinem Namen eine angemessene Entlohnung für Ihre Mühen zukommen zu lassen, es sicher hierher zu bringen."*

Falls die Gruppe fragt, von welcher Information er spricht, scheint Emmerich gereizt, als ob der der Meinung sei, die Charaktere seien auf irgendeine Art von List aus. Er erläutert flüchtig.

> *„Es steht mir nicht frei, die genaue Beschaffenheit besagten Eigentums zu erörtern. Allerdings war ein … Kurier, der in unseren Diensten stand, gerade auf dem Weg, dieses Eigentum zu überbringen, als er mit fehlgeleiteten Abriegelungseinheiten der Army in Konflikt geriet. Unsere Quellen haben uns darüber informiert, dass die Army unser Eigentum nicht an sich genommen hat.*
>
> *Dieselben Quellen haben uns ebenfalls wissen lassen, dass diese Herde – die ‚Lazy S', richtig? – und ihr Trupp die einzigen anderen waren, die zu diesem Zeitpunkt in der Nähe waren. Nochmals, wir würden die Rückgabe unseres Eigentums sehr zu schätzen wissen. Sollten Sie dies versäumen, träfe es selbstverständlich nicht auf Wohlwollen."*

Falls die Gruppe nach der Höhe der Belohnung fragt, die Emmerich angeboten hat, entgegnet er, dass die Eisenbahn bereit ist, 1.000 Dollar für die Information zu zahlen. Diese Summe steht nicht zur Verhandlung. Wasatch hat den Betrag festgesetzt, und Emmerich ist nicht befugt, darauf Einfluss zu nehmen. Keinerlei *Überreden* oder *Einschüchtern* ihm gegenüber kann die Belohnung ändern.

Unglücklicherweise hat der wahnhafte Emmerich bereits beschlossen, dass die Mannschaft der Lazy S eliminiert werden muss, selbst wenn sie tatsächlich die Dokumente des Spions herausrückt. Immerhin gibt es für ihn keine Möglichkeit, festzustellen, ob sie den Inhalt verstanden oder eine Kopie davon angefertigt haben oder ob sie ihm überhaut die echten Informationen verkaufen, die der Spion gestohlen hat.

Falls die Helden ihm die echten Dokumente aushändigen, die sie bei dem Spion gefunden haben, überfliegt Jurgen sie kurz und wirft sie dann auf den Boden, während er sie als offenkundige Fälschungen deklariert. Er kennt die Geheimnisse um Hellstrommes Automaten und erkennt, dass die Pläne der Army nichts damit zu tun haben. Er bemerkt auch, dass die Entwürfe nicht umsetzbar sind und nimmt an, dass die Gruppe versucht, ihn übers Ohr zu hauen. Der Vollstrecker wirft ihnen einen enttäuschten Blick zu, wendet sich schroff ab und kehrt zu seinem Wagen zurück. Augenblicke später verschwindet er in einer Wolke aus Schmutz und Staub.

Falls das Gespräch andererseits zu einem Streit eskaliert (das bedeutet übrigens einen Kampf, Marshal), rennt Emmerich zum Wagen zurück und versucht, zu fliehen. Falls er fliehen kann, kehrt er am nächsten Tag zurück, wie **in Tod von Oben** auf der gegenüberliegenden Seite beschrieben. Sollte es der Gruppe stattdessen gelingen, ihn ins Jenseits zu schicken, findet am nächsten Tag kein Angriff der Wasatch-Truppen statt.

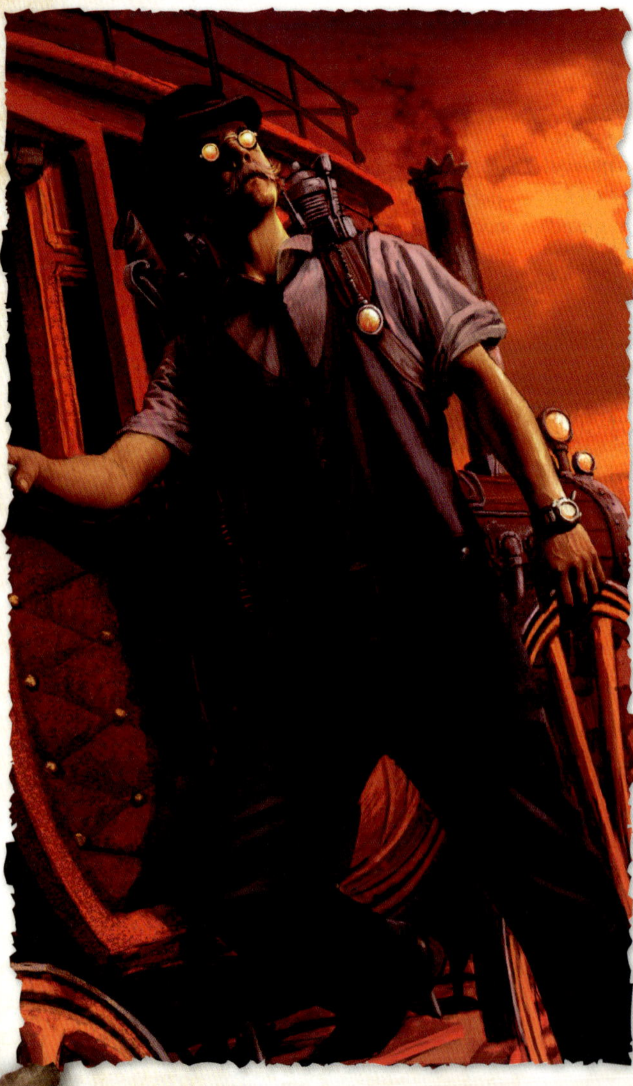

Die Schwierigkeiten, die er der Lazy S macht, sind auf Emmerichs eigenen Mist gewachsen. Er ist nun einmal ein gemeiner, sturer und rachsüchtiger Miesepeter. Solange der Viehtrieb sich nicht in der Nähe von Camp Hades aufhält, gibt es keine weiteren Querelen mit Wasatch.

- **JURGEN EMMERICH:** Siehe Seite 84.
- **BESATZUNG DES DAMPFWAGENS (2):** Verwende das X-Squad-Profil auf Seite 88.

GEPANZERTER DAMPFWAGEN

Dieses gepanzerte Modell wird von Hellstromme Industries exklusiv für den Einsatz durch Wasatch Bahnbesatzungen hergestellt. Der Wagen hat ein offenes Verdeck und ist schwer gepanzert, was ein Gefährt hervorbringt, das stärker, aber auch langsamer ist als die Version von Smith & Robards.

Gepanzerter Dampfwagen: Größe 4 (Groß), Manövrierfähigkeit -1, Höchstgeschwindigkeit 80 km/h, Robustheit 15 (8), Besatzung 1+5

Waffen: Gatling-Geschütz (Fernkampfreichweite: 24/48/96, 2W8, FR 3, PB 2)

SCHON WIEDER ACHT BEINE

Um Mitternacht herum hören die Cowboys das Schnaufen und Muhen verängstigter Rinder, das ungefähr eine halbe Meile entfernt von den westlichen Randbereichen der Herde kommt. Falls sie Nachforschungen anstellen, finden die Cowboys einige tote Longhorns mit großen Löchern in den Flanken – nicht unähnlich den Tieren, die vor Kurzem den Präriezecken zum Opfer gefallen sind.

Jeder, der sich die Sache genauer betrachten möchte, kann eine Heilenprobe ablegen, um zu bemerken, dass diese Wunden, anders als die von den Parasiten verursachten, scheinbar durch Gewalteinwirkung von außen zustande gekommen sind. Eine Überlebenprobe (Spurenlesen) –2 enthüllt kleine, schwere Vertiefungen in der Erde überall um die toten Rinder – größer und tiefer als die Präriezecken sie hinterlassen.

Kurze Zeit später kommt es in einer weiteren Gruppe von Rindern nicht weit von ihrem jetzigen Standort zu Unruhe und Krawall. Wenn die Gruppe zu den Geräuschen eilt, sieht sie, dass die Tiere von drei Fuß großen, achtbeinigen mechanischen Schrecken angegriffen werden. Die Mechanischen Taranteln nehmen keine Notiz von den zweibeinigen Neuankömmlingen, sofern sie nicht angegriffen werden, und konzentrieren sich stattdessen darauf, Säure auf die Longhorns zu versprühen. Sobald die Charaktere eingreifen, wenden sich die künstlichen Spinnentiere ihnen zu! Die Apparaturen kämpfen bis zum Ende und explodieren bei ihrem „Tod" in einer Salve aus Säure.

- **MECHANISCHE TARANTELN (1 pro Held):** Siehe Seite 89.

WILDE PRÄRIEFEUER

Emmerich kehrt am nächsten Tag zurück, um es noch einmal mit Verhandlungen zu versuchen. Falls die Gruppe ihn mit Anschuldigungen bezüglich der Mechanischen Taranteln konfrontiert, besteht seine erste Antwort darin, die „angeblichen Apparaturen" sehen zu wollen, wobei ihm natürlich vollkommen bewusst ist, dass von den Gerätschaften kaum mehr übrig ist als eine Schleimpfütze. Er wird dieses Spiel schnell müde, und er prescht mit seinen wenig subtilen Anschuldigungen vom vergangenen Tag vor – dieses Mal mit der zusätzlichen Androhung weiterer Unannehmlichkeiten.

„Vielleicht sind einige unserer Erfindungen in falsche Hände geraten und wurden auf Ihre Rinder losgelassen. Falls dem so wäre, wäre das natürlich ein schreckliches Vorkommnis. Nachdem Sie nun selbst gesehen haben, wie fatal die Auswirkungen solcher Umstände sein können, bin ich sicher, dass Sie verstehen werden, warum ich ein so großes Interesse daran habe, das Eigentum meines Auftraggebers zurückzubekommen. Es wäre schrecklich für mich, mitanzusehen, dass Ihre Bemühungen durch weiteres Unheil entlohnt werden."

Unabhängig davon, wie die Gruppe reagiert, glaubt Emmerich, dass der Trupp der Lazy S ihm Informationen vorenthält. Diesmal bietet er keine Belohnung an. Selbst wenn sie ihm die Dokumente aushändigen, kann nichts, das sie sagen oder tun, ihn vom Gegenteil überzeugen. Er rückt schließlich wieder ab, spricht aber noch eine Warnung aus, dass er nur wenig Geduld für ihre „törichte Sturheit" hat.

Weniger als eine Stunde, nachdem Emmerichs Dampfwagen wieder abgezogen ist, riechen die Cowboys Rauch. Eine Minute später sind Flammen zu sehen, die sich rasch von Osten nähern.

Die Cowboys der Lazy S müssen schnell reagieren, um zu verhindern, dass die Rinder in einer Massenpanik vor dem Flammen flüchten. Siehe **Lassowerfen & Reiten** auf Seite 11.

Das Präriefeuer wurde von einem Wasatch X-Squad gelegt, das mit Flammenwerfern bewaffnet ist. Wenn die Mannschaft die Herde unter Kontrolle gebracht und von dem grasigen Inferno weggeführt hat, sind die Vollstrecker längst wieder fort. Falls die Gruppe Nachforschungen anstellt, eröffnet eine erfolgreiche Überlebenprobe (–2) ihr, dass das Feuer absichtlich gelegt wurde. Eine Steigerung bei der Probe gibt ihnen genügend Informationen, um zu vermuten, dass möglicherweise Flammenwerfer oder ähnliche Gerätschaften eingesetzt wurden, um den Brand auszulösen.

TOD VON OBEN

Am Morgen nach dem Buschfeuer kehrt Emmerich noch einmal in seinem Dampfwagen zurück. Sutters Geduld mit dem Wasatch-Wissenschaftler ist aufgebraucht. Er schickt die Gruppe los, um mit ihm zu sprechen, aber dieses Mal entsendet er als Machtdemonstration zusätzlich 10 weitere Cowboys.

Die Botschaft entgeht Emmerich nicht. Er steigt nicht aus dem Fahrzeug aus und zieht es stattdessen vor, sich aus der offenen Fahrerkabine an die Gruppe zu wenden. Auch seine Geduld ist erschöpft, und er macht sich längst nicht mehr die Mühe, subtil vorzugehen.

„Ich sehe, es hat einige … neue Unannehmlichkeiten gegeben. Ich wünschte wirklich, wir wären zu einer Einigung gekommen. Unglücklicherweise konnten meine Auftraggeber Ihrer Verschwiegenheit in Wahrheit niemals wirklich sicher sein, selbst wenn wir zu einer Einigung gekommen wären. Also schätze ich, dass dieser Ausgang unvermeidlich war."

Mit diesen Worten hebt er seine linke Hand und gibt damit das Signal für den Angriff.

DER KAMPF

Als Antwort auf Emmerichs Signal rast eine große Gruppe von X-Squads hinter einem etwa 50 Meter entfernten Hügel in den Himmel hinauf. Aus ihren Raketenrucksäcken strömt Dampf, als sie in riesigen Sprüngen auf die Herde zuspringen. Gleichzeitig taucht ein Autogyro im Zentrum des Hügels auf und fliegt nur ein paar dutzend Fuß über dem Boden auf die Herde zu.

Der Gruppe bleibt eine Runde, bevor die Wasatch-Vollstrecker da sind. Emmerich greift in seinem Zug die Mannschaft mit seinem elektrostatischen Gewehr vom Beifahrersitz aus an und setzt je nach Bedarf *Geschoss* oder *Strahl* ein. Der Fahrer versucht, sich von der Gruppe wegzubewegen (mindesten 15" oder 30 Meter), und der Maschinengewehrschütze eröffnet das Feuer mit der Gatling.

Durch den Dampfwagen haben Emmerich und seine Schützen *Mittlere Deckung* und der Fahrer *Schwere Deckung*. Die X-Squad Truppen und der Autogyro treten dem Kampf zur selben Zeit bei. Wenn die X-Squads ankommen, greifen sie die Lazy S sofort mit ihren Gatling-Waffen an. Der Autogyro fliegt alle zwei Runden vorbei. Bei jedem Vorbeifliegen wirft der Pilot ein Bündel aus zwei Dynamitstangen (Schaden 2W6+2, MFS) auf die größte Ansammlung an Lazy S Helfern und/oder Mitgliedern der Gruppe. (Insgesamt verfügt er über drei Bündel.)

Es mag wenig überraschen, dass der Tumult die Longhorns erschreckt und eine Massenpanik auslöst (siehe Seite 11). Sutter und die übrigen Cowboys haben alle Hände voll zu tun, die in Panik geratenen Rinder unter Kontrolle zu bringen, und müssen der Gruppe und ihren 10 Cowboys die Auseinandersetzung mit der Wasatch-Kampfgruppe überlassen.

✪ **JURGEN EMMERICH:** Siehe Seite 84.

- **AUTOGYRO:** Größe 1, Manövrierfähigkeit +2, Höchstgeschwindigkeit 120 km/h, Robustheit 7(1), Besatzung 1+1. Verwende das X-Squad Profil auf Seite 88 für die Besatzung. Der Gyro ist mit einem Gatling-Geschütz bewaffnet (24/48/96, 2W8, FR 3, PB 2).
- **GEPANZERTER DAMPFWAGEN:** Größe 4 (Groß), Manövrierfähigkeit -1, Höchstgeschwindigkeit 80 km/h, Robustheit 15 (8), Besatzung 1+5. Er ist mit einem Gatling-Geschütz bewaffnet (24/48/96, 2W8, FR 3, PB 2). Verwende das X-Squad Profil auf Seite 88 für den Schützen und den Fahrer.
- **X-SQUAD TUPPEN (10):** Siehe Seite 88. Sie sind ausgestattet mit Raketenrucksäcken, Panzerwesten (+2, –2 Schaden durch Kugeln) und Gatling-Gewehren (24/48/96, 2W8, FR 2, PB 2)

ES KOMMT NOCH SCHLIMMER

Drei Runden, nachdem die X-Squads die Gruppe angegriffen haben, betritt ein neuer Gegner das Schlachtfeld. Hinter demselben Hügel, hinter dem sich auch die anderen Wasatch-Truppen verborgen gehalten hatten, tuckert eine von Hellstrommes am meisten gefürchteten Schöpfungen hervor – ein Automat!

Diese unheilige Vereinigung aus Nekromantie und Dampftechnologie hat sich zum selben Zeitpunkt in Bewegung gesetzt, wie seine Kameraden, aber er erreicht erst jetzt die Anhöhe. Der eisengepanzerte Moloch ist 25" (50 Meter) entfernt, als die Gruppe ihn zum ersten Mal erblickt. Er tuckert mit Bewegungsweite 4 vorwärts und lässt auf seinem Weg einen tödlichen Bleihagel niederregnen.

Emmerich setzt den Kampf fort, bis acht X-Squads und der Automat *Ausgeschaltet* sind. Sollte Emmerich selbst im Kampf fallen, beginnen die übrigen menschlichen Vollstrecker mit ihrer nächsten Aktion den Rückzug. Der Automat wiederum kämpft bis zum Tod – oder, in seinem Fall, bis zur Explosion durch einen versteckten Sprengsatz!

✪ **AUTOMAT (1):** Siehe Seite 89.

HIER KOMMT DIE KAVALLERIE!

In diesem Kampf sieht es definitiv schlecht aus für die Lazy S, aber gib den Helden die Chance, in diesem Kampf selbst einen Triumph herbeizuführen. Durch clevere Taktiken und Glück kann sich das Blatt wenden lassen.

Falls die Gruppe überfordert ist, ist noch nicht alles verloren. Dank Goodmans Bericht ist Empire Rail der Mannschaft der Lazy S seit Denver dicht auf den Fersen geblieben – insbesondere als die Herde sich Camp Hades nähert. Ein kleines Kontingent der Kavallerie-Vollstrecker der Eisenbahn unter der Führung von Goodman befindet sich schon seit ein paar Tagen in der der Nähe. Sobald klar ist, dass die Gruppe nicht mit Wasatch im Bunde steht, ergreifen sie die Gelegenheit, um Hellstrommes Lakaien aufzumischen!

Wir überlassen es deiner Entscheidung, wann – wenn überhaupt – die Gruppe ein wenig Unterstützung von den Jungs in Blau gebrauchen könnte. Sobald du entscheidest, dass die Dinge den Bach runter gehen wie eine Natter, die in einen Felsrutsch gerät, eilt die Truppe der Empire Rail zur Hilfe.

Falls Empire Rail ins Spiel kommt, solltest du die Spieler die zusätzlichen Kämpfer als Verbündete spielen lassen.

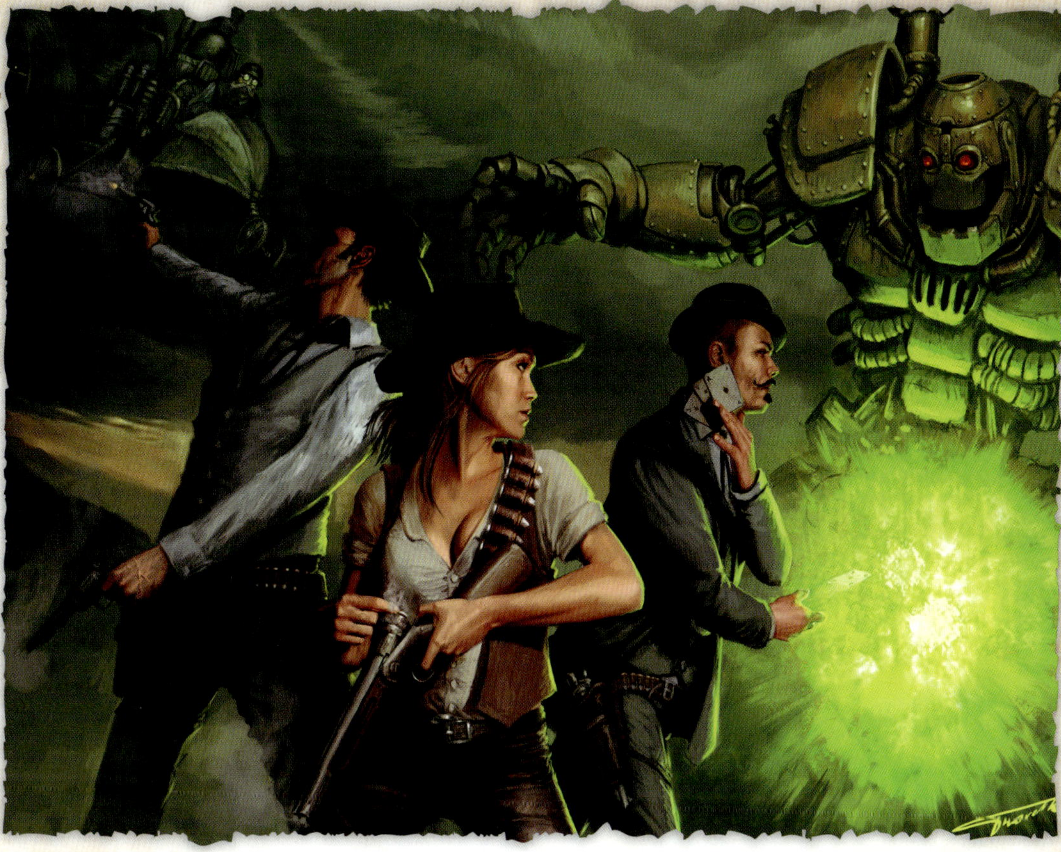

Falls es den Caballeros gelingt, allein mit den Wasatch-Schlägern fertigzuwerden, kommen die Truppen der Empire Rail trotzdem hinzu, aber erst genau rechtzeitig, um ihnen zu gratulieren und ihnen einen kräftigen Schulterklopfer zu verpassen!

- **JAY GOODMAN:** Siehe Seite 84. Er reitet auf einem robusten Reitpferd (Konstitution W10) und trägt ein Deputy-Abzeichen - sein „zweites Standbein" in beruflicher Hinsicht.
- **VOLLSTRECKER DER EMPIRE RAIL (10):** Verwende das Soldat, Veteran Profil in *Deadlands: The Weird West*. Sie sitzen auf Reitpferden (siehe *Savage Worlds*).

FLUCHT AUS DER HÖLLE

Sobald die Cowboys der Lazy S die Wasatch-Truppen besiegt haben, beschließt die Eisenbahn, den Schaden zu begrenzen. Emmerich ist entweder tot oder beschämt durch seine Niederlage und wird all seiner Ämter enthoben. Wasatch beschließt, dass das Kind bereits in den Brunnen gefallen ist, wenn die Army tatsächlich das Geheimnis der Automaten geknackt haben sollte, und es deshalb zu spät wäre, um den Brunnen zuzudecken. Und nach diesem verheerenden Kampf mit dem X-Squad ist Empire Rail auch davon überzeugt, dass die Gruppe nicht mit Hellstromme im Bunde steht.

Die restliche Weiterreise bis zur Grenze Wyomings verläuft ereignislos - es sei denn, du möchtest selbst noch ein paar Komplikationen für die Viehtreiber einstreuen, Marshal. Vergiss auch nicht die Begegnungstabellen in *Deadlands: The Weird West*. Dort findest du alle möglichen Arten von Schwierigkeiten, falls du das möchtest!

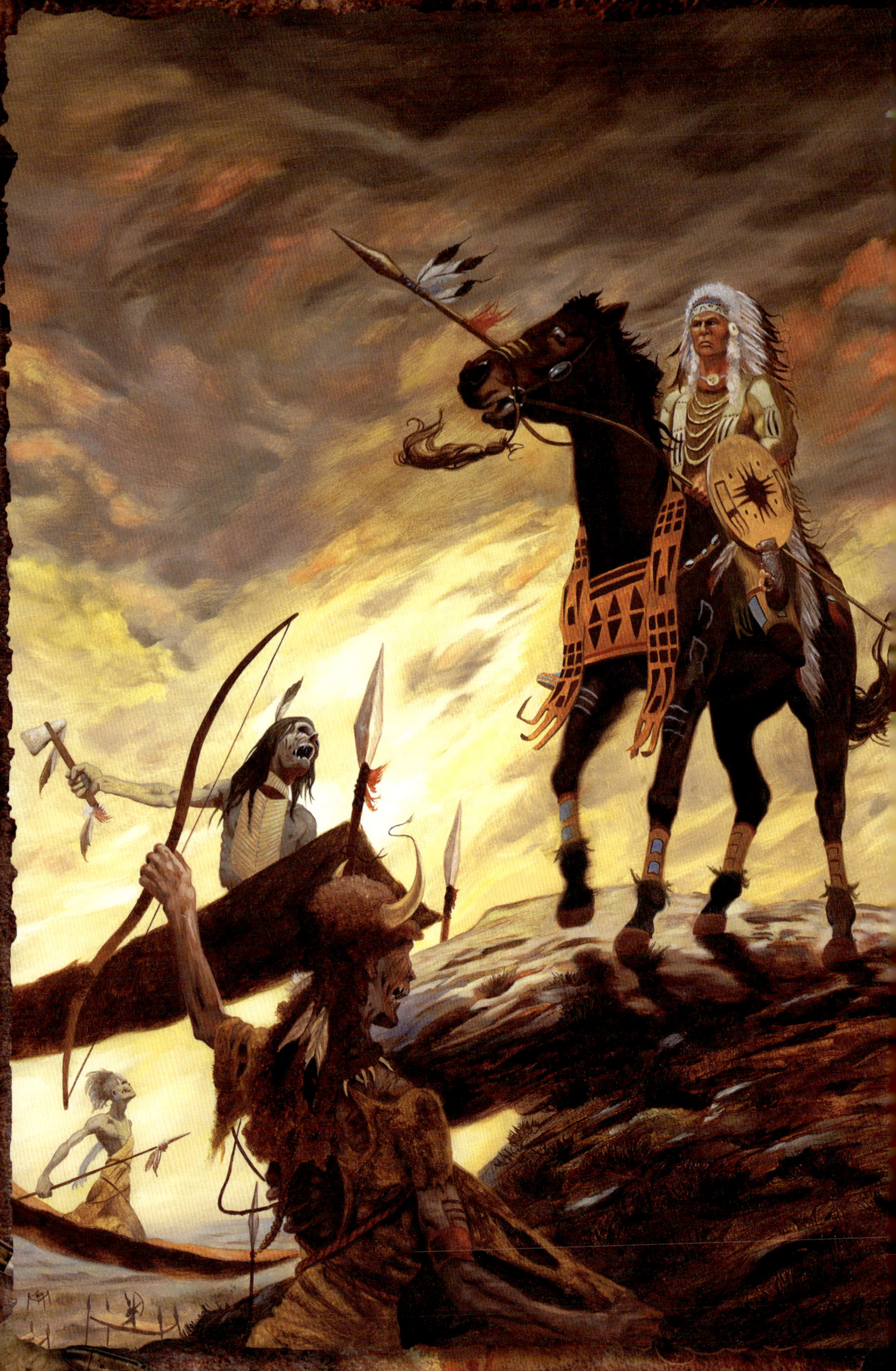

KAPITEL 5

IN DIE NATIONEN

ZWEITER TEIL: WILDES TREIBEN AUF DER HOCHEBENE

FURCHTSTUFE: 4

Der Trail durch das Zentrum Wyomings ist der Teil der Reise, der Sutter die meisten Sorgen bereitet. Nachdem die Lazy S den Overland Trail verlassen hat, muss sie einen Teil der Sioux-Nationen durchqueren. Es ist nur allzu bekannt, dass die Indianer ihr Land verbissen verteidigen. Außerdem werden sie von den „Alten Bräuchen" beschützt. Manche der Arbeiter lachen vielleicht darüber, aber Bill nicht. Er weiß nur zu gut, dass die Schutzzauber der Sioux allzu real sind.

- **DIE ALTEN BRÄUCHE:** Jeder innerhalb der Sioux-Nationen hat das Handicap *Zwei linke Hände*, wenn er hergestellte Gegenstände verwenden möchte.

Bill teilt der Mannschaft mit, dass er hofft, sich klammheimlich über den äußeren Zipfel der Nationen davonmachen und den Wind River Canyon erreichen zu können, bevor die Sioux überhaupt bemerken, dass sie da sind. Aber Sutters Herde ist einfach zu groß. Am zweiten Tag, nachdem sie die Nationen betreten haben, sichtet eine umherstreifende Sioux-Patrouille die Herde der Lazy S.

Die indianischen Krieger halten Abstand, bleiben aber nicht unbemerkt. Sie beschatten die Eindringlinge aus der Ferne, deutlich sichtbar und immer wachsam. Falls jemand versucht, sich ihnen zu nähern, verschwinden sie rasch in die Wildnis, nur um kurze Zeit später zurückzukehren.

Bill warnt die Mannschaft, nicht einzugreifen:

„Sie werden uns auf den Fersen bleiben. Sie wollen, dass wir keine Dummheiten machen und weiterziehen. Es kann sogar sein, dass einige der Jüngeren versuchen, sich nachts hier einzuschleichen, um uns einen Streich zu spielen oder ein Pferd oder ein Rind als Tribut für unsere Durchreise mitzunehmen. Falls ihr sie sehen solltet, stellt euch ihnen in den Weg, aber greift sie um Gottes Willen nicht an. Zunächst einmal befinden wir uns auf ihrem Land und das wäre nicht richtig. Und zweitens sind sie viel mehr als wir. Ganz gleich, wie viele von ihnen man uns beobachten sieht, es gibt hier ein Dutzend Dörfer nur wenige Stunden zu Pferd entfernt. Comprende, Muchachos?"

Bill wartet ab, bis jeder aus seiner Mannschaft ihm zu verstehen gibt, dass er begriffen hat. Es ist wichtig, und er möchte nicht, dass irgendein schießwütiger Rüpel dafür sorgt, dass es Tote gibt. Falls ein Charakter einen Krieger aufgreift, der versucht, sich bei Nacht in das Lager zu schleichen, um einen Streich zu spielen oder ein Tier zu stehen, lächelt der Sioux und verschwindet blitzschnell in der Nacht.

- **SIOUX-KRIEGER (20):** Siehe Indianerkrieger, Seite 84. Der Anführer ist ein Indianerkrieger-Veteran.

TREIBSAND

Drei Tage später kommt es zu einer weiteren Komplikation, als die Herde den North Platte River in der Nähe des Oregon Trail erreicht. Falls ein Mitglied der Gruppe an der Spitze reitet, erlaube ihm eine Wahrnehmungsprobe –2. Bei einem Erfolg erkennt der Vorreiter mit seinen scharfen Augen einen Streifen aus Treibsand am Ufer des Flusses. Sollte der unglückselige Cowboy einen *Kritischen Fehlschlag* würfeln, wird der arme Tropf trotzdem auf die Gefahr aufmerksam – indem er selbst hineintritt!

Da wir uns im Unheimlichen Westen befinden, ist sogar der Treibsand gefährlicher als gewöhnlich. Jede Kreatur, die in den Schlamm gerät, sinkt innerhalb von drei Runden vollständig ein, sofern sie nicht herausgezogen wird. Cowboys zu Pferd erhalten zwei zusätzlichen Runden, nachdem ihr bedauernswertes Tier versunken ist.

Die Lache misst ungefähr zwölf Fuß im Durchmesser. Um einen Charakter aus Treibsand zu befreien, ist eine Reitenprobe (oder eine Stärkeprobe, falls abgesessen) erforderlich - entweder vom Opfer oder seinen Freunden, und jeder darf den jeweils anderen wie gewöhnlich *Unterstützen*. Ein *Kritischer Fehlschlag* bedeutet, dass der Charakter direkt untergeht. Ein Erfolg bedeutet, dass er in dieser Runde nicht weiter einsinkt und eine Steigerung befreit ihn. Unterstützenproben werden mit einer Schwierigkeit von –2 abgelegt, wenn das Opfer ein Pferd oder eine Kuh ist (aufgrund der Masse).

Wenn es unter die Oberfläche geraten ist, beginnt das Opfer zu ertrinken (siehe Ertrinken in *Savage Worlds*) und muss von jemanden wieder an die Oberfläche gezogen werden. Es kann sich nicht selbst befreien.

Sollte der Reiter an der Spitze den Treibsand nicht entdecken (was sichergestellt ist, wenn einer der anderen Helfer der Lazy S an der Spitze der Herde reitet), stolpern 1W4 Rinder in die tödliche Lache, bevor die Helfer die übrigen umleiten können. In diesem Fall bittet Sutter die Gruppe, sämtliche im Schlamm gefangenen Rinder oder Cowboys zu retten.

Nachdem man ihn ausgemacht hat, können die Viehtreiber die Rinder ohne große Mühe um den Treibsand herumleiten.

Wagen in Sicht!

Kurz nachdem sie den North Platte River überquert haben, erklimmt der Reiter an der Spitze der Herde eine Anhöhe und erhascht den ersten Blick auf den Oregon Trail. Es ist beim besten Willen keine ehrfurchtgebietende Aussicht, denn er besteht lediglich aus weiter Prärie und tief zerfurchten Wagenradspuren. Weitaus ehrfurchtgebietender ist das große Aufgebot an Sioux (hundert oder mehr) auf der anderen Seite der Wagenspuren, die das Vorankommen der Herde im Norden blockieren. Sutter sagt:

„Ich vermute, sie wollen, dass wir dem Trail folgen. Vielleicht möchten sie, dass die Leute auf diesem Weg hier durchreiten?"

Gegen die Indianer zu kämpfen, ist offenkundig eine schlechte Idee, weil sie den Helfern der Lazy S um mehr als das Fünffache überlegen sind - und das sind nur die Krieger, die die Cowboys sehen können!

Als die Herde damit beginnt, sich über den Oregon Trail zu bewegen, flankieren die Sioux die Rinder im Norden und Süden gerade außerhalb der Schussweite und eine Nachhut folgt ihnen. Jeder Viehtreiber, der von der Route abweicht, sieht innerhalb kürzester Zeit Krieger auf seine Position zusteuern. Solange die Mannschaft sich allerdings in der Nähe des Trails bewegt, scheint die Patrouille zufrieden damit zu sein, sie zu begleiten.

Lege eine Überlebenprobe (Spurenlesen) für jeden Cowboy ab, der an der Spitze reitet. Ein Erfolg verrät dem scharfäugigen Rindertreiber, dass eine recht große Gruppe aus Wagen, Pferden und sogar Menschen zu Fuß in den letzten Tagen an diesem Teil des Trails vorbeigekommen ist. Eine Steigerung auf die Probe lässt den Spurenleser schätzen, dass sich in der Gruppe ungefähr sechs oder mehr Wagen befunden haben.

Eine Untotenplage

Auf der Durchreise durch Laramie ist ein Mitglied des Wagenzuges einer seltenen Kreatur im Unheimlichen Westen zum Opfer gefallen - einem „Pestvampir". Die Kreatur wählte ein schwächeres Mitglied der Karawane als seine Beute aus, eine ältliche Großmutter namens Mildred Bower. Mildreds Verfassung, die durch Krankheit und die Entbehrungen der Reise ohnehin schon in Mitleidenschaft gezogen war, brach unter der zusätzlichen Belastung, der Kreatur als Nahrung zu dienen, zusammen. Sie starb auf der Reise kurz nachdem die Gruppe die Stadt verlassen hatte.

Der übrige Wagenzug sah in ihrer plötzlich dahinschwindenden Gesundheit eine traurige, aber unvermeidliche Folge ihres Alters und der Widrigkeiten des Grenzgebietes. Sie verstarb innerhalb von zwei Tagen und wurde in der Nähe des Trails bestattet.

In dieser Nacht erhob sie sich als Vampirbrut und stillte ihren unheiligen Durst an anderen Mitgliedern der Gruppe. Was noch schlimmer war: Das Trinken sorgte dafür, dass sich die unheilige Krankheit auf ihre Beute ausweiten konnte. Man nahm an, dass die neuen Opfer erkrankt seien, aber niemand erahnte auch nur die wahre Natur ihres Leidens. Mildred kroch auch in der folgenden Nacht wieder aus ihrem Grab hervor und verfolgte die Wagen, um sich erneut an ihrer auserwählten Beute zu laben.

In der dritten Nacht hatten sich die Wagen bereits zu weit von ihrer Grabstätte entfernt, als dass sie sie noch hätte erreichen können, aber der Schaden war bereits angerichtet - zwei weitere Mitglieder der Gruppe waren infiziert.

Naturgeister berichteten den Sioux-Schamanen von den infizierten Siedlern. Um zu verhindern, dass sich die Untotenplage weiter ausbreiten konnte, trieben sie die Pioniere in ein verlassenes Fort. Noch in derselben Nacht erlagen die beiden sterbenden Siedler endgültig ihrer Krankheit und erhoben sich dann wieder als Vampirbrut. Die beiden neuen Blutsauger krochen aus ihrem Grab und waren überaus glücklich darüber, sich mit einem ansehnlichen Sammelsurium an Opfern eingesperrt zu finden!

Weiterer Ärger braute sich außerhalb des Forts zusammen. To'sarre hatte schließlich seine Wunden geleckt und die Lazy S wieder eingeholt. Der Schamane schleuste sich mit guten Worten in die Sioux-Patrouille ein und dient ihnen jetzt als Kundschafter. Als er von den Siedlern erfuhr, die in dem alten Fort eingesperrt waren, überzeugte er die Sioux davon, auch die neuen Eindringlinge dorthin zu locken. Er hofft, dass die Vampire mit den Cowboys kurzen Prozess machen, aber falls das nicht passieren sollte, wird er versuchen, seine neuen Freunde zu einem Angriff zu überreden.

FORT DER VERZWEIFLUNG

Eine Nacht, nachdem die Sioux die Lazy S auf den Oregon Trail gelenkt haben, machen die Reiter an der Spitze ein Fort aus. Rauch steigt aus dem Inneren der Mauern auf, was darauf schließen lässt, dass der Außenposten wahrscheinlich bemannt ist. Ein Teil der Helfer ist bei dem Anblick hoch erfreut.

Als sich die Mannschaft der Lazy S dem Fort nähert, wird allerdings deutlich, dass man sich zu früh gefreut hat. Obwohl es in dem schwindenden Licht schwer zu sehen ist, wird deutlich, dass das Gebäude in einem schlechten Zustand ist. In der Palisade klaffen große Löcher, und die Tore sind abgestützt. Auf den Mauern sind zwar Gestalten auszumachen, aber sie sehen alle nicht wie Soldaten aus. Ein Fernglas enthüllt, dass es sich nur um Pioniere oder Grenzbewohner handelt, die in den Überresten des Armeepostens Zuflucht gesucht haben.

Vorausreitende finden beim Eintreffen an dem baufälligen Fort die Sioux vor, die das weitere Vorankommen behindern. Die Indianer treiben den Hauptteil der Herde weiter auf das Fort zu und verbreitern gleichzeitig ihr Spalier. Schließlich finden sich die Helfer der Lazy S zusammen mit ihrer Herde in einem ungefähr eine Meile im Durchmesser messenden Kreis, im Zentrum die Ruinen des Forts, wieder – umringt von einer wachsenden Horde von Sioux-Kriegern.

Das Fort ist im Inneren ebenso baufällig wie auf der Außenseite. Von den Gebäuden im Inneren steht nichts mehr bis auf eine Mauer oder einen Türrahmen hier und da. Die Pioniere schlafen in oder unter ihren Wagen oder in einem von einem halben Dutzend zerfledderter Zelte.

An einigen Stellen sind große Teile der Palisade eingebrochen. Die Siedler haben Wagen vor diese Durchbrüche gestellt und Wachen auf der Spitze der verbliebenen Mauerabschnitte postiert, aber bislang haben die Sioux nicht durchblicken lassen, dass sie einen Angriff beabsichtigen.

WER KÜMMERT SICH UM DAS FORT?

Als sie herbeigerufen werden, öffnen die Leute im Inneren bereitwillig die Tore für die anderen Siedler. Eine kleine Gruppe von Männern tritt heraus, Fackeln als Lichtquelle in den Händen. Sie werden von einem graubärtigen Mann in einem Flanellhemd und einem verwitterten Flachländerhut angeführt. Sie alle sind offenkundig Pioniere, die hier von denselben Indianern gefangen gehalten werden, die auch die Lazy S. eskortiert haben. Eigentümlicherweise halten sie ungefähr 20 Fuß von der Gruppe entfernt an – etwas weiter als gewöhnlich (sie wissen, dass sie infiziert sein könnten und möchten die Krankheit nicht an potenzielle Verbündete weitergeben).

Der bärtige Mann, Rudolph Jovich, ist der erste, der die Männer der Lazy S willkommen heißt.

„Howdy, Fremde! Sind wir froh, euch zu sehen! Der erste Funke von Glück, den wir seit einer geraumen Weile erlebt haben. Ich bin Rudolph Jovich, Wagenmeister.“

Der Mann tippt sich an den Hut und deutet auf die weiter entfernt stehende Reihe aus Sioux-Kriegern.

„Diese Indianer haben uns hier vor einigen Tagen eingepfercht, und wir haben seitdem niemanden mehr zu Gesicht bekommen. Sie haben uns nicht angegriffen, noch nicht einmal eine Finte. Sie sitzen nur da in einiger Entfernung und sehen zu, wie wir verhungern. Jeder, der versucht, das Fort zu verlassen, wird von so vielen Pfeilen gespickt, dass er fliegen könnte.

Aber wer mögt ihr sein, und was brachte euch an diesen gottverlassenen Ort?“

Jovich hört zu, dann erzählt er den Fremden, dass mit ihm ungefähr 30 Siedler im Inneren des Forts kampieren. Dann legt er die Stirn in Falten und packt weiter aus.

„Ich sagte, wir seien glücklich, euch zu sehen, aber ihr seid vielleicht nicht so glücklich, uns zu sehen. Wir hatten schon vor diesem Schlamassel mehr als nur ein paar Tote zu beklagen. Eine der Familien verlor eine Großmutter an die Schwindsucht gleich hinter Laramie. Kurz nachdem wir sie begraben hatten, erkrankten ein paar andere Leute an irgendetwas. Vielleicht die Pocken. Deshalb halten wir Abstand zu euch, Freunde.“

Rudy nimmt seinen Hut ab und fügt hinzu:

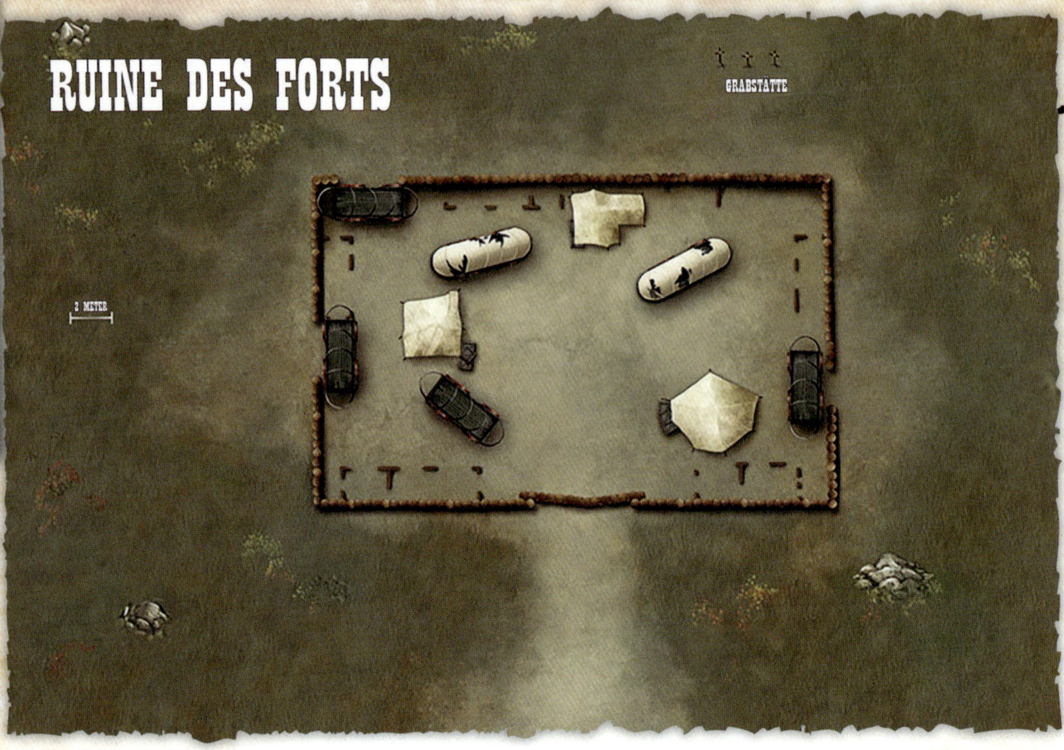

„Bedauerlicherweise muss ich sagen, dass sechs von unseren Leuten derzeit Symptome haben. Wir haben sie in einem Zelt im hinteren Teil der Ruinen separiert. Vier sind ihrer Erkrankung erlegen, seit wir hier eingeschlossen sind.

Wir treffen Vorkehrungen, um die Ausbreitung einzudämmen, aber ich schätze mal, diese Indianer haben vor, uns so lange hier einzukesseln, bis wir letztendlich alle sterben. Dann können sie sagen, sie brennen einfach die ganze Bude mit allem Drum und Dran nieder, um zu verhindern, dass es sich auch auf ihre Leute ausbreitet.

Nun, da ihr hier seid, glaube ich natürlich nicht mehr, dass wir verhungern werden. Wir würden euch natürlich mit Vergnügen etwas für ein paar eurer Rinder bezahlen."

TOD BEI TAGESANBRUCH

Verständlicherweise möchten Sutter und die übrige Lazy S nur ungern Zuflucht in einem Fort suchen, in dessen Bewohnern wahrscheinlich eine Krankheit schwärt. Der Boss weist die Helfer an, ihr Lager in geringer Entfernung außerhalb der Ruinen aufzuschlagen und für den Abend Wachen aufzustellen. Dann gibt er Befehl, ein paar Rinder für die Siedler zu schlachten, kostenlos.

Die Helden können sich im Fort umsehen, falls sie Lust dazu verspüren, mit den Siedlern zu sprechen, oder was auch immer sie möchten. Das Einzige, was sie nicht tun können, ist abhauen. Falls sie es versuchen, nähern sich die Sioux ihnen schnell. Eine Veteranengruppe könnte vielleicht sogar in der Lage sein, die Indianer zu besiegen, aber Sutter erinnert sie noch einmal daran, dass sie nicht hier sind, um Krieg gegen die Indianer zu führen. Dies hier sind immerhin die Sioux-Nationen und die Lazy S ist nicht gerad eingeladen worden. Selbst wenn sie den Kampf gewinnen sollten, könnte dies einen Krieg auslösen, in dem viele andere Menschen innerhalb der gesamten Grenzen der Nationen getötet werden könnten. Und dafür möchte Sutter nicht verantwortlich sein.

MITTERNACHTSSNACKS

In dieser und in jeder der darauffolgenden Nächte erheben sich die Pestvampire, um zu trinken. Sollten sie einen Siedler abschlachten, würde das nur dazu führen, dass die Blutsauger entdeckt und am nächsten Morgen getötet werden, wenn sie am verletzlichsten sind. Solange sich die Situation also nicht ändert, versuchen die Kreaturen, von schlafenden Opfern zu trinken und dann wieder unbemerkt in ihren Gräbern zu verschwinden. Dies führt zu 1W4 neu infizierten Opfern pro Tag.

Tagsüber verbringt man die Zeit in den Ruinen des Forts vornehmlich, um sich so viel wie möglich aus der glühenden Sonne herauszuhalten. Es gibt keine Wasserquelle in der Nähe, und die Vorräte der Pioniere beginnen bereits zur Neige zu gehen. Obwohl der Proviantwagen der Lazy S über ein volles Wasserfass verfügt, lässt sich damit noch nicht einmal die Mannschaft für mehr als ein paar Tage versorgen.

Falls es der Gruppe bis zur zweiten Nacht nicht gelungen ist, die Vampire aufzustöbern, endet es damit, dass einer der Helfer der Lazy S gebissen wird und am nächsten Tag von Pocken übersät aufwacht. Die Nachricht macht die übrigen Viehtreiber verständlicherweise nervös. Die Pocken verbreiten sich für gewöhnlich nicht so schnell!

EXHUMIERUNG UNTERSUCHUNG

Falls einige deiner Hombres sich dazu entschließen, ihre Zeit mit der Untersuchung der erkrankten oder verstorbenen Pioniere zu verbringen, gestatte ihnen eine Heilenprobe. Ein Erfolg bestätigt, dass der Betroffene tatsächlich an Pocken erkrankt ist, wenn auch an einer äußerst aggressiven Form. Bei einer Steigerung entdeckt der Knochensäger am Hals des Opfers (oder am Handgelenk oder am Fußknöchel, falls du kreativ sein möchtest, Marshal) mit scharfem Blick ein Paar einstichförmiger Wunden zwischen einer Ansammlung von Pockenblasen.

Jeder, der mit einem der Pockenopfer in Kontakt kommt, muss eine Konstitutionsprobe ablegen. Ein Fehlschlag führt zum Pockenausbruch, einer Chronischen Krankheit (siehe *Savage Worlds*).

Scharfäugige – und argwöhnische – Hombres können Eins und Eins zusammenzählen und zu der Vermutung kommen, dass Vampire die Ursache sind. Falls sie die Leichname der früheren vier Opfer der Seuche exhumieren, gut für sie! Sobald sie dem Sonnenlicht ausgesetzt werden, gehen die Kreaturen augenblicklich in Flammen auf und verbrennen zu Asche.

Letzten Endes sollte die Gruppe herausfinden, was vor sich geht, sei es durch eine Untersuchung der Betroffenen, indem sie eine Macht einsetzen oder Fallen aufstellen.

FÄNGE IN DER NACHT

An irgendeinen Punkt sollten die Helden entweder herausfinden, was vor sich geht, und die Leichname (die jetzt Vampire sind) ausgraben, oder die Vampire dabei erwischen, wie sie sich des Nachts zwischen die schlafenden Siedler schleichen.

Die Vampire sind natürlich in der Nacht weitaus gefährlicher. Tagsüber erleiden sie den Schaden, der unter ihrer Schwäche gegen Sonnenlicht aufgelistet ist (siehe Seite 90).

Wenn die Gruppe sich nicht sämtlicher Schaulustiger entledigt, geraten die versammelten Bürger noch dazu in Panik und rennen in alle Richtungen davon, wobei sie wahrscheinlich unter die Räder kommen und zu Kollateralschäden werden (ganz davon zu schweigen, dass sie sich ebenfalls mit Pocken infizieren könnten).

Aufgrund ihrer Unverwundbarkeit können Pestvampire für unvorbereitete Gruppen durchaus eine Herausforderung sein. Falls die Gruppe nicht über jemanden verfügt, der ihre Waffen segnen kann, gibt sich einer der Siedler als früherer Prediger zu erkennen, der gerade so in der Lage ist, *Waffe verbessern* zu wirken. Falls sich die Dinge wirklich schlecht entwickeln, müssen die Helden und die Siedler hinaus in die Herde fliehen. An diesem Punkt werden die Sioux auf den Plan gerufen. Sie greifen zu Pferde an, um ihren Hintern zu retten (und werden später 300 Rinder als Lohn für ihre Bemühungen einfordern und dafür, dass sie den Siedlern gestatten, weiterzuziehen).

TO'SARRES RÜCKKEHR

Unabhängig davon, wann oder in welcher Form es zur finalen Konfrontation mit den Vampiren kommt, To'sarre ist mit von der Partie. Er beobachtet alles in Rabengestalt aus den nahegelegenen Befestigungsmauern und betrachtet dies als einmalige Gelegenheit, um sich seiner lästigen Widersacher nach und nach zu entledigen.

Gib dem Schamanen ein Aktionskarte so wie allen anderen auch. Mit seiner Aktion flattert er irgendeinem besonders leistungsfähigen Helden ins Gesicht (Athletikprobe). Seine Beteiligung sollte hasserfüllt und dramatisch ausfallen als effektiv wäre, weil das die Weichen dafür stellt, dass To'sarre einer poetischen Gerechtigkeit zugeführt wird. Wenn die Gruppe kurz davorsteht, die Vampire zu besiegen, kannst du das Folgende vorlesen:

Es steht außer Zweifel, dass der flatternde Rabe To'sarre ist, der rachsüchtige Comanchen-Schamane, der euch den ganzen Weg von Texas bis hierher gefolgt ist. Ihr wisst, dass er seine Gestalt verändern kann, und ihr könnt seine Gegenwart in den kohlschwarzen Augen dieser hasserfüllten Kreatur sehen.

Der Rabe krächzt euch an und flattert vor und zurück, wodurch er euch aus dem Gleichgewicht bringt, während ihr versucht, die tödlichen Blutsauger abzuwehren. Dann bekommt To'sarre seine eigene schlechte Medizin zu schmecken – buchstäblich. Einer der grotesken Vampire beginnt durch die tödliche Wunde, die ihr im verpasst habt, an Ort und Stelle umherzuwirbeln und versprüht sein verdorbenes Blut in einem weiten Kreis. Der Rabe wird damit derart durchtränkt, dass er beinahe aus dem Himmel stürzt. Der entsetzte Blick in seinen nur allzu menschlichen Augen sagt euch, dass ihm bewusst ist, dass gerade etwas Schreckliches geschehen ist. Er kreischt ein letztes Mal vor Zorn und fliegt über die Befestigungsmauern in den Nachthimmel davon.

To'sarre hat sich gerade eine tödliche Dosis der Pocken eingefangen. Die Auswirkungen dessen werden erst zu einem späteren Zeitpunkt in der Kampagne sichtbar, aber das sind schlechte Nachrichten für den Schamanen – und für die Gruppe!

NACHSPIEL

Wenn die Vampire erledigt sind, müssen die Kranken immer noch versorgt werden. Die Macht *Heilung* mit dem Modifikator *Krankheit Neutralisieren* erfüllt ihren Zweck, sie können aber auch auf natürlichem Wege gesund gepflegt werden. So oder so, die Tapferkeit der Fremden überzeugt die Sioux davon, sie gehen zu lassen. Die Siedler und die Lazy S werden in sicherer Entfernung nach Wyoming hinein eskortiert.

- **PESTVAMPIRE:** Siehe Seite 90. In der ersten Nacht gibt es vier von ihnen. Anschließend könnten es mehr sein!

EPILOG

Während die Fremden die Herde zusammentreiben und weiterziehen, werden die Spielercharaktere auf To'sarres endgültige Schmach hingewiesen.

Die Sioux-Patrouille reitet in sicherer Entfernung von der Herde. Bei genauerem Hinsehen könnt ihr einen Indianer sehen, der auf den Anführer zureitet. Es ist To'sarre. Er ist in seinem Sattel zusammengesunken, offenkundig als Folge des Vorfalles in der vergangenen Nacht.

Ihr lasst Bill Sutters Fernglas herumgehen, um näher hinsehen zu können. Es gibt keinen Zweifel. To'sarre ist von pustelartigen Beulen übersät – Pocken. Und dabei handelt es sich um jene merkwürdige Sorte, die die bizarren Kreaturen in sich trugen, die ihr in der letzten Nacht erschlagen habt. To'sarre muss sich in seiner Rabengestalt damit infiziert haben, als er in dem verdorbenen Blut dieses Monsters getränkt wurde.

Ihr könnt nicht verstehen, was sie sagen, aber der Anführer der Sioux ist eindeutig gerade dabei, den bösen Schamanen zu bestrafen. Er brüllt etwas Unfreundliches und deutet dann auf den südlichen Horizont, weg vom Inneren der Sioux-Nationen.

To'sarre wendet sein Pferd – eine wankende weiße Stute, die ebenfalls von Pusteln bedeckt ist – und reitet fort von der Kriegertruppe. Ihr seht ganz genau hin. Ihr könnt sein hasserfülltes Gesicht sehen. Er ist von nässenden Pusteln übersät und blickt euch direkt an, mit nichts als brodelndem Zorn in seinem niederträchtigen Herzen. Dann wendet er sich nach Südosten, fort von den Nationen, und reitet langsam voran, bis ihr ihn im hohen Präriegras und den sanften Hügeln verliert.

Trotz der Pocken sagt euch irgendetwas, dass die Lazy S ihn nicht zum letzten Mal gesehen hat.

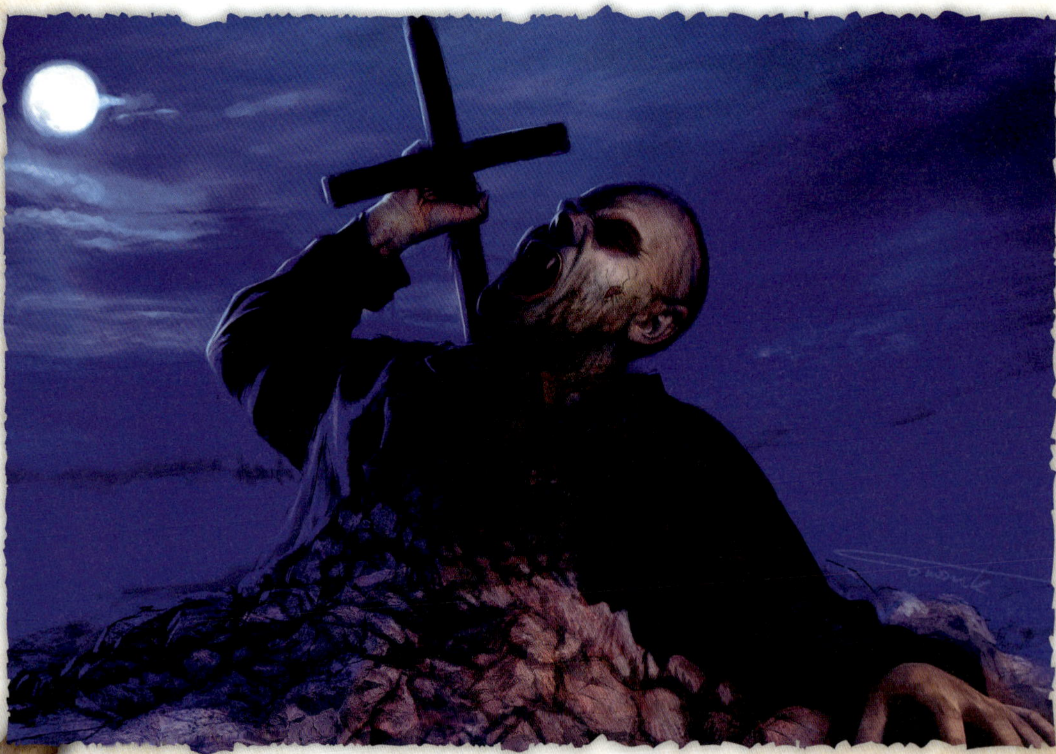

KAPITEL 6

DIE ZIELGERADE

ZWEITER TEIL: WILDES TREIBEN AUF DER HOCHEBENE

Die Herde verlässt die Grenzregion der Sioux-Nationen am Fuße des Owl Creek und der Bridger Mountains. Die beiden Gebirgsketten werden durch den Wind River Canyon getrennt. Nördlich des Canyons wird der Fluss für gewöhnlich als Bighorn bezeichnet, aber im südlichen Wyoming kennen ihn die meisten Leuten als den Wind River.

Die Gebirgsketten stellen für eine Herde in der Größe von Sutters ein beinahe unüberwindliches Hindernis dar, aber der Canyon selbst bietet, obwohl er schmal ist, so hofft der Rancher, etwas wie eine Abkürzung ins Bighorn Becken und seine neuen Besitzungen im Norden.

An der südlichen Mündung fließt der Fluss durch einen beinahe 20 Meilen langen Canyon. Über weite Teile des Weges winden sich schmale Pfade an beiden Ufern des Flusses entlang, und er ist eher seicht. Aber hier und da reichen Felswände bis dicht an den Fluss heran, was die Reisenden dazu zwingt, durch tieferes Wasser und sogar durch Stromschnellen zu laufen.

In Anbetracht der Herdengröße und der zahlreichen Unterbrechungen des Pfades am Fluss entlang ist dies beim besten Willen keine einfache Strecke.

GEFLÜGELTER TOD

Der Viehtrieb beginnt recht gut. Ein Teil der Herde bleibt auf den Wegen, während der Rest vorsichtig durch den seichten Strom watet. Innerhalb einer Stunde führen der felsige Untergrund des Flusses und die Engpässe allerdings dazu, dass die Mannschaft der Lazy S die starrköpfigen Longhorns ständig vorwärtstreiben muss. Am Ende des ersten langen und erschöpfenden Tages hat die Herde erst die ersten fünf Meilen in den Canyon hinein geschafft.

In dieser Nacht bekommt die Mannschaft unwillkommenen Besuch aus dem Nachthimmel. Etwa eine Stunde, nachdem sich die Viehtreiber zur Ruhe gelegt haben, stürzt eine ziemlich große Kolonie von Teufelsfledermäusen, die in den Felsen des Canyons schlafen, auf das Lager nieder. Die Rinder sind zu groß, als dass die nächtlichen Räuber sie ergreifen könnten, aber Cowboys haben genau die richtige Größe!

Würfle Überraschungsproben – diejenigen, die schlafen, erhalten einen Abzug von –2. Die Fledermäuse legen es darauf an, ein Opfer zu ergreifen und es dann auf die Felsen am Boden des Canyons zu schleudern. Sie mögen ihr Futter zerbrochen, matschig und unfähig, sich zu wehren! Sie kämpfen nur dann in der Luft schwebend, wenn sie irgendwie davon abgehalten werden, davonzufliegen.

Die Kreaturen kämpfen, bis mehr als die Hälfte von ihnen *Ausgeschaltet* ist. In diesem Augenblick erhebt sich der Rest von ihnen in die Dunkelheit und fliegt davon.

Die gute Nachricht ist, dass die beengte Beschaffenheit des Canyons für die Cowboys der Lazy S von Vorteil ist. Da es kaum freie Fläche gibt, ist die Gefahr einer Massenpanik nahezu nicht vorhanden. Die Rinder können nur nach Norden oder nach Süden abhauen, und es ist für die Mannschaft verhältnismäßig einfach, sie nach dem Kampf wieder zusammenzutreiben – **hierfür sind keine Würfelproben erforderlich.**

- **TEUFELSFLEDERMÄUSE (15):** Siehe nächste Seite.

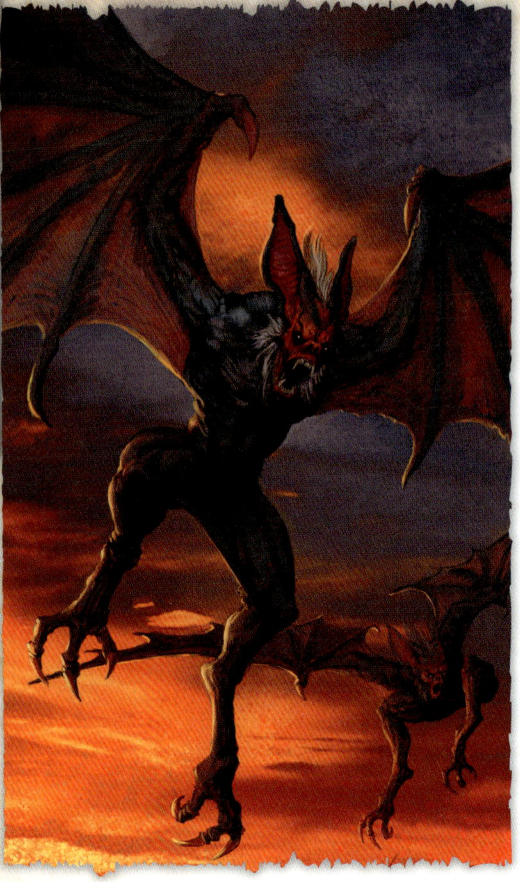

TEUFELSFLEDERMÄUSE

Diese nachtaktiven Raubtiere jagen in Rudeln. Sie greifen an, indem sie vom Nachthimmel herabstürzen und ihre Beute mit ihren krallenbewehrten Füßen packen. Ist sie erfolgreich, schießt die Fledermaus in die Luft und lässt ihre Beute am Scheitelpunkt ihres Sturzfluges fallen, in der Hoffnung, dass sie beim Aufprall auf den Boden stirbt. Danach lassen sich die Biester nieder, um das Opfer zu verschlingen, egal, ob es tot oder nur bewusstlos ist.

Attribute: Geschicklichkeit W10, Konstitution W8, Stärke W12+1, Verstand W8 (T),Willenskraft W8

Fertigkeiten: Athletik W10, Einschüchtern W10, Heimlichkeit W12+2, Kämpfen W10, Wahrnehmung W8

Bewegungsweite: 4; **Parade:** 7; **Robustheit:** 6

Talente: Schnell

Spezialfähigkeiten:

- **Fliegen:** Bewegungsweite 16″
- **Furchterregend:** Teufelsfledermäuse sind sonderbare Kreaturen mit riesigen Flügeln und grimmigen Gesichtern. Sie verursachen eine Furchtprobe.
- **Klauen:** Stä+W4
- **Sonar:** Teufelsfledermäuse „sehen" per Sonar. Wenn die Beute mutig genug ist, reglos zwischen anderen Hindernissen (wie Felsen und dergleichen) stillzustehen, erleidet das Tier einen Abzug von 2 auf seine Kämpfenprobe. Dies erfordert eine Furchtprobe –2. Ein Scheitern bedeutet, dass das Opfer zurückweicht oder sich bewegt, sodass die Fledermaus es „sehen" und den Abzug ignorieren kann.
- **Tod von oben:** Wenn eine fliegende *Teufelsfledermaus* mit einer Steigerung trifft, verursacht sie keinen zusätzlichen Schaden. Stattdessen wird die Beute *Festgehalten*, und die Bewegung der Fledermaus wird für diesen Zug unterbrochen. In ihrem nächsten Zug fliegt die Fledermaus in die Luft und lässt ihre Beute fallen, was 4W6 Schaden anrichtet. Wenn das Opfer vor der Teufelsfledermaus handeln kann, kann es versuchen, sich mit einer Ringenprobe festzuhalten. Das Ergebnis *Festgehalten* bedeutet, dass sich das Opfer festklammert und nicht fallengelassen werden kann (und selbst nicht mehr *Festgehalten* ist). Das Ergebnis *Gebunden* bedeutet, dass das Opfer die Fledermaus dazu zwingt, so weit abzusteigen, bis es sicher abspringen kann. Die Fledermaus kann einen Feind im Flug niemals *Gebunden* machen.

DIE BRÜCKE AM WIND RIVER

Am nächsten Tag schickt Sutter die Helden zu Pferd voraus in der Hoffnung, so vermeiden zu können, dass man in Sackgassen gerät und wieder umkehren muss, da die Herde jetzt tiefer in den Wind River Canyon vordringt. Gegen Mittag hören die Kundschafter das Geräusch andauernder Schüsse, das aus Norden in den Canyon hineingetragen werden – einer Menge anhaltender Schüsse.

Unabhängig davon, ob die Gruppe sich heimlich nähert oder hinzustürmt, wird sie vom Anblick eines erbitterten Kampfes empfangen, der im Canyon tobt.

Zwei schwer bewaffnete Gruppen – die eine trägt Flammenwerfer, Gatling-Geschütze und andere absonderliche mechanische Vorrichtungen, und die andere ist nicht so gut ausgerüstet, dafür aber zahlenmäßig deutlich überlegen – sind unter der Trestle-Brücke, auf dem die Eisenbahn den Wind River überquert, in Stellung gegangen. Der Kampf scheint erbittert und unbarmherzig zu sein, von der Art, bei der keine Gefangenen gemacht werden.

Keine der beiden Seiten nimmt Notiz vom Herannahen der Gruppe.

ALTE WUNDEN

Vor drei Jahren wurde eine Abteilung von Vollstreckern der Iron Dragon entsandt, um den Bau einer Eisenbahn-Trestle-Brücke durch Wasatch zu verhindern. Erste Berichte ließen darauf schließen, dass die Eisenbahnlinie versuchte, Iron Dragon in die Flanke zu fallen und die Kang's Montana Line aus dem Süden abzuschneiden. In Wirklichkeit war die gesamte Operation ein ausgeklügelter Plan von Hellstromme, um Kang in die Falle zu locken und so davon abzuhalten, einen zu genauen Blick auf Camp Hades zu werfen – wo sie möglicherweise etwas von den ersten Testläufen des „Hellbore" mitbekommen hätten, den Hellstromme einsetzte, um die Rockies zu untertunneln. Die Trestle-Brücke war nicht mehr als ein riesiger, hölzerner Taschenspielertrick, der mitten im Nirgendwo errichtet worden war.

Tagelang versuchten Kangs Streitkräfte, die Brücke der Kontrolle der Wasatch-Verteidiger zu entreißen, die ebenso entschlossen waren, sie zu halten. Zwischen den hochentwickelten Waffen, die Hellstrommes Männern zur Verfügung stehen, und der überwältigenden Übermacht von Iron Dragon haben sich die beiden Seiten als bemerkenswert effizient darin erwiesen, sich gegenseitig zu töten. Nachdem eine Woche vergangen war, waren die einzigen Überlebenden nur noch diejenigen, die zu schwer verwundet waren, um ein Gewehr zu halten, oder die Aasvögel, die die Leichname rasch sauberpickten.

Nun tauchen die Geister der Gefallenen jedes Mal wieder auf, wenn sie lebende Wesen spüren, und stürzen sich wieder und wieder in den Fleischwolf, der ihr Leben forderte.

DER LETZTE BEFEHL

Die Herde kommt über die Wasatch-Seite des Flusses heran. Sie Gruppe sieht zwei Zelte, eine niedrige Mauer und eine zerrissene Flagge, die ihre Farben trägt.

Die Truppen der Iron Dragon haben sich in einem ähnlichen Szenario auf der anderen Seite verschanzt.

Die Truppen auf beiden Seiten geben hin und wieder aufs Geratewohl Schüsse aufeinander ab. Die Wasatch-Streitkräfte bombardieren das feindliche Ufer mit drei dampfbetriebenen Gatlings. Iron Dragons antwortet darauf mit Raketen, die gelegentlich über den Fluss fliegen und an den Felswänden explodieren.

Keiner der Eisenbahnsöldner scheint der herannahenden Gruppe auch nur die geringste Aufmerksamkeit zu schenken. Tatsächlich kann die Gruppe direkt bis zu den Kommandozelten vorreiten, ohne angehalten zu werden. Es scheint fast, als seien die Helden gar nicht da …

SCHLACHTFELD DER VERDAMMTEN

FURCHTSTUFE: 4

Sutter bittet die Gruppe, vorauszureiten und herauszufinden, ob die Wasatch-Truppen bereit sind, sie passieren zu lassen. An dieser Stelle hat er etwas mehr Vertrauen in die Verhandlungsfähigkeiten der Helden.

Das ist allerdings leichter gesagt als getan – die Kämpfenden ignorieren sie vollständig. Selbst, wenn sie direkt angesprochen werden, schenkt keiner der Vollstrecker ihnen auch nur die geringste Beachtung. Versuche, körperlichen Kontakt mit einem der Kämpfer herzustellen, führt zu einem beunruhigenden Ergebnis: die Hand des Hombre gleitet direkt durch die Gestalt. Die Gruppe befindet sich auf einem Schlachtfeld voller Geister!

Jetzt ist es an der Zeit für Furchtproben, als die unnatürliche Existenz der Eisenbahnbanden enthüllt wir! Die Geister nehmen keine Notiz von den Lebenden, die unter ihnen weilen – und noch weniger wenden sie sich gegen sie – aber es ist mehr als nur etwas entnervend, von dutzenden von Gespenstern und Phantomen umringt zu sein. Und es ist absolut unmöglich, dass die Viehtreiber eine Herde ängstlicher Rinder durch die geisterhafte Kampfzone führen.

Es gibt da außerdem noch eine letzte – und möglicherweise tödliche – Komplikation. Die Geister sind zwar körperlos und nehmen keine Notiz von der Gegenwart der Helden, die Kugeln, die sie abfeuern, sind aber ebenso tödlich wie damals, als die beiden Banden miteinander um die Brücke kämpften. Wenn die Gruppe sich bis auf etwa 20 Meter den Wasatch-Vollstrecker nähert, würfle regelmäßig Schießenproben mit einem W6 gegen einen zufälligen Spielercharakter. Du solltest dir keine Gedanken darum machen, wie häufig genau du Proben ablegen musst. Würfele einfach hinreichend häufig, um ein Gefühl von Dringlichkeit aufkommen zu lassen. Jeder Treffer verursacht 2W8 Schaden durch einen verirrten Gewehrschuss.

DAS KLAGELIED EINES KOMMANDANTEN

Die einzigen noch stehenden „Bauwerke" auf dem Schlachtfeld (abgesehen von der Trestle-Brücke selbst) sind die Ansammlungen von Zelten auf beiden Seiten des Flusses. Das Wasatch-Zelt steht am nächsten und kann am leichtesten erreicht werden, da keine Überquerung des Flusses erforderlich ist.

Beim Näherkommen wird sichtbar, dass um das Kommandozelt herum ein Feldlazarett errichtet wurde. Die „Toten" und „Sterbenden" wurden beinahe willkürlich hinter der Steinmauer auf dem Boden abgelegt und ein Sanitäter läuft zwischen ihnen umher in dem vergeblichen Versuch, ihre Leiden auf irgendeine Weise zu lindern. Die Wunden der Männer sind entsetzlich und waren zu Lebzeiten offenkundig tödlich. Jeder, der hindurchgeht, muss eine Furchtprobe gegen die Übelkeit ablegen oder *Erschöpfung* erleiden.

Wenn die Gruppe ihr Ziel erreicht, kannst du den folgenden Abschnitt vorlesen:

> *Das Kommandozelt ist materiell, im Gegensatz zu den geisterhaften Kämpfenden. Der Stoff ist längst verblichen und zerlumpt, als sei das Zelt hier irgendwie über Jahre hinweg den Elementen ausgesetzt gewesen. Das Wasatch-Banner an*

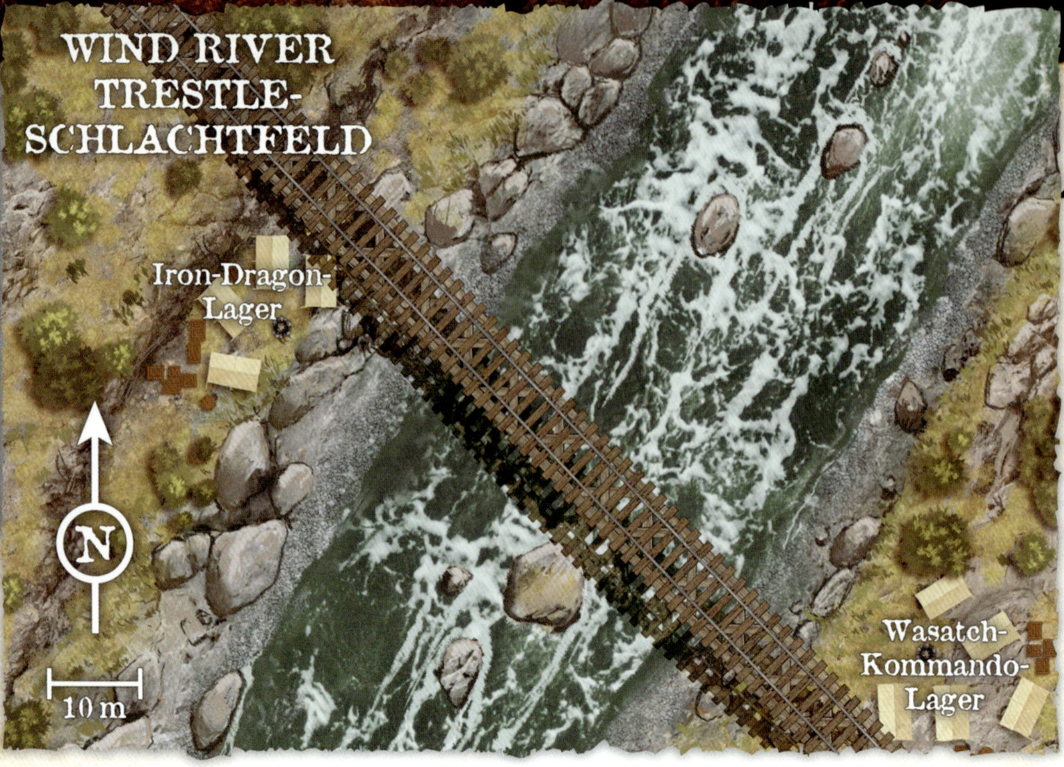

der Außenseite ist ebenfalls stark verwittert und ausgefranst, und der Mast, an dem es flattert, ist von der Sonne ausgetrocknet und geborsten.

Im Inneren des Zeltes spricht das Phantom des Wasatch-Kommandanten mit einem anderen Vollstrecker. Der Kommandant wirkt erschöpft, beinahe traurig über das Gemetzel, das im Canyon stattfindet, trotzdem aber pflichtergeben.

„Unsere Befehle lauten, den Iron-Dragon-Streitkräften solang standzuhalten, wie wir können", sagt der Kommandant.

„Wir können ihnen standhalten, bis die Hölle losbricht, aber ich glaube nicht, dass wir sie besiegen können", antwortet der andere Geist. „Sie sind einfach zu viele, und sie zeigen keinerlei Anzeichen eines Rückzugs. Solang diese Brücke steht, werden wir weiterkämpfen."

Die Wasatch-Vollstrecker haben den Befehl erhalten, die Iron Dragon in Schach zu halten, ohne die Trestle-Brücke zu zerstören. Jeder wusste, dass Warlord Kang viel zu stolz war, um allzu leicht einen Rückzieher zu machen, und so wurde das Tal zu einem tödlichen Fleischwolf.

Sollte die Gruppe nicht in die Nähe des Zeltes gehen wollen, kannst du die Szene nach eigenem Gutdünken anders einflechten. Vielleicht läuft der Wasatch-Kommandant mit seinem Untergebenen am Flussufer entlang und lässt dieselbe Information fallen, wobei er auch dann betont: *„Wir werden weiterkämpfen, solange die Brücke steht."*

DIE BRÜCKE

Die Spieler werden hoffentlich die Hinweise auf die Tatsache verstehen, dass die Trestle-Brücke als Anker fungiert, der die Geister an dieses Gebiet fesselt. Eine Okkultismusprobe kann diese Information ebenfalls enthüllen oder bestätigen, falls die Spieler von selbst darauf kommen.

Eine Probe auf *Reparieren* (oder *Naturwissenschaften* –2) zeigt, dass die Brücke mangelhaft konstruiert wurde. Wasatch hat weitaus mehr Mühe darauf verwendet, sie funktionsfähig wirken zu lassen, als darauf, sie tatsächlich funktionsfähig zu machen. Es scheint wahrscheinlich, dass ein ausreichend großer Schaden irgendwo im unteren Mittelbereich des Gerüstes das gesamte Bauwerk in sich zusammenstürzen lassen kann.

Allerdings handelt es sich um ein ziemlich großes Bauwerk, und es ist eine ansehnliche Menge an Sprengstoff erforderlich, um es zum Einsturz zu bringen. Um die Brücke rasch einstürzen zu lassen, müssen mehrere der mittleren Stützpfeiler gleichzeitig zerstört werden. Dies bedeutet einen einzelnen Angriff, der mindestens 25 Schadenspunkte in einem Bereich entsprechend einer Großen Flächenschablone verursacht, oder drei dezidierte Explosionen, von denen jede 14 Schadenspunkte verursacht. Es müssen jeweils *Schwere Waffen* eingesetzt werden. Ein Charakter mit einem Arkanen Hintergrund und der Macht *Flächenschlag* kann es versuchen, sofern er den Modifikator *Schwere Waffen* verwendet.

Entschlossene (oder kugelsichere) Leute können auch die Holzstreben mit einer Axt oder einer Säge zu Leibe rücken, allerdings sind dafür 30 Arbeitsstunden erforderlich, während man gleichzeitig die ganze Zeit über den geisterhaften Geschossen ausweichen muss, die unter **Schlachtfeld der Verdammten** beschrieben wurden.

Mittels einer kurzen Suche entlang des Ufers lassen sich einige der materiellen Überreste des ursprünglichen Kampfes auffinden. Es gibt Tonnen von Patronenhülsen, Knochen und alten Lumpen – und eine Kiste, die 45 Stangen altes Dynamit enthält!

Eine Wahrnehmungsprobe – oder eine automatische Antwort bei entsprechender Frage – zeigt, dass das Dynamit mit mehr als nur ein paar Tropfen einer klaren Flüssigkeit überzogen ist. Zeit und Feuchtigkeit haben das Dynamit geschwächt – was noch übrig ist, reicht aus, um 4W6+12 Schaden in einem Radius von 12" (24 Meter) zu verursachen.

Eine Probe auf *Naturwissenschaften* (oder *Allgemeinwissen* für jeden Helden, der einen Hintergrund im Bereich Militär, Bergbau, Abriss oder Eisenbahnen hat) deckt auf, dass das Dynamit Nitroglycerin „ausschwitzt" und äußerst instabil ist. Dieselbe Probe ergibt, dass mehr als genug Sprengstoff da ist, um die Brücke zum Einsturz zu bringen, wenn mindestens die Hälfte der Stangen gleichzeitig eingesetzt werden. Ein *Kritischer Fehschlag* beim Umgang mit dem Dynamit, wenn es von einem Flächengriff erfasst wird, der mindestens 4 Schadenspunkte verursacht oder ein Wurf von 1 auf einem W6, wenn ein Charakter von einem verirrten Schuss getroffen wird, bedeutet, dass das Dynamit explodiert. Die Handhabung des Dynamites muss mit äußerster Vorsicht erfolgen, oder die Gruppe könnte ihr Ende als Teil der Geister in ihrer ewigen Schlacht finden!

Das Hauptproblem besteht dann darin, das Dynamit zu der Trestle-Brücke zu bringen. Es ist ein langer Weg vom Flussufer bis zur Mitte des Flusses und dem Fundament des Gerüstes. Nun ist es an der Zeit für eine *Dramatische Aufgabe*, Marshal (siehe *Savage Worlds*)!

DIE DINGE WERDEN WIRKLICH .... GEFÄHRLICH!

Es gibt bei dieser *Dramatischen Aufgabe* keine zeitliche Begrenzung (siehe *Savage Worlds*), aber in diesem Fall ist das Schießen intensiver. Würfle einen Gruppenwurf mit *Schießen* W6 gegen denjenigen, der das Dynamit trägt (oder ein Pferd oder ein Maultier führt, wenn es sich auf dessen Rücken befindet).

Derjenige, der das Dynamit trägt, hat die Führung in dieser Aufgabe – die anderen Gruppenmitglieder können mitmachen und den Anführer *Unterstützen*.

Der erste Teil der Aufgabe erfordert vier Aufgabenmarker, wobei *Athletik* eingesetzt werden muss, um zur Mitte der Trestle-Brücke zu waten oder zu schwimmen, während die 15 kg schwere Kiste mit Dynamit getragen wird. (Verwendet *Reiten*, wenn ein Reittier geführt werden soll. Charaktere, die auf irgendeine Art fliegen können, ignorieren diesen Teil der Aufgabe vollständig!).

Sobald die Gruppe angekommen ist, stellt sie mit Schrecken fest, dass sie nicht allein ist! Unter der Trestle-Brücke liegt schlafend ein entsetzlicher Glom! Er erhebt sich, sobald die Gruppe näherkommt und greift unbarmherzig an. Lege Proben auf Überraschung ab, lasse einige Furchtproben würfeln, erst dann sollte die Gruppe die Gelegenheit bekommen, um zu überlegen, wie sie dieses glitschige Problem angehen möchten.

Die Helden können sich zuerst um den Glom kümmern, wenn sie möchten, oder ein Teil der Gruppe kann ihn bekämpfen oder ihn von demjenigen fortlocken, der das Dynamit platzieren soll. Letzterer braucht sechs Aufgabenmarker, wobei er *Reparieren* einsetzt, um korrekt und sicher an drei unterschiedlichen Stellen in den Holzpfeilern Dynamitbündel anzubringen.

Es gibt keine Sprengkapseln für das Dynamit, deshalb muss die Gruppe eines der platzierten Bündel anschießen, um die Explosion auszulösen (–4 auf *Schießen* in Anbetracht der Größe eines Bündels). Wird ein Bündel getroffen, lässt es auch die anderen explodieren. Selbstverständlich möchte sich die Gruppe außerhalb des Explosionsradius von 12" (24 Meter) befinden, wenn das Zeug hochgeht!

Komplikationen, die während eines der Aufgabenteile auftreten könnten, sind starke Strömungen im Fluss oder schwerer Beschuss. Ein Fehschlag während einer Komplikation bedeutet, dass einer der geisterhaften Schüsse das Dynamit trifft und KA-BOOM! Glücklicherweise bringt das die Brücke zum Einstürzen, aber die Revolverhelden müssen wahrscheinlich ein paar mörderische Proben auf *Schaden wegstecken* ablegen.

Eine einfallsreiche Gruppe kann zwei Fliegen mit einer Klappe schlagen, indem sie den Glom in die Nähe der Trestle-Brücke lockt!

⍟ **GLOM (1):** Siehe unten.

⍟ GLOM

Ein Glom – kurz für Konglomerat – ist eine Ansammlung von Leichen, die sich zu einer grauenhaften Masse vereint haben. Dieses hier besteht aus fünf Leichen.

Attribute: Geschicklichkeit W6, Konstitution W12+1, Stärke W12+1, Verstand W4, Willenskraft W4

Fertigkeiten: Athletik W8, Einschüchtern W6, Heimlichkeit W4, Kämpfen W8, Schießen W6, Wahrnehmung W10

Bewegungsweite: 6; **Parade:** 6; **Robustheit:** 14

Ausrüstung: Er setzt verrostete Schusswaffen als Keulen ein (Stä+W6).

Spezialfähigkeiten:

- **Furchterregend (–2):** Wer einen schrecklichen Glom sieht, muss eine Furchtprobe –2 ablegen.
- **Furchtlos:** Gloms sind immun gegen Furcht und *Einschüchtern*.

- **Glom:** Für jede weitere Leiche, die ein Glom aufnimmt (dies dauert eine Runde), gewinnt er einen Würfeltyp auf *Stärke* und *Konstitution* und +1 *Größe*. Ein Glom kann auf bis zu 10 Leichen anwachsen, danach teilt es sich in zwei gleich große Gloms auf. Ein Glom kann drei *Wunden* erleiden, plus eine zusätzliche *Wunde* für jede Leiche nach der dritten. Dieser Glom kann fünf *Wunden* erleiden, bevor er zerstört wird.
- **Größe 4 (Groß):** Dieser Glom besteht aus fünf Leichnamen.
- **Keulen:** Stä+W6.
- **Schwäche (Kopf):** Eine Wahrnehmungsprobe -1 pro aufgenommenem Körper (maximal -4) offenbart, welcher der vielen Köpfe eines Gloms der primäre ist. Wenn er zerstört wird, stirbt das ganze Ding augenblicklich.
- **Untot:** +2 Robustheit; +2 auf Erholungsproben gegen *Angeschlagen*; ignoriert 1 Punkt Wundabzüge; kein zusätzlicher Schaden durch Angriffe auf *Angesagte Ziele*; atmet nicht; immun gegen Gifte und Krankheiten.
- **Coup (Glom):** Tote, die das Mojo eines Gloms absorbieren, erhalten dessen Glom-Fähigkeit, einen Leichnam zu absorbieren, aber nur einen. Es dauert eine ganze Runde, um einen Leichnam aufzunehmen oder abzugeben, und die Verwendung dieser Macht erfordert eine Furchtprobe von allen Beobachtern.

„Nun … das … das war ja mal was.“

–Abigail Morton

Die Brücke am Wind River stürzt ein

Vorausgesetzt, dass es den Helden letztendlich gelingt, die Brücke auf die eine oder andere Art zum Einsturz zu bringen, bricht sie auf dramatische Weise im Fluss in sich zusammen und flutet beide Ufer mit Gebälk und Trümmern. Als sich der Rauch legt, senkt sich eine tiefe Stille über das Schlachtfeld. Die Geister blicken die Fremden neugierig an, dann legen sie beinahe wie ein Mann ihre Waffen nieder und verblassen, bis sie nicht mehr zu sehen sind. Der Canyon ist jetzt frei für eine Durchreise.

Das Ende des Weges

Nun ist es kaum noch ein weiterer Tagesritt bis zum nördlichen Ende des Canyons. Dort mündet der Wind River in das Bighorn River Basin, wo Sutters Stück Land liegt. Das Land liegt bei Dirtwater, einer kleinen Stadt am Bighorn River. Bei der Ankunft klärt Sutter die Angelegenheiten mit allen Viehtreibern, die die Truppe verlassen möchten – darunter auch die Gruppe – wobei er sein Angebot, zu bleiben und eine Anstellung zu bekommen, für jeden aufrechterhält, der dies möchte. Eine Ranch aufzubauen, ist immerhin keine Aufgabe, die sich allein bewältigen ließe, und so freut sich Bill über jede Hilfe, die er kriegen kann.

Falls die Gruppe sein Angebot bezüglich eines Anteils der ursprünglichen Herde angenommen hat, ist sie wahrscheinlich interessiert daran, dass ihr eigenes Vieh gut versorgt ist. In diesem Fall lädt Sutter sie ein, zu bleiben und als Gegenleistung für ihre Hilfe beim Aufbau der Ranch können ihre Rinder ebenfalls auf seinem Land grasen.

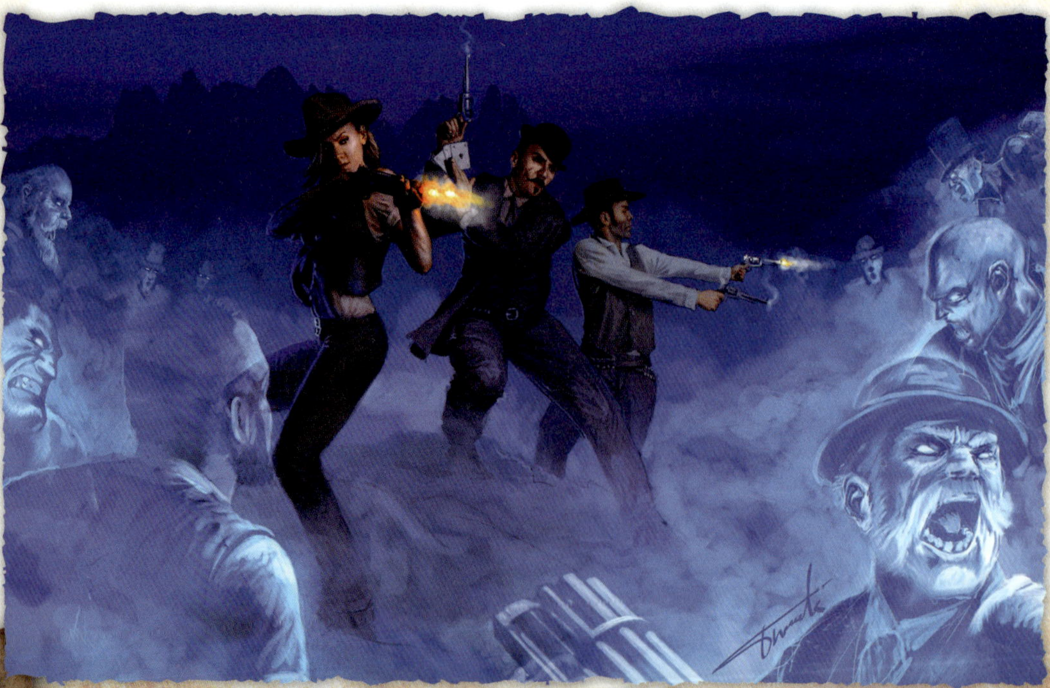

Kapitel 7

DIRTWATER BLUES

DRITTER TEIL: RANGE WAR

FURCHTSTUFE: 3

Bis vor kurzem unterlag der größte Teil des Landes im Wyoming Territorium noch der „öffentlichen Nutzung" – das bedeutet, dass es niemandem gehörte und zu Weidezwecken genutzt werden durfte. Jeder, der eine größere Menge Rinder auf einem Flecken Weideland unterbringen wollte, konnte dies tun, solange das Land niemandem gehörte. Und über weite Teile besaß niemand Land in diesem Territorium.

Der Aufstieg der Sioux-Nationen hat dazu geführt, dass der Wert von Besitz in diesem Gebiet beträchtlich gestiegen ist, insbesondere von den Ländereien, die in der Lage waren, Viehherden zu ernähren. Um die Ausbreitung nach Westen voranzutreiben und sein eigenes Rindfleisch-Gewerbe aufzubauen, begann Washington damit, Besitzurkunden für Land zu günstigen Preisen an Leute zu vergeben, die bereit waren, es mit den Indianern und den Elementen aufzunehmen, und mit der geringen Aussicht darauf, einen Gewinn zu erwirtschaften. Sutter hat seine Besitzurkunde von genau so einem Unternehmer erhalten.

Der Verkäufer weigerte sich, dem Texaner zu erzählen, warum genau er so scharf darauf war, sich von dem Besitz zu trennen. Das Land, beinahe 65.000 Hektar, befindet sich gleich nördlich von einer kleinen Stadt, die den Namen Dirtwater trägt. Was noch wichtiger ist, es liegt direkt in der Mitte zwischen zwei Weidegebieten, die ein besonders widerspenstiger Rancher namens Randolph Logan per Hausrecht als sein Eigen betrachtet.

NORTHERN STAR RANCH

Logan hat es mit seiner Landnahme bereits so weit getrieben, dass er Iron Dragon ein Durchgangsrecht angeboten hat, damit Gleise bis in die Stadt verlegt werden können, von der er ihnen versprochen hat, dass sie zu einer wichtigen Bezugsquelle für Vieh werden wird. Einer von Kangs Agenten, der scharf darauf war, einen Coup zu landen, indem er einen geeigneten und relativ günstigen Lieferanten für das Große Labyrinth auftut, stürzte sich auf das Geschäft, ohne einen allzu genauen Blick auf die Rechtmäßigkeit von Logans Besitzansprüchen zu werfen. Gerade jetzt, als der Ausbau der Strecke ernsthaft losgehen soll, kommt die Lazy S angeritten, die nicht nur eine rechtmäßige Besitzurkunde über erstklassiges Weideland in Händen hält, sondern auch noch in einen Teil des Durchgangsrechtes hineingrätscht, das Logan erst kürzlich verkauft hat.

Es muss wohl nicht erwähnt werden, dass der Eigentümer der Northern Star wenig begeistert vom Eintreffen von Sutters Herde ist. Es ist ein gefährliches Unterfangen, Kangs Zorn zu erregen!

SWEETWATER COUNTY: SCHLACHTFELD!

Sweetwater County nimmt den größten Teil des mittleren Wyomings ein und erstreckt sich von Colorado bis nach Montana. Als sich die Sioux-Nationen bis nach Wyoming hinein ausdehnten, unterteilten sie das Gebiet in einen nördlichen und einen südlichen Teil. Im Jahr 1884 liegt der Großteil des Gebietes zwischen den Bighorn Mountains im Osten, den Absarokee im Westen und dem Weideland am Owl Creek (und den Sioux-Nationen) im Süden. Seine Abgeschiedenheit hat die Bevölkerung im Gebiet bislang klein gehalten – bloß ein paar hundert Menschen nennen es ihr Zuhause.

Das bedeutet allerdings nicht, dass das Gebiet ein ruhiger Ort ist, an dem man sich zur

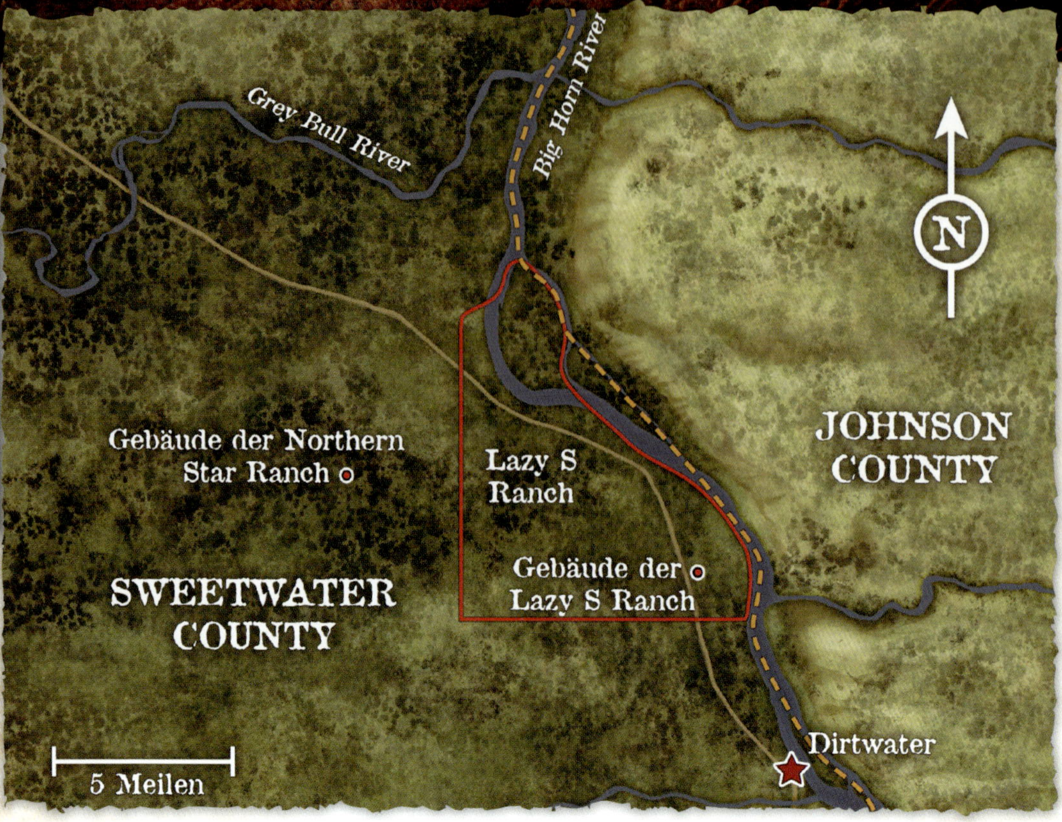

Ruhe setzen und die Stiefel ausziehen kann. Jenseitige Schrecken schlüpfen gelegentlich durch ein Portal zu den Ewigen Jagdgründen, das in den Geysiren des Yellowstone nur ein paar Dutzend Meilen weiter westlich verborgen liegt. Der berüchtigte Schlupfwinkel Hole-in-the-Wall führt so manche hartgesottenen Männer mit wenig Respekt für das Gesetz in diese Region. Und zu guter Letzt sind die Bighorns zwar eigentlich nicht mehr Teil der Sioux-Nationen, aber manche Stämme glauben, dass einige Orte innerhalb der Gebirgskette heilig sind, und blicken mit Argwohn auf Menschen, die dort eindringen.

Ungeachtet all dessen bietet Sweetwater County eine Gelegenheit für tapfere Seelen – die bereit sind, sich all den Gefahren zu stellen, die die Region bereithält –, sich dort draußen ein Leben aufzubauen.

DIRTWATER

FURCHTSTUFE: 3

Dirtwater ist eine der wenigen Städte in Sweetwater County, was wirklich etwas heißen will, denn Sweetwater County umfasst einen großen Teil des nördlichen Wyoming-Territoriums. Ihr derzeitiges Dasein verdankt die Stadt fast ausschließlich der Northern Star Ranch – zumindest bis zur Ankunft der Cowboys der Lazy S. Dirtwater verdankt seinen Namen tatsächlich der Tatsache, dass die Leute jedes Mal, wenn die Rinder der Northern Star den nahegelegenen Bighorn River stromaufwärts von der Stadt durchquerten, behaupteten, „man könnte über den Schmutz im Wasser laufen."

Das Versprechen eines Endbahnhofes in der Stadt hat ein paar hartgesottene Seelen nach Dirtwater gelockt, aber selbst mit der erst kürzlich erfolgten Ergänzung um ein Arbeiterlager der Iron Dragon hat die Bevölkerung noch immer nicht den dreistelligen Bereich erreicht. Trotzdem ist Dirtwater das größte Bevölkerungszentrum entlang des Bighorn River.

DAS GESETZ IN DIRTWATER

Der Status der örtlichen Regierung in Dirtwater kann mit drei Worten zusammengefasst werden: es gibt keine.

Wobei das nicht ganz der Wahrheit entspricht. Die Einheimischen haben erkannt, dass sie jemanden brauchen, der die gelegentlich auftauchenden schweren Straftäter einpfercht und dafür sorgt, dass die Dinge an Samstagabenden nicht zu sehr aus dem Ruder laufen. Zu diesem Zweck haben sie einen Marshal für die Stadt angeheuert, wobei „angeheuert" bedeutet, dass sie einen Revolverhelden gefunden haben, der bereit ist, für das zu arbeiten, was er aus Geldstrafen und Belohnungen generieren kann. Rory Tate, ein ehemaliger Verbrecher aus Arkansas wahrt jetzt den Frieden in Dirtwater.

Da es keine offiziellen städtischen Verordnungen gibt, für die er Geldstrafen verhängen kann, neigt Tate dazu, ein oder zwei zu erfinden, wenn seine Geldbörse wieder einmal zu leicht wird. Einen Großteil seines Einkommens generiert er aus einer „Vergütung" von Randolph Logan, mit der dieser sicherstellen möchte, dass er im Hinblick auf jegliche Machenschaften der Northern Star ein Auge zudrückt. Einige der örtlichen Geschäftsinhaber sind zwar wenig begeistert von diesem Arrangement, aber sie können nicht viel dagegen tun.

Tate ist nur allzu gerne bereit, die Definition des Gesetzes etwas zurechtzubiegen, wenn es ihm oder der Northern Star dient. Er neigt auch dazu, seine Autorität einzusetzen, um Angehörige der Lazy S zu schikanieren oder sogar einzusperren, wenn sich die Dinge zwischen den beiden Ranches erst einmal zuspitzen. Helden können versuchen, seine plumpen und parteiischen Vollstreckungsmethoden auszubremsen, indem ihnen eine Überredenprobe oder *Einschüchtern* gelingt - gegebenenfalls modifiziert durch das Ansehen der Gruppe (siehe Textbox rechts).

Tate setzt Schwerverbrecher, wie Mörder und Viehdiebe, die nicht von Logans Cowboys gelyncht werden, so lange fest, bis ein Amtsrichter da ist, um ein Gerichtsverfahren abzuhalten - für gewöhnlich einmal im Monat mit Ausnahme der Wintermonate. Natürlich können Häftlinge auch an Tates Gier appellieren und ihm ein Bestechungsgeld anbieten - das er „Kaution" nennt. Eine erfolgreiche Überredenprobe (–2) gewährt eine Freilassung, wobei jeweils 25 Dollar einen Bonus von +1 auf die Probe gewähren.

Sweetwater County hat einen gewählten Sheriff, der nicht Logans Willen unterworfen ist. Unglücklicherweise arbeitet er außerhalb von Greenriver auf der anderen Seite des Owl Creeks - und der Sioux-Nationen - und kommt nur selten nach Dirtwater.

✪ Rory Tate

Attribute: Geschicklichkeit W8, Verstand W6, Willenskraft W8, Stärke W6, Konstitution W8
Fertigkeiten: Allgemeinwissen W6, Athletik W8, Einschüchtern W10, Heimlichkeit 8, Kämpfen W6, Schießen W10, Überreden W6, Wahrnehmung W8
Bewegungsweite: 6; **Parade:** 5; **Robustheit:** 6
Handicaps: Fies, Grimmiger Diener des Todes, Skrupellos (leicht)
Talente: Ruf (schlecht), Duellant, Mumm, Schnell, Schnell Ziehen
Ausrüstung: Colt Peacemaker (12/24/48, 2W6+1, FR 1, PB 1), Winchester '73 (24/48/96, 2W8–1, FR 1, PB 2)

Ansehen

Die Menschen in Dirtwater sind von Randolph Logan und seinem Vollstrecker, dem städtischen Marshal Rory Tate, eingeschüchtert. Neuankömmlinge, die Logans Interessen in die Quere kommen, werden ihnen wahrscheinlich große Schwierigkeiten bereiten. Es könnte sogar dazu führen, dass ein paar Leute getötet werden.

Aus diesem Grund haben die Menschen von Dirtwater eine *Unfreundliche* Haltung gegenüber der Mannschaft der Lazy S (siehe *Überreden* in *Savage Worlds*). Falls die Helden sich unvorsichtig verhalten und dies dazu führt, dass einige der Einheimischen verletzt oder getötet werden, werden die Stadtbewohner *Feindselig*.

Wann genau die Waagschalen sich wieder zu Gunsten der Gruppe neigen, ist subjektiv, Marshal. Wenn sie einige von Logans Schlägern der Gerechtigkeit zuführen oder sich mit den Vollstreckern der Iron Dragon anlegen, erschwert dies die Dinge mit den Einheimischen zusätzlich - die Fremden stechen in ein Hornissennest. Aber wenn sie sich einige Male als erfolgreich erweisen, insbesondere trotz schwerwiegender Hindernisse, beginnt diese Einstellung zu bröckeln. Der Einsatz von größeren Geldsummen oder andere gute Taten sollten einen ähnlichen Effekt haben, Marshal. Lasse die Taten der Fremden darüber entscheiden, woher der Wind weht und wie lange es dauert, bis die Stadt ihre Meinung gegenüber Sutters Mannschaft ändert.

Einzelne NSC können ebenfalls eine positivere Einstellung gegenüber den Helden entwickeln, wenn sie von ihnen gerettet oder beschützt werden, also zögere nicht, solche Personen nach eigenem Gutdünken einzuflechten.

Schauplätze in Dirtwater

Sofern nicht anders angegeben, verwenden die Stadtbewohner von Dirtwater das Profil für Städter aus *Deadlands: The Weird West*.

Bahnhof

Ein kleines Aufgebot an Arbeitern der Iron Dragon arbeitet hier jeden Tag daran, die Station zu errichten. Als die Gruppe zum ersten Mal in Dirtwater ankommt, dauert es noch ungefähr drei Wochen bis der Bauprozess abgeschlossen ist. Anschließend erhalten die Arbeiter den neuen Auftrag, Schienen zu verlegen, und der Bahnhof steht leer.

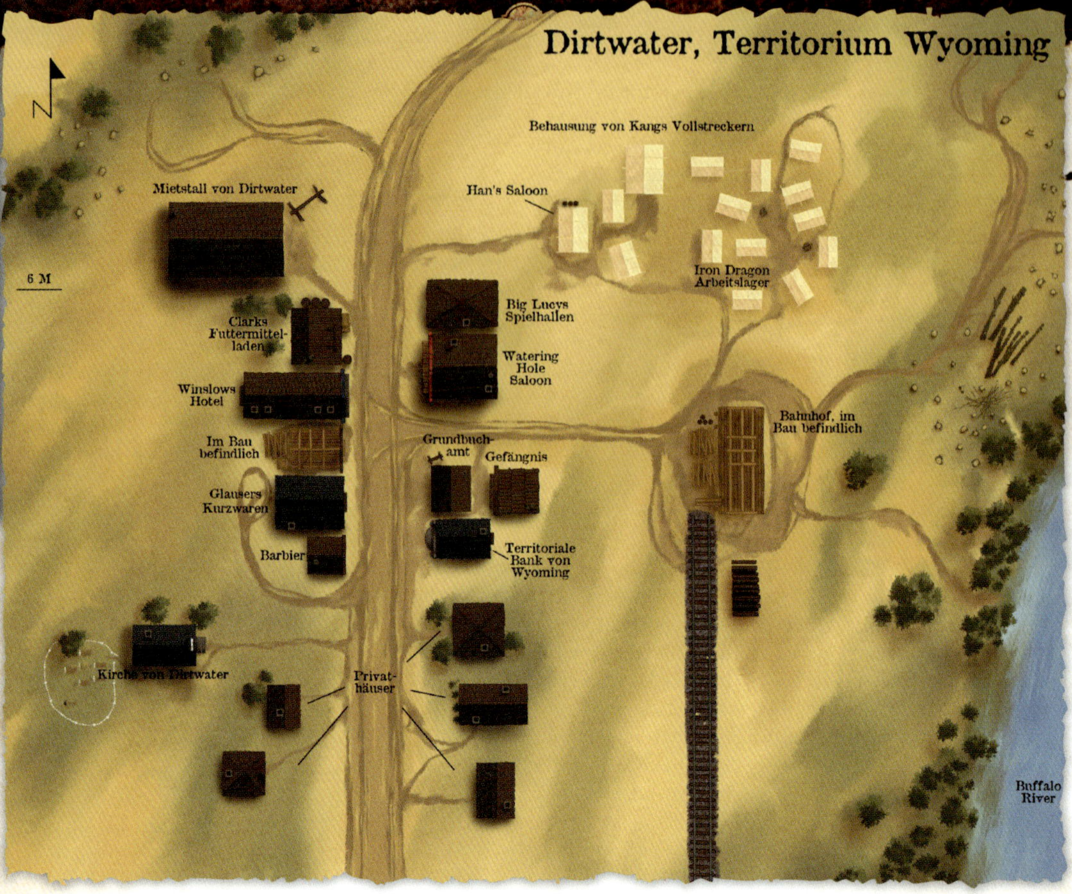

BARBIER

Dirtwaters Barbier, Horatio England, der zweifelsohne an dem rot und weiß gestreiften Pfahl vor seinem Haus zu erkennen ist, wird mit seiner hauptberuflichen Tätigkeit nicht viel in Anspruch genommen. Während des Krieges hat er in Feldlazaretten gearbeitet, und heute geht er einer recht forschen Tätigkeit als der einzige „Zahnarzt" im Umkreis von mehreren Tagesritten nach. Im Notfall gibt er auch einen recht fähigen Sanitäter ab.

- **HORATIO ENGLAND:** Der Barbier verfügt über Heilen W8, zusätzlich zu den üblichen Fertigkeiten der Städter.

BIG LUCY'S SPIELHALLE

Big Lucy's ist das, was in Dirtwater einem Herrenclub am nächsten kommt. Das bedeutet, dass es dort ein paar leichte Mädchen gibt, und hin und wieder wird im Salon ein Pokerspiel veranstaltet. Die Eigentümerin ist Lucinda Hayes, eine Dame, die früher in einem Tanzlokal aufgetreten und erst kürzlich aus St. Louis hier eingetroffen ist. Ihr Körper mag seinen Frühling bereits vor ein paar Jahren und etwa 50 kg hinter sich gelassen haben, aber nur wenige haben ein besseres Händchen für ihr Geschäft. Lucy hasst Logan und seine Cowboys, denn für sie sind sie Raufbolde der schlimmsten Sorte. Aber sie behält ihre Gefühle für sich, da sie nur zu gut weiß, dass ein großer Teil der Einkünfte ihres Etablissements aus den Taschen der Cowboys der Northern Star generiert wird.

CLARKS FUTTERMITTELLADEN

Mal abgesehen von einem gelegentlichen Einkauf durch einen der kleinen Farmbesitzer in der Region ist Logan seit mehr als einem Jahr Bertram Clarks einziger Kunde. Aus diesem Grund steht er eindeutig auf Logans Seite und lässt dem Rancher Informationen zu allen Vorkommnissen zukommen, derer er gewahr wird. Selbst als die Lazy S irgendwann beginnt, Geschäfte mit ihm zu machen, bleibt Clark ein loyaler Befürworter Logans, wobei er dies hinter einer falschen Fassade der Freundlichkeit gegenüber Sutter und seinen Cowboys tut.

GLAUSERS KURZWAREN

Glauser's ist als eines der älteren Geschäfte in Dirtwater, seit beinahe zwei Jahren geöffnet. Der Eigentümer, Thomas Glauser, erkennt die Gelegenheit, die die Eisenbahnlinie Iron Dragon eröffnet, aber er sichert sich nach allen Seiten ab, indem er seine Gewinne so hoch wie möglich ansiedelt, bis sich die Dinge geklärt haben. Es ist ihm egal, wer den Kampf zwischen der Northern Star und der Lazy S gewinnt, solang nur am Ende noch jemand übrig ist, der seine Waren kauft.

Die meisten üblichen Gebrauchsgegenstände (mal abgesehen von Dynamit) sind in seinem Laden erhältlich, aber zum Doppelten des üblichen Listenpreises - hier draußen sind Waren nur schwer zu bekommen. Für gewöhnlich hat er ein paar Schrotflinten, eine Handvoll Revolver und ein Gewehr oder zwei zu verkaufen, aber mit demselben Preisaufschlag. Er ist gerne bereit, ausgefallenere Gegenstände und Schusswaffen zu besorgen, aber er verlangt dafür das Dreifache des normalen Preises.

GRUNDBUCHAMT

Einer der jüngsten Neuankömmlinge in Dirtwater ist Milton Fisher, der regionale Vertreter des Staatlichen Grundbuchamtes. Fisher wurde hierhergeschickt, um sich um die Verwaltung und den Verkauf von staatlichem Land in diesem Teil des Wyoming Territoriums zu kümmern. Logan hat Fisher seine Besitzurkunden zwar vorgelegt, doch dieser hat sich nicht die Zeit genommen, sie auf ihre Richtigkeit zu überprüfen.

- **MILTON FISHER:** Der örtliche Grundstücksverwalter verfügt über Recherche W6, zusätzlich zu den üblichen Fertigkeiten der Städter.

KIRCHE VON DIRTWATER

An neunundzwanzig von 30 Tagen steht dieses Gebäude leer und ist am anderen Tage des Monats bestenfalls halb gefüllt. An diesem Tag hält Vernon Griffith, ein berittener Wanderprediger (wenn auch kein eingesegneter) hier seine Predigt ab. Und das liegt nicht etwa daran, dass die Kirche besonders groß wäre - sie bietet nur 30 Besuchern Platz, bevor die Leute mit den Ellenbogen aneinanderstoßen. Organisierte Religion findet in Dirtwater keinen besonders großen Anklang, obwohl ein paar der angeseheneren Stadtbewohner viel Mühe auf die Errichtung des Gebäudes verwendet haben, in der Hoffnung, dass sie es tun würde. Es ist geplant, die Kirche als Schulgebäude zu nutzen, sobald einmal genügend Kinder da sind, um einen Lehrer zu rechtfertigen. Für den Moment bleibt sie allerdings größtenteils ungenutzt.

MIETSTALLVON DIRTWATER

Der Mietstall in Dirtwater gehört Josiah Johnson und ist gleichzeitig das Auslieferungslager der Stadt für die Postkutsche, wobei sowohl das Watering Hole und das Winslow's Hotel versuchen, ihm diese Ehre streitig zu machen. Johnson hat ein gutes Auge für Pferde. Jedes Reittier, das bei ihm gekauft wird, kostet 50 % mehr, erhält aber einen zusätzlichen Würfeltyp entweder auf *Willenskraft*, *Stärke* oder *Konstitution* (der Käufer hat die Wahl, du musst nicht auf die Tabelle Pferde Eigenschaften auf Seite 11 würfeln). Billigpferde hat er niemals zu verkaufen.

BÜRO DES MARSHALS

Dieses Gebäude mit einem Zimmer dient Rory Tate als Büro. Eine Pritsche in einer Ecke macht seinen gesamten Wohnbereich aus. Ein Paar vergitterter Zellen füllen das hintere Drittel des Gebäudes. Ein Regal, das direkt an der Tür befestigt ist, bietet Platz für drei Winchester '73 und eine doppelläufige Schrotflinte, falls der Marshal einmal zusätzliche Feuerkraft benötigt.

- **RORY TATE:** Siehe Seite 59.

TERRITORIALE BANK VON WYOMING

Die Bank macht nur wenige Geschäfte, aber ihr Eigentümer - und einziger Angestellter - Noble Vincent, hofft, dass Iron Dragon das schon bald ändern wird. Seine einzigen Kunden sind ein paar einheimische Geschäftsleute. Randolph Logan bewahrt einen Großteil seiner Finanzmittel in der Bank von Laramie auf und unterhält nur ein symbolisches Konto bei Vincent.

WATERING HOLE SALOON

Das Watering Hole ist das älteste Gebäude in Dirtwater und diente ursprünglich als Handelsstation, bis Logan und seine Mannschaft eintrafen. Nach einigen umfangreichen Umbauarbeiten gibt es im unteren Stockwerk des Saloons jetzt einen großen Schankraum und im oberen Stockwerk ein paar Zimmer, die gemietet werden können. Der Schmutz und die fragwürdigen Flecken in jedem Zimmer sind kostenlose Annehmlichkeiten.

Der Eigentümer, Rufus Burke, hat schon vor langer Zeit begriffen, dass die Cowboys der Northern Star nicht nur diejenigen sind, die die Butter auf sein Brot streichen, sondern auch diejenigen, die überhaupt erst Brot und Butter auf den Tisch bringen. Er verkauft ihnen zwar seinen Whiskey nicht günstiger, aber es ist sehr wahrscheinlich, dass er sich auf ihre Seite schlägt, wenn es zu irgendwelchen Auseinandersetzungen oder Streitereien kommt - das heißt, zumindest bis er ein Gefühl dafür kommt, dass auch die Lazy S Geld mitbringt.

WINSLOWS HOTEL

Da es derzeit die einzige anständige Möglichkeit in Dirtwater ist, ein Zimmer zu mieten, nutzt Daniel Winslow sein Monopol zu seinem Vorteil und verlangt 5 Dollar pro Tag für ein Zimmer mit einer einfachen Strohmatratze. Er macht allerdings kaum Geschäfte mit Logan und seinen Männern, deshalb ist er weniger parteiisch als einige andere örtliche Händler.

IRON DRAGON ARBEITSLAGER

FURCHTSTUFE: 3

Den jüngsten Zuwachs in Dirtwater stellt eine Ansammlung von Zelten nordöstlich von Big Lucys und dem Watering Hole Saloon dar. Hier wohnen ungefähr ein paar Dutzend von Kangs Arbeitern, die den neuen Bahnhof in der Stadt bauen und Schienen verlegen, um ihn mit dem Streckenbetrieb zu verbinden, der aus Montana kommt. Ein paar seiner Vollstrecker sind ebenfalls vor Ort, um seine Interessen zu wahren und die Arbeiter in der Spur zu halten.

Am westlichen Rand des Lagers ist so etwas wie ein kleines Chinatown gewachsen, um die Eisenbahnarbeiter – die meisten von ihnen stammen aus Fernost – mit ein paar vertrauten, wenn auch geringfügigen Annehmlichkeiten zu versorgen. Alles in allem kann es die Bevölkerung des Arbeiterlagers mit der von Dirtwater selbst aufnehmen.

Tagsüber ist die Zeltstadt praktisch leer, mit Ausnahme der Arbeiter, die entweder zu krank oder zu verletzt sind, um ihren Beitrag zu leisten, und ein paar bewaffneten Vollstreckern, die den mageren Besitz bewachen, der sich dort befindet. Nach Einbruch der Dunkelheit wuseln in dem Gebiet Arbeiter herum, manche von ihnen sind mit Kochen oder anderen banalen Tätigkeiten beschäftigt, während andere Kontakte pflegen oder sich exotischen Glücksspielen widmen.

Auf der anderen Seite der Hauptstraße vom Mietstall von Dirtwater aus steht eine Ansammlung von vier Zelten, die die Stadtbewohner Zelt-Chinatown nennen. Diese gehören nicht Kang, sondern Personen, die man in Ermangelung einer besseren Bezeichnung im Grunde genommen Marketender nennen sollte. Eines der Zelte hat sich darauf spezialisiert, Gewürze und Lebensmittel anzubieten, die in durchschnittlichen Siedlungen des Westens ungewöhnlich sind, wie Schlange, Ente und sogar Sperling. In einem anderen gibt es Wäsche und Schneiderarbeiten.

- **HAN'S SALOON:** Das Zelt, das die meiste Aufmerksamkeit auf sich zieht – sowohl von Dirtwater als auch von Kangs Arbeitern – ist Hans Saloon. Der Eigentümer, Hu Shou Han, ist ein äußerst pfiffiger Unternehmer. Er bietet traditionellere Getränke und Spieltische an, an denen man Würfel- und Legespiele spielen kann. Damit zieht er viele Kunden aus der Eisenbahntruppe an – genau wie die etwas abenteuerlustigeren Einheimischen.

VOLLSTRECKER

Kangs Vollstrecker sind gleich am westlichen Rand im größten Zelt untergebracht und genießen dort deutlich bessere Lebensbedingungen als der durchschnittliche Arbeiter. Jeder verfügt über einen deutlich größeren Wohnbereich, von denen die meisten mit Vorhängen für mehr Privatsphäre versehen sind. Darüber hinaus werden sie deutlich besser bezahlt als die gewöhnlichen Arbeiter und verbringen einen Großteil ihrer Freizeit in Hans Saloon.

Die Bewaffneten werden von Li Zhin angeführt, einem erfahrenen Kampfkünstler. Li empfindet die Voreingenommenheit gegenüber den Rancharbeitern der Northern Star als unangenehm, aber er achtet die Vereinbarung seines Arbeitgebers mit dem Rancher. Sobald bewiesen ist, dass Logans Besitzansprüche nicht legal sind, nimmt er eine deutlich angriffslustigere Haltung ein. Infolgedessen wird Li im späteren Verlauf des Abenteuers zu einem wertvollen Verbündeten für die Gruppe.

- ✪ **LI ZHIN:** Siehe Seite 85.
- **VOLLSTRECKER DER IRON DRAGON (5):** Siehe unten.

VOLLSTRECKER DER IRON DRAGON

So weit von zu Hause entfernt, sind die Vollstrecker der Iron Dragon nur Gesindel, das über rudimentäre Kenntnisse in der Kampfkunst verfügt. In einem echten Kampf werden sie sich wahrscheinlich eher auf ihre Pistolen verlassen, sind aber nur allzu gerne bereit, ihre Nahkampffertigkeiten zu trainieren, indem sie sich gegen jemanden zusammenrotten und ihn bewusstlos schlagen.

Attribute: Geschicklichkeit W8, Konstitution W6, Stärke W6, Verstand W4, Willenskraft W6

Fertigkeiten: Allgemeinwissen W4, Athletik W6, Einschüchtern W6, Heimlichkeit W6, Kämpfen W6, Schießen W6, Überreden W6, Wahrnehmung W6

Bewegungsweite: 6; **Parade:** 5; **Robustheit:** 5

Handicaps: Arm (leicht), Fies

Talente: Kampfkünstler

Ausrüstung: Knüppel oder Messer (Stä+W4), Colt Frontier (12/24/48, 2W6+1, FR 1, PB 1)

„IHR DENKT, IHR KÖNNT UNS ANGST EINJAGEN? HABT IHR NOCH NICHTS VON UNSEREM GROSSEN UND MACHTHUNGRIGEN WARLORD KANG GEHÖRT, DEM MEISTER DER TAUSEND URALTEN QUALEN?“

–Li Zhin

KAPITEL 8

ERÖFFNUNGSSALVEN

DRITTER TEIL: BEREICHSKRIEG

Der Wendepunkt in der Geschichte von *Blutige Hufe* beginnt kurz nachdem die Herde der Lazy S - bei der die Helden wahrscheinlich Anteilseigner sind - ihren Bestimmungsort gleich nördlich von Dirtwater erreicht.

Nach der Ankunft in der Region lautet die erste Arbeitsanweisung, eine Schlafbaracke und andere notwendige Nebengebäude zu errichten. Obwohl es erst später August ist, bricht der Winter in den Ebenen von Wyoming schnell herein. Sutter möchte sicherstellen, dass die Unterkünfte so schnell wie möglich fertiggestellt sind. Bauholz ist in der Region nicht im Übermaß vorhanden, deshalb wird der Großteil der Cowboys, die sich nicht um die Herde kümmern, ausgesandt, um sich weit und breit nach geeigneten Bäumen zum Fällen umzusehen.

Randolph Logan war zwar bewusst, dass eine große Herde in der Nähe von Dirtwater vorbeizieht, er hatte allerdings nicht erwartet, dass man tatsächlich die Kühnheit besäße, sich auf „seinem Land" niederzulassen. Sobald er herausfindet, dass die Lazy S beabsichtigt, hier einen dauerhaften Betrieb aufzubauen, ist er auf Streit aus.

KONFRONTATION

Kurz nachdem Bill Sutter einen dauerhaften Standort für die Ranch ausgewählt hat, bricht er mit ein paar seiner Cowboys auf, um die Grenzen seines Landbesitzes abzureiten. Falls die Gruppenmitglieder Anteilseigner der Herde sind, überlässt Sutter ihnen das Kommando auf der Ranch, aber es ist vereinbart, dass seine Nichte Abby seine Interessen vertritt. Anderenfalls erhält Abby vor Ort das Kommando über die Mannschaft, solange der Rancher fort ist.

Ungefähr einen Tag, nachdem Bill die im Aufbau begriffene Ranch verlassen hat, nähert sich eine Gruppe von Reitern der Northern Star dem Lager. Die Gruppe ist eigentlich nicht auf der Suche nach Sutters Herde. Sie stolpert über die Lazy S, als sie in eigener Sache unterwegs ist.

Die Cowboys sind recht angriffslustig und bezichtigen die Lazy S, ihr Land zu besetzen. Sie sind allerdings zahlenmäßig unterlegen und nicht so dumm, es auf einen richtigen Kampf ankommen zu lassen. Sollte es den Anschein machen, als würden die Gemüter überkochen, ziehen sie sich zurück und reiten davon, allerdings nicht, ohne zuvor eine Warnung auszusprechen,

„In dieser Sache ist das letzte Wort noch nicht gesprochen!"

- **COWBOYS DER NORTHERN STAR (5):** Verwende das Profil für Bewaffnete auf Seite 82.

DIE PEST ÜBER EUCH

Sutter kehrt am Tag nach dem Machtgerangel mit den Reitern der Northern Star nicht wie geplant zurück. In Anbetracht der ausgesprochenen Warnung ist Abby nicht nur ein wenig besorgt um die Sicherheit ihres Onkels. Sie wartet ungefähr bis zum Mittag ab und bittet dann die Gruppe, loszureiten und ihn zu suchen. Sie weiß, dass er grob in Richtung Westen aufgebrochen ist und deutet auf eine niedrige Hügelkette in der Ferne.

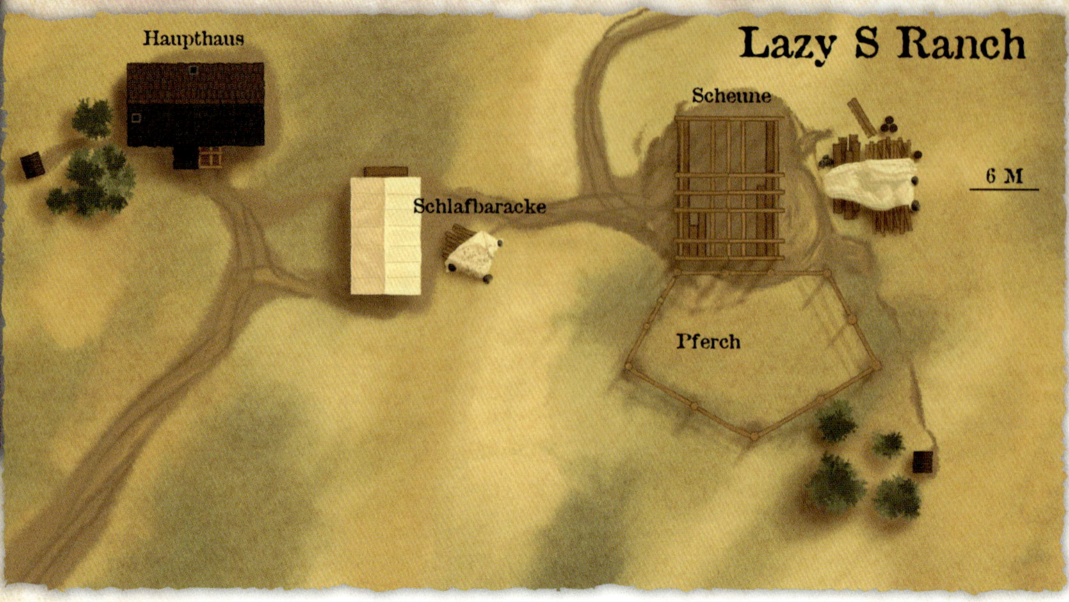

Um Bill zu finden, ist eine erfolgreiche Überlebenprobe –2 (-6 bei Nacht) erforderlich, wobei jeder Versuch vier Stunden in Anspruch nimmt.

Schließlich hat die Gruppe Erfolg und stößt auf Sutters Lager. Die Reiter hatten ihr Lager in einer kleinen Senke zwischen den Hügeln aufgeschlagen, zweifelsohne um sich vor dem Wind zu schützen, der häufig durch den Talkessel fegt.

Im Lager befinden sich die Leichname der beiden Männer, die mit Sutter geritten waren. Der eine hat einen Pfeil in der Brust stecken, während der andere tot mit durchgeschnittener Kehle noch immer in seinem Schlafsack liegt. Es gibt kein direktes Zeichen von Sutter, wobei sein Sattel und sein Schlafsack neben der Asche eines tagealten Feuers liegen.

Wenn die Leichen einer schnellen Untersuchung unterzogen werden, kommen die Cowboys zu dem Schluss, dass der Leichnam mit dem Pfeil in der Brust wahrscheinlich Wache gehalten hat. Jeder, der einen genaueren Blick darauf wirft, darf eine Wahrnehmungsprobe ablegen. Ein Erfolg enthüllt, dass das Projektil mit Schmutz und einer Vielzahl giftiger Substanzen bedeckt ist. Derselbe Schleim ist auch um die Wunde des anderen Leichnams herum erkennbar.

DIE NASE VOLL

Eine Überlebenprobe (Spurenlesen) im Lager enthüllt ein paar Stiefelabdrücke, die in das niedrige Gras hineinführen. Wenn die Helden ihnen ein kurzes Stück bis zu einem kleinen Hügel folgen, finden sie Sutter, der neben einem kleinen Gebüsch auf dem Boden liegt.

Bill ist bewusstlos, reagiert aber schlaftrunken, falls jemand ihn schüttelt oder ein lautes Geräusch macht. Wenn jemand nahe genug herankommt, um ihn zu berühren, entdeckt er ein paar kleine Blasen auf seinem Hals und seinen Händen.

Zunächst ist er etwas verwirrt, aber irgendwann klären sich sein Geist und sein Blick, und Sutter erkennt seine Freunde. Er sagt:

„Wir wurden mitten in der Nacht angegriffen. Der verdammte Indianer hat Rusty mit einem Pfeil erwischt, bevor er uns warnen konnte. Ich hatte großes Glück, dass er sich als nächstes um den armen alten Lancaster gekümmert hat. Er hat dem Mann die Kehle durchgeschnitten, bevor er auch nur seine Augen öffnen konnte. Sein Gurgeln hat mich aber aufgeweckt und das ist alles, schätze ich.

Ich sage euch, ich könnte schwören, dass es dieser alte Comanche To'sarre war – aber er sah wirklich krank aus. Er war mit Geschwüren übersät und sah aus, als wäre er dem Tode näher als die Stiefel des Totengräbers. Ich habe meine Knarre gezogen, aber der kriechende Bastard hat mich angesprungen, bevor ich auf ihn zielen konnte. Sein Geruch wehte mir in die Nase, und es war, als würde ich Fäulnis und Verderben einatmen.

Während ich immer noch würgte, machte er sich aus dem Staub und lachte die ganze Zeit – darüber, wie er mich foltern würde, schätze ich. Ich habe ihn bis hierher verfolgt, aber dann ist mir wohl die Puste ausgegangen."

Sutter hat den größten Teil des Tages auf dem Hügel gelegen. Er beharrt darauf, dass er nur „fix und fertig" ist, aber ein anhaltender Husten und die Pusteln, die sich über seine Haut ziehen, erzählen eine andere Geschichte.

Sutter hat Recht – es war To'sarre, der ihn angegriffen hat. Der rachsüchtige Schamane ist an der Seuche gestorben, die er sich durch das Vampirblut in dem verlassenen Fort zugezogen hat, und ist als tödlicher Seuchenwanderer zurückgekehrt. To'sarre macht Sutter und die gesamte Mannschaft der Lazy S für seine grässliche Existenz verantwortlich und beabsichtigt, jeden von ihnen zu töten oder zu infizieren. Er hat Sutter am Leben gelassen, sowohl um ihn zu foltern als auch in der Hoffnung, dass der Rancher die Pocken unter seinen Cowboys weiterverbreitet.

INFIZIERT

Jeder Cowboy, der direkten Körperkontakt mit Sutter hat, muss eine Konstitutionsprobe ablegen oder sich eine Chronische Krankheit (siehe *Savage Worlds*) zuziehen. Symptome treten einen Tag später auf und können auch auf andere übertragen werden (vernachlässige aber den Abzug von –2, wenn der Kontakt zu jemand anderem als dem Seuchenwanderer stattgefunden hat). Die Krankheit ist von magischer Natur, deshalb können sogar Gepeinigte infiziert werden – wobei sie sie nicht übertragen können.

Die Rückreise zur Ranch verläuft abgesehen von Bills ständigem Husten ereignislos. Es ist deutlich zu erkennen, dass der Partner der Cowboys in einem bemitleidenswerten Zustand ist. Abby schafft ihn sofort ins Hauptgebäude und beginnt, den angeschlagenen Rancher zu pflegen.

FRIEDENSGESPRÄCHE

Am nächsten Tag sucht Abby die Helden auf und teilt ihnen mit, dass sie besorgt ist bezüglich der jüngsten Auseinandersetzung mit den Helfern der Northern Star. Sie bittet die Cowboys, zur Ranch hinüberzureiten, um mit dem Besitzer zu sprechen. Sie hofft, dass es sich nur um ein Missverständnis handelt, das eine Unterredung aus der Welt schaffen kann.

Falls die Cowboys etwas Zeit in Dirtwater verbracht haben, besteht die Möglichkeit, dass sie bereits ein gutes Gefühl dafür bekommen haben, wo die Northern Star liegt. Ansonsten müssen sie einen kurzen Abstecher in die kleine Stadt machen, um sich den Weg weisen zu lassen.

Der Ausflug zur Northern Star nimmt etwa einen halben Tag in Anspruch, aber die Gruppe begegnet auf der Strecke keinen Schwierigkeiten (es sei denn, du möchtest es so, Marshal). Bei ihrer Ankunft auf der rivalisierenden Ranch werden sie von einer Gruppe gut bewaffneter Reiter begrüßt. Wenn sie den Grund ihres Besuches angeben, werden sie zum Haupthaus eskortiert. Einer der Cowboys geht hinein, während der Rest von ihnen nur einen Steinwurf entfernt wartet, die Hände immer in der Nähe ihrer Schießeisen. Die Reiter der Lazy S werden bei der Veranda gehalten und dürfen unter keinen Umständen das übrige Gelände betreten.

- **COBWOYS DER NORTHERN STAR (4):** Verwende das Profil für Bewaffnete auf Seite 82.

SO VIEL ZUR DIPLOMATIE!

Nach einer ungemütlichen Wartezeit von fünf Minuten kommt Logan gemeinsam mit seinem Lieblingswissenschaftler Barnabas Morley im Schlepptau aus dem Haus. Obwohl er zunächst Höflichkeit vorgaukelt, hält die Fassade nur so lange an, wie die Cowboys brauchen, um auf den Besuch seiner Reiter auf der Lazy S vor ein paar Tagen zu sprechen zu kommen. In diesem Augenblick kommt das wahre Gesicht des Mannes zum Vorschein. Er faucht:

„Was mich angeht, seid ihr alle nichts anderes als verlauste Landbesetzer. Ihr und eure räudigen Viecher habt drei Tage, um von meinem Grund zu verschwinden."

SUTTERS SCHICKSAL

Bis zu diesem Punkt in der Geschichte von *Blutige Hufe* haben wir Sutter und seine Nichte Abigail vornehmlich als Werkzeug genutzt, um die Herde voranzutreiben. Jetzt, da die Lazy S sich in Wyoming niedergelassen hat, sind sie längst nicht mehr so wichtig für die Geschichte. An diesem Punkt der Geschichte liegt es allerdings an dir, Marshal, ob du sie als Teil deiner Geschichte behalten möchtest. Falls die Gruppe zu einem von ihnen oder mit beiden eine enge Beziehung aufgebaut hat und das dein Spiel bereichert, solltest du sie unter allen Umständen behalten.

Wenn du der Meinung bist, dass deine Helden bereit sind, das Nest zu verlassen und den bevorstehenden Kampf ohne irgendwelche Hinweise von Sutter oder Abby zu bewältigen, so zögere nicht, dich von ihnen zu trennen. Die Krankheit des Seuchenwanderers könnte den Texaner dazu zwingen, in sonnigere Gefilde umzusiedeln oder eine bessere medizinische Versorgung in Anspruch zu nehmen. Oder er könnte To'sarres Pocken zum Opfer fallen und in den Ebenen von Wyoming beigesetzt werden, falls du das Gefühl hast, dass dies ein würdigeres Ende für den Charakter darstellt.

So oder so werden Sutter – oder Abby, falls der Rancher verstirbt – den Cowboys ein Angebot machen, das sie nicht ausschlagen können: Wenn die Herde verkauft wird und sie ihm seinen Anteil des Gewinns zukommen lassen, erklärt er sich bereit, ihnen die Ranch zu überschreiben!

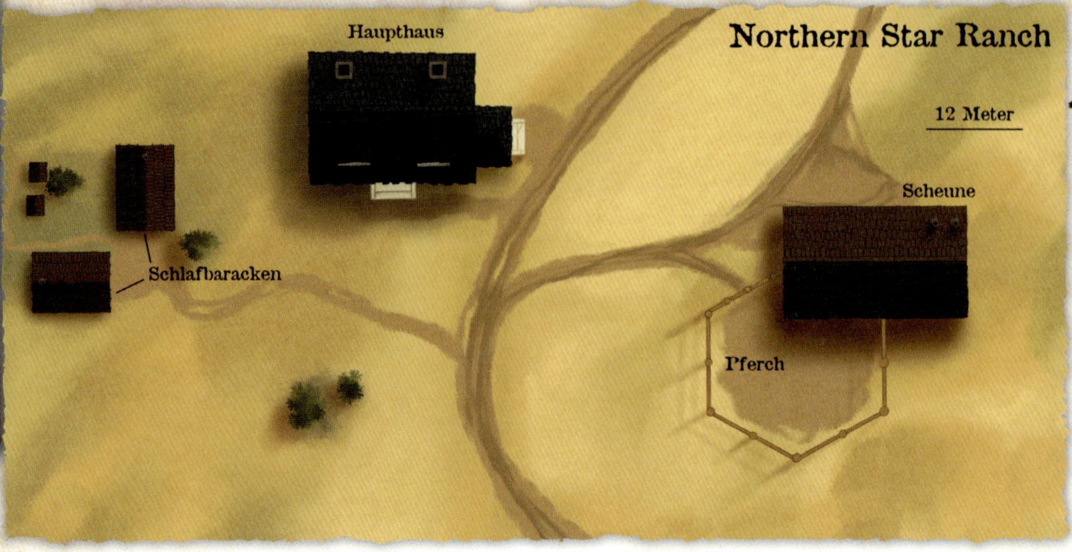

Logan sitzt in der Klemme und das weiß er. Die Lazy S ist von Gesetzes wegen im Recht, aber er hat bereits einen Handel abgeschlossen, indem er Land verkauft hat, das ihm eigentlich nicht gehört. Und was noch schlimmer ist, er hat einen beträchtlichen Teil des Erlöses aus diesem Verkauf ausgegeben, um Barnabas Morley und seine Experimente zu finanzieren. Wie er das sieht, besteht seine einzige Hoffnung darin, zu versuchen, Sutter und seine Mannschaft von diesem Land zu vertreiben, wie er es schon mit dem ursprünglichen Besitzer getan hat.

Wenn jemand die Besitzurkunde für das Land erwähnt, die sich in Sutters Besitz befindet, wird Logan nahezu irrational und schreit:

> *„Ich gebe einen Hundeschiss auf irgendein stinkendes Stück Papier! Ich habe das Land hier gezähmt, und niemand wird mir sagen, wem es gehört. Ich und meine Jungs werden diesen Fetzen Papier genauso schnell in den Staub treten, wie wir es mit euch machen, falls ihr immer noch da sein solltet, wenn wir das nächste Mal bei euch anklopfen!"*

Damit befiehlt er seinen Männern, die Gruppe von seiner Ranch zu werfen. Die Männer der Northern Star ziehen ihre Waffen nicht, es sei denn, die Helden tun es zuerst, aber sie machen sehr deutlich, dass es in dieser Angelegenheit nichts mehr zu diskutieren gibt. Sollten die Charaktere sich dazu entschließen, einen Kampf anzetteln zu wollen, mache ihnen klar, dass sie sich tief im Herzen des Northern Star Territoriums befinden und dass Logan eine kleine Armee zur Verfügung steht. Sie könnten außerdem des Mordes angeklagt werden, wodurch sie das Ansehen der Lazy S beschädigen oder für immer verwirken könnten. Falls sie die Andeutung nicht verstehen wollen, lasse sie ernten, was sie gesät haben, Marshal!

Zunächst ist ein Cowboy pro Held da, aber wenn das Blei zu fliegen beginnt, tauchen in jeder Runde zwei weitere auf, bis insgesamt vier pro Held anwesend sind. Logan und seine Männer nutzen die Deckung der Gebäude, wann immer dies möglich ist. Morley setzt *Furcht* und *Zombie* ein, wenn es passend ist.

Die Männer der Northern Star ergeben sich nicht, solange Logan nicht *Ausgeschaltet* ist. Sie verfolgen zunächst auch keinen Cowboy, der aus dem Kampf flieht, da sie der Meinung sind, dass sie sich noch früh genug um die Unruhestifter kümmern können.

- **RANDOLPH LOGAN:** Siehe Seite 85.
- **BARNABAS MORLEY:** Siehe Seite 83.
- **NORTHERN STAR COWBOYS (bis zu 4 pro Held):** Verwende das Profil für Bewaffnete auf Seite 82.

EIN AUSFLUG IN DIE STADT

Als die Cowboys Sutter von Logans Antwort berichten, bekommt er einen Hustenanfall. Als dieser wieder abebbt, macht Logan deutlich, dass er nicht die Absicht hat, das Land zu räumen. Er bittet die Helden darum, zwei weitere Aufgaben für ihn zu erledigen, während er sich erholt.

Zunächst möchte er, dass sie am nächste Tag nach Dirtwater reiten und im Laden so viel Stacheldraht wie möglich bestellen (für einen Betrag von etwa 250 Dollar). Sutter erklärt, dass er beabsichtigt, seinen Besitz einzuzäunen. Als zweites möchte er, dass sie mit seiner Besitzurkunde zum Grundbuchamt reiten und sie dort registrieren lassen, wie er sagt:

> *„Damit wäre dann alles sauber und legal, wenn wir Logan in den Arsch treten!"*

Falls ein Mitglied der Gruppe sich scheut, in einen Kampf zwischen der Lazy S und der Northern Star verwickelt zu werden, ist Sutter enttäuscht, versucht aber nicht, jemanden zu überreden. Er sagt:

> *„Tja, ich schätze, das wird wahrscheinlich hässlich werden, und wenn das nicht euer Ding ist, kann ich euch das nicht vorwerfen. Was mich angeht, so habe ich es satt, vor Schikanen wegzulaufen."*

Wenn die Helden Anteilseigner der Herde sind, geht Sutter sogar so weit, ihnen anzubieten, ihren Anteil zurückzukaufen, zu einem fairen Preis von 5 Dollar pro Kopf (damit würde natürlich wahrscheinlich auch die Teilnahme der Charaktere an dem Abenteuer enden!).

Tagesgeschäft

Trotz Logans Drohung macht er der Lazy S nicht sofort neue Schwierigkeiten. Das ist wahrscheinlich eine Erleichterung für die Helden, da inzwischen immer mehr aus ihren Reihen sich mit den Pocken infizieren, nachdem sie Kontakt mit Sutter hatten (To'sarre kann sich ebenfalls einschleichen und sie verteilen, falls das notwendig sein sollte). Die Gruppe hat bis zu diesem Augenblick hoffentlich begriffen, dass sie sich von den Infizierten fernhalten muss, aber falls nicht, solltest du sie ruhig weiter die entsprechenden Proben auf *Konstitution* ablegen lassen, bis sie den Hinweis verstanden haben.

In den kommenden Wochen macht To'sarre weiterhin Jagd auf einsame Cowboys der Lazy S, indem er sie entweder sofort tötet, wenn er sie allein aufgreifen kann, oder sie heimlich mit den Pocken infiziert, indem er ihr Essen in Vogelgestalt verpestet - die Einzelheiten überlassen wir deiner Vorstellungskraft. Innerhalb von ein oder zwei Wochen ist keiner der Helfer mehr bereit, Nachtwache ohne einen Partner zu halten - oder drei!

Falls niemand sonst den Vorschlag macht, lässt Abby schließlich ein großes Zelt errichten, um die infizierten Rancharbeiter unter Quarantäne zu stellen. Bis zu diesem Zeitpunkt ist beinahe die Hälfte von ihnen von den Pocken befallen, was weniger als ein Dutzend übriglässt, die die Ranch am Laufen halten können. Für die Charaktere bedeutet dies unglücklicherweise deutlich mehr Zeit, die sie auf die Bewältigung banaler Aufgaben verwenden müssen. Die Helden verbringen ihren Morgen damit, Stacheldrahtzäune zu errichten, und übernehmen dann eine Routinearbeit von der Tabelle für Routinearbeiten auf Seite 10. Am Ende seiner Routinearbeiten ist ein Cowboy *Erschöpft*, wobei der Zustand nach einer Nacht mit ausreichend Schlaf wieder verfliegt.

Alles in Allem sollte auf diese Weise noch einmal die Vorstellung davon verstärkt werden, wie hart Rancharbeit sein kann und dass die Arbeitskräfte schnell knapp werden. Auch aus Dirtwater möchte niemand für sie arbeiten, sie sind also auf sich allein gestellt, bis der Revierkampf mit Logan beendet ist.

Der Rest dieses Kapitels bietet eine Vielzahl an möglichen Begegnungen rund um die Ranch und Dirtwater. Sie sollten dafür sorgen, dass die Gruppe ein wenig die Spur verliert und ihnen außerdem eine genaue Vorstellung davon vermitteln, wie weit Randolph Logan zu gehen bereit ist, um seine Ziele zu erreichen. Du kannst deinen Cowboys diese Begegnungen zwar vollständig oder nur in Teilen und in beliebiger Reihenfolge entgegenwerfen, aber wir empfehlen dir, sie alle zu nutzen, bevor du zum nächsten Kapitel übergehst.

Bayou auf den Hochebenen

Inszeniere diese Begegnung jedes Mal, wenn einer oder mehrere Spielercharaktere nach Dirtwater aufbrechen, vielleicht, um Sutters Besitzurkunde registrieren zu lassen oder um einfach nur ein paar Vorräte zu besorgen. In der Stadt sehen sie einen merkwürdig aussehenden Kerl, der einen Zylinder und einen zerfetzten Frack trägt und ins Watering Hole geht. Ein Beobachter bemerkt außerdem, dass der Mann einige ungewöhnliche Ringe und Talismane trägt. Diejenigen, die etwas herumfragen und eine erfolgreiche Überredenprobe ablegen, schnappen einige Gerüchte über eine Gruppe von „merkwürdigen Typen aus dem Süden" auf, die letzte Nacht in die Stadt geritten kamen. Eine Steigerung enthüllt, dass der Haufen mit irgendeiner Eisenbahn namens „Bayou-irgendwas" zu tun hat.

Es ist gut möglich, dass die Gruppe vermutet, dass die Vollstrecker der Bayou Vermilion hier sind, um nach Sutter und der Lazy S zu suchen - insbesondere nachdem sie erfahren, dass die Männer von der Eisenbahn herumfragen, wer kürzlich aus dem Süden hier eingetroffen ist!

Sie sind allerdings in der Stadt, um Barnabas Morley ausfindig zu machen. Nicht lange, bevor er sich Logan anschloss, bekundete Morley ein wenig zu starkes wissenschaftliches Interesse an den besonderen Vollstreckern des Barons - des untoten -, und LaCroix möchte sicherstellen, dass er nicht mit irgendwelchen Betriebsgeheimnissen abgehauen ist.

Die Männer von der Eisenbahn gehen bei ihren Fragen äußerst umsichtig vor und geben nichts darüber preis, nach wem sie im Besonderen suchen. Niemand in Dirtwater kennt Morleys Vergangenheit, mit Ausnahme von Logan, und der redet nicht. Falls die Gruppe nichts unternimmt, stochern die Schläger der Bayou Vermilion ein paar Tage lang herum und ziehen dann wieder ab. Falls sie allerdings einen Kampf mit den Vollstreckern anzetteln, stellt die Gruppe fest, dass sie nur allzu gerne ein Tänzchen wagen!

Wenn sie natürlich in der Stadt eine Schießerei anzetteln, werden die Helden einiges erklären müssen, um nicht mit Marshal Tate in Konflikt zu geraten.

- **ANFÜHRER DER BAYOU VERMILION:** Verwende das Profil für den Kultisten-Anführer in *Deadlands: The Weird West*. Er ist mit einer Gatling-Shotgun bewaffnet (12/24/48, 1-3W6, FR 2).
- **VOLLSTRECKER (5):** Verwende das Profil für Bewaffnete auf Seite 82. Neben ihren Pistolen haben sie allerdings anstelle von Gewehren abgesägte doppelläufige Schrotflinten dabei (12/24/48, 1-3W6, FR 1). Sie machen gern ordentlich Dreck bei der Arbeit.

WÖLFE IM SCHAFSPELZ

Ein oder zwei Nächte nachdem deine Cowboys ihre zusätzlichen Pflichten übernommen haben, sorgt irgendetwas dafür, dass die Rinder aufgewühlt und nervös sind. Dazu kann es kommen, wenn die Cowboys gerade im Bett liegen und versuchen, für die harte Arbeit des nächsten Tages neue Kraft zu schöpfen, oder während sie gerade Nachtwache draußen im Grasland halten. So oder so, sie haben sich nicht ausreichend ausruhen können, um die *Erschöpfung* des vorausgegangenen Tages loszuwerden.

Nachforschungen nach dem Grund für die Unruhe in der Herde führen schnell zu ihrem Ursprung. Ein Rudel besonders gefräßiger Wölfe hat einen der Bullen zu Fall gebracht und zerreißt das arme Tier Stück für Stück. Die Wölfe gehen in ihrer Wildheit weit über gewöhnliche Tollwut hinaus und ergreifen zu keiner Zeit die Flucht. Sie alle kämpfen bis zum Tod – oder in diesem Fall darüber hinaus.

- **UNHEIMLICHE WÖLFE (2, plus 1 pro Held):** Siehe unten.

DIE WSGA

Die Wyoming Stock Grower's Association ist ein Bündnis von Rinderbaronen mit Hauptsitz in Laramie. Sie war einst die einflussreichste Gruppierung in Wyoming und gestaltete den Kurs der territorialen Politik, in manchen Fällen sogar des täglichen Lebens mit. Der Aufstieg der Sioux-Nationen hat ihren Grundbesitz erheblich beschnitten und ihnen einen Großteil ihres politischen Einflusses genommen.

Die Northern Star Ranch ist eines der größten noch verbliebenen Mitglieder der WSGA und Logan hat ein beträchtliches Maß an Einfluss auf die Entscheidungsprozesse der Gruppe. Logan ist gleichzeitig das einzige Mitglied in Zentral-Wyoming, was ihn in gewisser Weise von dem vollen Gewicht abschneidet, das die WSGA anderenfalls gegen seine Rivalen aufbieten könnte.

UNHEIMLICHE WÖLFE

Attribute: Geschicklichkeit W8, Konstitution W6, Stärke W8, Verstand W6 (T), Willenskraft W6
Fertigkeiten: Athletik W6, Heimlichkeit W6, Kämpfen W6, Wahrnehmung W10
Bewegungsweite: 8; **Parade:** 5; **Robustheit:** 9 (2)
Talente: Flink
Spezialfähigkeiten:

- **Biss/Klaue:** Stä+W4
- **Panzerung +2:** Diese Viecher haben Schuppen unter ihrem Fell entwickelt!
- **Untot:** +2 Robustheit; +2 auf Erholungsproben gegen *Angeschlagen*; ignoriert 1 Punkt Wundabzüge; kein zusätzlicher Schaden durch Angriffe auf *Angesagte Ziele*; atmet nicht; immun gegen Gifte und Krankheiten

VERDORBENES FLEISCH

Nachdem die Gruppe die abscheulichen Viecher erledigt hat, offenbart ihnen eine rasche Untersuchung, dass hier definitiv etwas faul ist. Die Wölfe sind besonders groß, und eine erfolgreiche Wahrnehmungsprobe während der Untersuchung des Kadavers zeigt, dass die Tiere dicke, schuppenartige Häute unter ihrem räudigen Fell tragen.

Die Helden glauben wahrscheinlich, dass die Wölfe von To'sarre infiziert wurden, aber das ist nicht der Fall. In Wahrheit haben die Promenadenmischungen von dem Kadaver von eines von Barnabas Morleys Experimenten gefressen und sind jetzt mehr als nur ein bisschen infiziert. Du kannst zum Abschnitt Morleys Wahnsinn auf Seite 78 springen, um genaue Informationen darüber zu bekommen, was genau der Wissenschaftler im Schilde führte.

EIN WEITER SCHUSS

Diese spezielle Geschichte funktioniert am besten, nachdem die Mannschaft der Lazy S damit fertig ist, einen Tag lang Stacheldraht aufzustellen, und sich auf dem Rückweg zur Ranch befindet, ums sich dort ihren täglichen Aufgaben zu widmen.

Kurz nachdem sie fort sind, schleichen sich Reiter der Northern Star ein und schneiden den Stacheldraht durch. Sie passen gut auf, dass niemand sie dabei beobachtet, deshalb gibt es keine direkten Beweise, und sie stehlen auch keine Rinder (noch nicht). Es ist ihre Absicht, die Bühne für den bevorstehenden Revierkampf vorzubereiten.

Logan hat ein paar seiner Freunde in der Wyoming Stock Growers' Association (siehe Textkasten auf Seite 68) drüben in Laramie kontaktiert, damit er gegen Sutter etwas zusätzliche Muskelkraft bekommt. Die anderen Barone benötigen zwar etwas Zeit, um eine ansehnliche Zahl an Bewaffneten zusammenzutrommeln, aber sie sind in der Lage, eine kleine Anzahl an „selbstständigen Unternehmern" anzuzapfen, die bereit sind, gegen eine geeignete Bezahlung einen Abzug zu betätigen.

IN LAUERSTELLUNG

Der Mangel an körperlich gesunden Arbeitern auf der Lazy S führt dazu, dass die Helden schließlich den beschädigten Stacheldraht selbst reparieren müssen. Die ersten paar Male, an denen sie den Stacheldraht wieder aufziehen müssen, ist es mit ein paar zusätzlichen Blasen und verlorenem Tageslicht getan. Als die Gruppe zum dritten Mal die beschädigte Umzäunung reparieren muss, greift sie einer von Logans angeheuerten Schützen aus dem Hinterhalt an.

Zu dem Zeitpunkt, als die Gruppe am Ort der Zerstörung ankommt – ein weit ausgebreiteter Flecken Prärie ohne nennenswerte Landschaftsmerkmale in der Nähe – liegt der Bewaffnete bereits auf einem entfernten Hügel in Position. Sobald die Gruppe absteigt und mit der Arbeit beginnt, eröffnet er das Feuer. Der Schütze verwendet eine komplette Runde auf Zielen, und sein Gewehr ist mit einer neumodischen Smith & Rebords 2x Zielfernrohr ausgerüstet, was den Abzug durch Extreme Entfernung von -8 auf -2 reduziert.

Der Scharfschütze liegt gut versteckt im hohen Gras und über 500 Fuß entfernt (85˝). Nach jedem Schuss können die Helden vergleichende Proben auf *Wahrnehmung* gegen die *Heimlichkeit* des Bewaffneten ablegen, um zu versuchen, den Scharfschützen auszumachen.

Er setzt das Feuer auf die Gruppe fort, bis er sie alle erledigt hat, sie sich zurückziehen, sie sich bis auf mittlere Reichweite (48˝) nähern oder er durch einen Angriff *Angeschlagen* wird. In diesem Moment rennt er auf der Rückseite des Hügels hinab, wo er sein eigenes Pferd festgebunden hat, und versucht, zu fliehen.

Falls er lebend gefangen genommen wird, entlockt ihm eine erfolgreiche Einschüchternprobe das Folgende:

„Ich wurde von irgendeinem Kerl in Laramie angeheuert, um hier rauszukommen und euch Landbesetzern ordentlich Angst einzujagen."

Die Wyoming Stock Grower's Association hat den ehemaligen Büffeljäger über einen Mittelsmann angeheuert, deshalb weiß er nicht wirklich, dass er für Logan arbeitet – aber eine gewitzte Gruppe von Cowboys kann dies sicherlich vermuten!

- **SCHARFSCHÜTZE (1):** Verwende das Profil für Bewaffneter, Veteran auf Seite 83. Ergänze das Talent Meisterschütze. Er ist mit einem Bullard Express Gewehr bewaffnet (24/48/96, 2W10, FR 1, PB 2) mit einem Smith & Robards Zielfernrohr (2x).

RASCHEL, RASCHEL

Diese Begegnung lässt sich am besten nach – oder während – der vorangegangenen Geschichte, **Ein Weiter Schuss** einbauen. Eine kleine Bande Gesetzloser, die sich in den nahegelegenen Bighorn Mountains verkriechen, haben vor kurzem damit angefangen, hin und wieder Vieh von der Northern Star zu stehlen. Mit der Ankunft der Lazy S haben sie beschlossen, ihre Erwerbstätigkeit auf ein neues Gebiet zu erweitern.

Die Bande wurde kurzfristig durch den Stacheldraht behindert, den die Cowboys gezogen haben, da Drahtschneider nicht zur Standardausrüstung für Gesetzlose gehören. Es stellte für sie zwar kein großes Problem dar, die Einzäunung zu Fuß zu umgehen, aber es bedeutete einen zu großen Aufwand, sie für Pferde oder Rinder zu durchbrechen. Jetzt, da Logans Scharfschütze sich um jeden kümmert, der versucht, den durchgeschnittenen Draht zu reparieren, ist wieder alles möglich!

Morton Walsh und seine Bande beginnen damit, Rinder der Lazy S zu stibitzen, zunächst nur hier und da ein paar Tiere, aber mit der Zeit beginnt die Bande, größere Gruppen abzuschleppen. Nach ungefähr einer Woche schnappen sich die Viehdiebe 20 Rinder oder mehr auf einmal. Inzwischen haben die Rancharbeiter die fehlenden Tiere bemerkt. (Das könnte sogar zum ersten Mal passieren, wenn deine Cowboys auf den beschädigten Weidezaun aufmerksam werden, Marshal.)

DER ERHOBENE ZEIGEFINGER

Bevor die Lazy S herausfinden kann, wer sich ihr Vieh schnappt, taucht eine kleine Gruppe Reiter der Northern Star an ihrer Türschwelle auf – mit Marshal Tate im Schlepptau. Der Anführer der Gruppe beginnt damit, den Helden und der übrigen Mannschaft der Lazy S Anschuldigungen an den Kopf zu werfen. Marshal Tate mimt die schwache Fassade eines Friedensstifters und greift ein, bevor es zwischen den beiden Gruppen zu Ärger kommt. Er sagt:

„Das sind ein paar schwerwiegenden Anschuldigungen, Leute. Ich bin sicher, ihr habt nichts dagegen, wenn ich mir eure Herde mal genauer ansehe – ihr wisst schon, nur um sicherzugehen, dass da nicht versehentlich ein paar Rinder vermischt wurden."

Falls sie es ihm gestatten, findet der Marshal keine Tiere der Northern Star unter der Herde der Lazy S. Walsh und seine Bande machen schon seit Monaten Jagd auf Logans Ranch. Er hat nur beschlossen, dies als Gelegenheit zu nehmen, um Sutter Schwierigkeiten zu bereiten, und Tate ließ sich mühelos davon überzeugen, mitzuspielen.

Logans Cowboys sind gewaltig in der Unterzahl und haben nicht vor, einen Kampf zu beginnen. Tate hat keinerlei rechtliche Befugnis außerhalb von Dirtwater, falls die Gruppe sich also dafür entscheidet, ihm den Zugang zu verwehren, plustert er sich zwar auf, reitet aber schließlich gemeinsam mit den Leuten der Northern Star wieder weg. Solange die Gruppe also nicht zu den Waffen greift, wird diese Begegnung mit einer Menge Gerede und nicht mit Kugeln aufgelöst.

✪ **RORY TATE:** Siehe Seite 59.

- **COWBOYS DER NORTHERN (bis zu 4 pro Held):** Verwende das Profil für Bewaffnete auf Seite 82.

OBSERVIERUNG

Die Viehdiebe zu verfolgen, erweist sich als hoffnungslos. Die Bande scheucht die Rinder über viele Meilen offener Prärie, von denen kein kleiner Anteil als Weideland für die Northern Star dient. Die Spuren werden rasch mit denen der größeren Herden durchmischt und ausgelöscht. Die einzige Möglichkeit, um Morton Walshs Bande zu fangen, ist auf frischer Tat.

Die Gruppe kann dies tun, indem sie einen Observierungsposten in der Nähe von einem der zerstörten Bereiche der Umzäunung einnimmt. (Dies könnte sie ins Visier von Logans Scharfschützen bringen, falls sie sich nicht schon um ihn gekümmert haben!) Die Bande schlägt nur nachts zu, ist aber nicht allzu besorgt, dass sie erwischt werden könnte. Solange die Helden nicht irgendetwas Dummes tun, wie zum Beispiel ein Feuer anzünden oder den Rindern Schlaflieder vorsingen, solltest du ihnen eine Chance geben, die nichtsnutzigen Rinderdiebe zu überraschen. Da der Kampf in der Nacht stattfindet, vergiss nicht, dass Ziele außerhalb einer Reichweite von 10″ nicht mehr sichtbar sind und es einen Abzug von –4 auf Angriffsproben gibt.

Die Bande kämpft bis mehr als die Hälfte von ihnen *Ausgeschaltet* ist. Dann ergibt sie sich, um ihr Glück mit dem Rechtssystem zu versuchen. Falls es der Gruppe gelingt, einige der Viehdiebe lebendig zu fassen, gewinnen sie in der Stadt an Ansehen.

- **DIE WALSH-BANDE (2 pro Held):** Verwende das Profil für Bewaffnete auf Seite 82.

WÖLFE IM WOLFSPELZ

Diese Begegnung kannst du jederzeit nach **Wölfe im Schafspelz** einflechten, vorzugsweise zumindest ein paar Nächte später.

Eines der Gruppenmitglieder, wähle willkürlich, ist noch spät unterwegs, um seine täglichen Arbeiten zu erledigen, als er in einiger Entfernung Schüsse und Hilfeschreie hört. Was auch immer es zu tun beschließt, zwei Arbeiter der Lazy S sind ungefähr eine halbe Meile außerhalb der Ranch in ernsthaften Schwierigkeiten.

Ein waschechtes Rudel Werwölfe lebt unter den Bewohnern von Dirtwater. Möglicherweise angetrieben durch ein Gefühl der Blutsverwandtschaft mit den Wölfen, die die Gruppe ein paar Nächte zuvor getötet hat, beschließen sie, sich einmal in der Gegend der Lazy S umzutun und herauszufinden, welche Art von Schwierigkeiten sie machen können. Ihre eigene Art von Schwierigkeiten besteht natürlich aus Reißzähnen und Klauen und blutrotem Tod. Da sie ihre Infrarotsicht nutzen, um bei Nacht zuschlagen zu können, geraten unsere Helden wahrscheinlich in tödliche Bedrängnis.

Die Werwölfe spielen eine ganze Minute lang mit ihrer Beute und geben der Gruppe damit sechs ganze Runden, um ihre Kameraden zusammenzutrommeln und aufzubrechen. Falls sie das nicht tun oder nicht rechtzeitig dort ankommen, fallen die Werwölfe über die Cowboys her, zerreißen sie und lassen nur noch Klumpen blutigen Fleisches überall auf der Weide verstreut zurück.

Wenn sie rechtzeitig ankommen, weise die beiden Cowboys den Spielern als Statisten zu, teile Aktionskarten aus und lasse ordentlich Fell fliegen. Oh, und natürlich haben wir gerade Vollmond, Marshal.

- **WERWÖLFE (4):** Siehe unten.

WERWOLF

Attribute: Geschicklichkeit W8, Konstitution W10, Stärke W12+2, Verstand W6, Willenskraft W6

Fertigkeiten: Allgemeinwissen W8, Athletik W8, Einschüchtern W10, Heimlichkeit W10, Kämpfen W12+2, Überleben W10, Wahrnehmung W12

Bewegungsweite: 8; **Parade:** 9; **Robustheit:** 8

Spezialfähigkeiten:

- **Biss/Klaue:** Stä+W8
- **Furchterregend (−2):** Alle Werwölfe verursachen Furcht.
- **Größe 1:** Werkreaturen sind riesige Biester.
- **Infektion:** Jeder, der von einem Werwolf erschlagen wird, erhebt sich mit einer Wahrscheinlichkeit von 50% innerhalb von 1W4

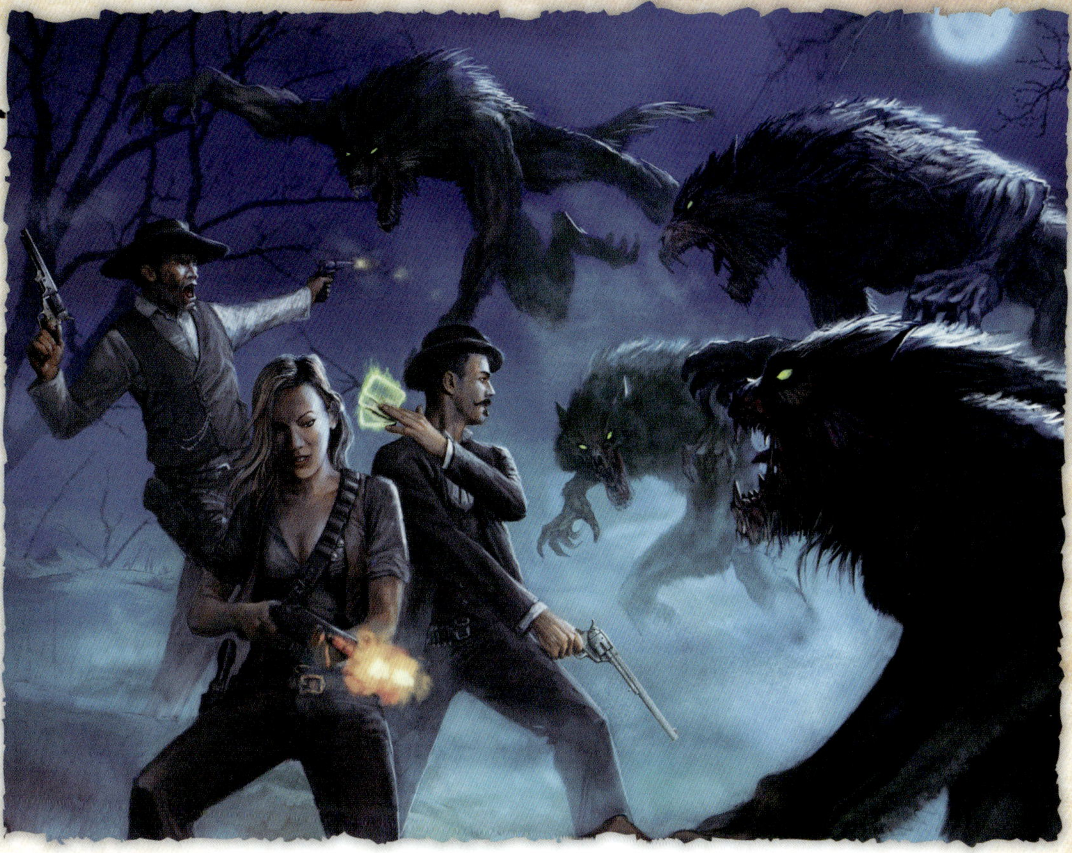

Tagen als Werwolf. Der Charakter verwandelt sich jeden Vollmond gegen seinen Willen. Er lernt erst nach 1W6 Jahren als Werwolf, seine Lykanthropie zu kontrollieren.

- **Schnelle Regeneration:** Werwölfe können jede Runde einen Wurf auf *Natürliche Heilung* ablegen, wenn die *Wunden* nicht von silbernen oder versilberten Gegenständen verursacht wurden.
- **Wärmesicht:** Halbiere die Abzüge für *Beleuchtung* bei Angriffen auf warme Ziele.
- **Coup (Wolfsherz):** Gepeinigte erhalten +1 auf Robustheit, erleiden aber +4 Schaden durch Silberwaffen.

FREMDE IN DER STADT

Wenn ein paar oder alle Helden Dirtwater besuchen, bekommen sie einen Mann zu Gesicht, der mit einem Dampffahrzeug durch die Straße fährt. Der Mann trägt Arbeitskleidung mit einem langen Mantel und einen Filzhut und außerdem ein paar messingfarbene Augengläser. Mit einer erfolgreichen Wahrnehmungsprobe erkennt ein Cowboy eine Reihe von dunklen Flecken an der Stelle, an der die Hosenbeine des Fahrers unter seinem Mantel herausschauen. Sie könnten alles sein, von Öl über Schlamm bis hin zu Blut (es ist ein bisschen von allem).

Ein Stadtbewohner gibt einen Kommentar ab, als das Gefährt vorbeizuckelt:

> *„Sieh sich einer den komischen Kauz an! Er soll irgend so ein komischer Experte sein, den Logan angeschleppt hat. Um ihm mit seiner Herde zu helfen, wisst ihr. Logan ist sich sicher, dass er in den letzten paar Jahren einen ganzen Haufen Rinder an die harten Umstände verloren hat. Scheinbar hat er ein paar von diesen schicken europäischen Rindern gekauft. Schätze mal, die haben die Winter in Wyoming nicht vertragen. Er war ja vielleicht irgend so ein raffinierter Offizier da drüben im Krieg, aber das heißt noch lange nicht, dass er auch Vieh züchten kann.*
>
> *Der Name des Experten ist Barnabas Morley. Er soll Logan wohl irgendwie mit seiner Herde helfen. Keine Ahnung, was er da tun soll. Tatsächlich bin ich nicht mal sicher, ob der Kerl ein Kalb von einem Bullen unterscheiden kann.“*

Morley ignoriert die Cowboys der Lazy S und geht auf einen Drink in den örtlichen Saloon. Er befindet sich allerdings in Begleitung eines weitaus aggressiveren Zeitgenossen – Revolverheld Matt „Ricochet" Reynolds.

ICH FORDERE DICH HERAUS!

Randolph Logan hat über die WSGA ein paar Söldner angefordert, und jetzt trudeln sie langsam ein. Einer von ihnen ist ein erfahrener Mörder namens Matt Reynolds (seinen Spitznamen hat er bekommen, als er seinen Gegner verfehlte, der Schuss aber abprallte und den Widersacher dann von hinten traf – so erzählt man es sich zumindest).

Matt betrachtet die Ankunft der Gruppe als eine Gelegenheit, um sich bei Mr. Logan einen Bonus zu verdienen – und um sein Ansehen zu steigern. Er sucht nach einer Möglichkeit, um mit den Helden der Lazy S in Kontakt zu treten und das Ganze in einem Duell enden zu lassen. Reynolds sucht sich den am fähigsten aussehenden Schützen der Truppe aus. Er möchte Eindruck schinden, und wenn er dabei auch noch den stärksten Bullen von der Herde trennen kann, umso besser. Verwende die Regeln für Duelle in *Deadlands: The Weird West*, falls er Erfolg hat, und lass das Blut einfach regnen.

Sobald sich der Rauch gelegt hat, taucht der Marshal der Stadt auf … aber keine Sekunde vorher. Falls ein Mitglied der Gruppe zuerst geschossen hat, ist Marshal Tate schnell bei der Hand, um ihn in eine Zelle zu werfen. Mit einer erfolgreichen Überredenprobe oder *Einschüchtern* können die Helden genügend Zeugen auftreiben, um die Unschuld ihres Freundes zu beweisen. Falls Ricochet allerdings der Letzte ist, der noch steht, hat ihr Freund kein Glück, und Tate handelt das Ganze als einen Fall von Selbstverteidigung ab.

✪ MATT REYNOLDS

Matt Reynolds hat sich den Spitznamen „Ricochet" tatsächlich ehrlich erworben, aber er reagiert extrem empfindlich darauf, wenn die Leute behaupten, er habe seinen Gegner hinterrücks erschossen. Addiere +2 hinzu, falls irgendjemand versuchen sollte, ihn diesbezüglich zu *Provozieren*.

Attribute: Geschicklichkeit W8, Konstitution W8, Stärke W6, Verstand W6, Willenskraft W8

Fertigkeiten: Allgemeinwissen W6, Athletik W8, Einschüchtern W8, Heimlichkeit W6, Kämpfen W6, Reiten W8, Schießen W10, Überreden W4, Wahrnehmung W6

Bewegungsweite: 5; **Parade:** 5; **Robustheit:** 6

Handicaps: Grimmiger Diener des Todes, Fies, Rachsüchtig (leicht)

Talente: Duellant, Keine Gnade, Meisterschütze, Schnell Ziehen

Ausrüstung: Colt Peacemaker (12/24/48, 2W6+1, FR 1, PB 1), 150 Dollar

MENSCHENFRESSENDE KUH!

Diese Begegnung kann sich bei Tag oder Nacht ereignen, entweder auf der Ranch selber oder während die Gruppe durch das Land reitet. Sie funktioniert am besten, wenn sie sich auf dem Land der Lazy S ereignet, aber du kannst sie auch über deine Cowboys hereinbrechen lassen, wenn sie gerade auf dem Rückweg von Dirtwater sind. Falls sie sich auf der Ranch ereignet, werden die Helden von Ausrufen des Schocks und der Überraschung von einem der Helfer geweckt, die noch nicht krank geworden sind. Anderenfalls stoßen sie einfach auf die Szenerie, während sie durch die Wildnis reisen.

Ein ungewöhnlich großer Stier steht über dem Körper einer Kuh. Auf den ersten Blick scheint das einschüchternd Biest das gefallene Tier zu beschützen, aber einen Augenblick später senkt die Kreatur den Kopf und reißt einen Bissen aus dem Kadaver, der unter ihm liegt! Es ist zwar möglich, dass einige der Charaktere nicht die erfahrensten Cowboys sind, aber selbst für die grünste aller Gruppen dürfte klar sein, dass das kein normales Verhalten für ein Rind ist.

Der wahnsinnige Bulle beäugt die Gruppe einen Moment lang und lässt dann ein Brüllen ertönen, das fast unheimlich ist, und greift an. Das Biest kämpft bis zum Tod oder bis die Abenteurer fliehen. Das ist nicht als gefährliche Begegnung gedacht – wobei das hier *Savage Worlds* ist und alles passieren kann – aber sie deutet auf eine größere Bedrohungen in der Zukunft hin (siehe Morleys Wahnsinn auf Seite 78).

Falls es der Gruppe gelingt, die Kreatur zu töten, erscheint ihr eine ganze Reihe von Dingen im Hinblick auf deren Erscheinungsbild merkwürdig. Sie hat dieselbe schuppige Haut wie die Wölfe, denen sie begegnet sind (siehe **Wölfe im Schafspelz** auf Seite 68). Ihre Hufe und Hörner haben einen beinahe metallischen Glanz. Aus ihren Wundern sickert langsam eine dicke, schwärzliche Flüssigkeit anstelle von Blut, und ihre Augen sind eingesunken und weiß getrübt. Zu guter Letzt befindet sich ein deutlich sichtbares Brandzeichen der Northern Star auf ihrer Flanke – was die Charaktere warnen dürfte, dass irgendetwas auf Logans Ranch nicht in Ordnung ist, sie gleichzeitig aber auch zögern lassen könnte, den Vorfall in irgendeiner Form zur Sprache zu bringen nach den Anschuldigungen des Viehdiebstahls, die ihnen kürzlich entgegengebracht worden sind!

- **WAHNSINNIGES RIND:** Siehe Seite 89.

TO'SARRES SCHLUPFWINKEL

FURCHTSTUFE: 5

To'sarre, der immer vorsichtig ist, hat sein Versteck zwischen einer Reihe felsiger Hügel und sterbender Bäume 20 Meilen nördlich der Lazy S eingerichtet. Das ist weit genug weg, damit die Cowboys ihn wahrscheinlich nicht entdecken, und nahe genug dran, damit er immer Jagd auf sie machen kann – was genau das ist, was er tut.

To'sarre schleicht um die Randgebiete der Lazy S herum und schnappt sich Rancharbeiter, wann immer er die Gelegenheit dazu hat. Er greift nicht direkt an, sondern schickt den Arbeitern stattdessen infizierte Tiere an den Hals. Ob die Tiere sie besiegen oder nicht, spielt keine Rolle – dem Seuchenwanderer ist nur wichtig, dass die Tiere ihre Beute infizieren.

Würfele jeden Tag mit einem W6. Bei einer 1–4 begegnet To'sarre an diesem Tag keinem der Arbeiter. Bei einer 5–6 sind zwei Arbeiter, die zufällig ausgewählt werden, unterwegs, um Stacheldraht zu spannen, als sie von einem „tollwütigen" Tier angegriffen werden. (Siehe To'sarres Kreaturen auf Seite 74, falls du wissen möchtest, was sie angegriffen hat, Marshal.)

To'sarre zeigt sich nie, hält sich aber in der Nähe versteckt und beobachtet alles in Menschengestalt, wenn er sich ausreichend gut verstecken kann, oder in Tierform (für gewöhnlich ein Rabe), wenn nicht.

Es gibt keinen vorgeschriebenen Weg, auf dem die Gruppe To'sarre fangen und diese Schreckensherrschaft beenden kann. Sie könnten magische Mittel einsetzen, um ihn zu finden, eine Falle aufstellen oder einfach das Land erkunden, bis sie ihn finden. Wenn sie seiner Verfolgung zu viel Zeit widmen, kollidiert das natürlich mit den Tätigkeiten auf der Ranch. Du kannst das durch Bill und Abbys Unmutsäußerungen deutlich machen, durch verloren gegangene Rinder (Viehdiebe der Northern Star und gelegentlich auch Anderer, die Vorteil aus der Ablenkung der Gruppe ziehen), oder Bill könnte sogar eines Tages zusammenbrechen, weil er zu hart gearbeitet hat, um die Abwesenheit der Helden zu kompensieren. Es ist in Ordnung, diese harte Entscheidung zu treffen, Marshal. Entscheidungen wie diese gehören dazu, wenn man eine Ranch besitzt, und die Spieler darüber streiten zu lassen, wie sie allen Anforderungen innerhalb ihrer Zeit gerecht werden sollen, ist ein Teil des Spaßes.

EIN KRANKER HUND

Falls die Helden To'sarre unter freiem Himmel fangen, versucht er, in seinen Schlupfwinkel zu entkommen. Helden mit scharfen Augen können allerdings auch seinem Flug folgen und sehen, dass er auf eine Reihe von felsigen Hügeln im Norden zufliegt.

Falls er aus irgendeinem Grund nicht fliehen kann, kommt es zum Kampf auf zerklüftetem Untergrund mit ein paar knorrigen Bäumen und Felsen ringsherum – du kannst jede Art von Schlachtfeld kreieren, die dir passend erscheint.

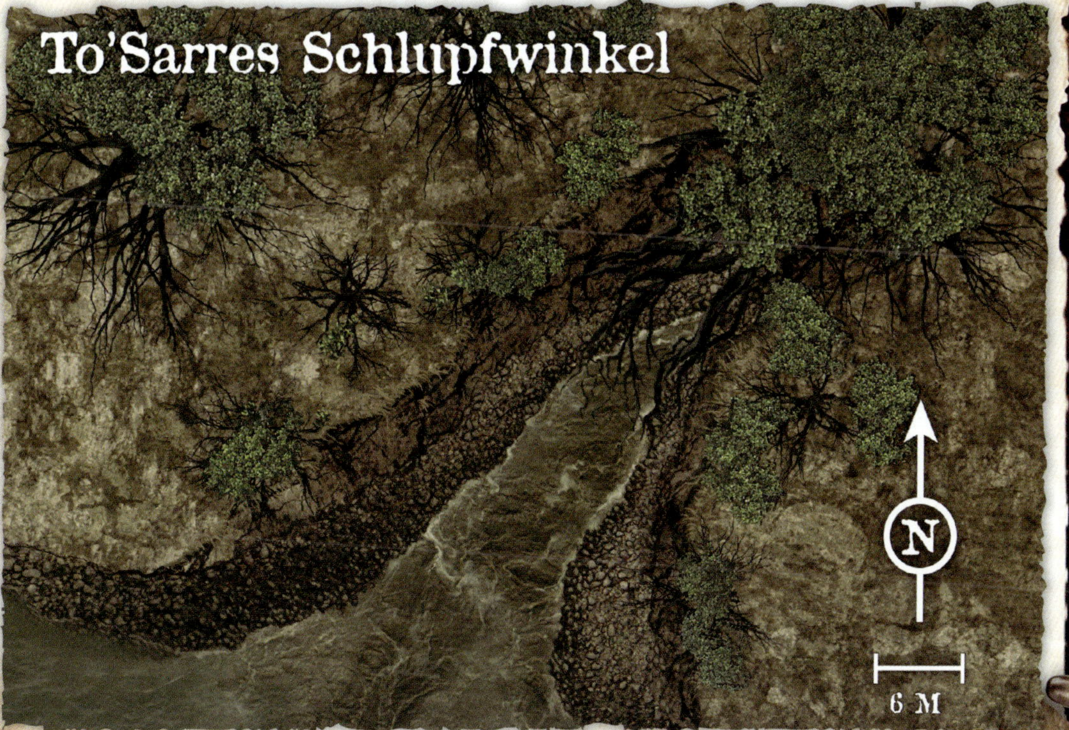

Für den dramatischen Effekt kannst du versuchen, den Endkampf im Schlupfwinkel des Schamanen zu inszenieren. Ein paar Proben auf *Überleben* in den nördlichen Hügeln deuten schnell auf Fußabdrücke hin, die in eine Wasserrinne führen. Ein gedrungener Baum mit dutzenden dicker Wurzelstränge ragt über dem Ende der Wasserrinne empor und bildet eine Art Höhle. Die Pflanzen in einem Radius von 50 Metern in alle Richtungen sind braun und verwelkt, und die von Krankheit gezeichneten Kadaver zahlreicher Tiere – Wölfe, zwei Elche und sogar ein Grizzly – liegen überall verstreut.

Es besteht kein Zweifel, dass dies der Unterschlupf des Seuchenwanderers ist.

Angenommen, er ist anwesend, wartet To'sarre ab, bis die Gruppe nahe genug an den Überhang herankommt, und lässt dann seine Lakaien auferstehen. Die Wölfe, Elche und der Grizzly erheben sich mit kläglichem Gebrüll. Es ist Zeit für Furchtproben, und dann teilst du die Aktionskarten aus, Marshal.

Falls er kurz davorsteht, getötet zu werden, zögert To'sarre nicht, noch einmal die Flucht zu versuchen. Du, Marshal, möchtest allerdings, dass dies sein letztes Gefecht ist, also rege die Helden dazu an, eine Möglichkeit zu ersinnen, um ihn am Weglaufen zu hindern, lass ihn ein oder zwei Runden länger verharren, als er es sollte (immerhin ist das sein Unterschlupf), oder räume der Gruppe die Möglichkeit ein, ihn zu erschießen, wenn er sich in den Raben verwandelt und zu fliehen versucht.

- ✪ **TO'SARRE, SEUCHENWANDERER:** Siehe Seite 86.
- **TO'SARRES TIERSCHAU:** Der Schamane hat fünf Wölfe, zwei Elche und einen Grizzly unter seiner Kontrolle – alle sind mit den tödlichen Pocken infiziert.

KRANKER BÄR

Attribute: Geschicklichkeit W6, Konstitution W12, Stärke W12+2, Verstand W6 (T), Willenskraft W8
Fertigkeiten: Athletik W8, Heimlichkeit W8, Kämpfen W8, Wahrnehmung W8
Bewegungsweite: 8; **Parade:** 6; **Robustheit:** 10
Talente: Rohling
Spezialfähigkeiten:
- **Biss/Klaue:** Stä+W6
- **Größe 2:** Der Grizzly wiegt über 500 kg.
- **Infektion:** Wer durch einen Angriff *Angeschlagen* wird oder eine *Wunde* erleidet, muss eine Konstitutionsprobe –2 ablegen, oder er erkrankt an einer *Chronischen Krankheit*.
- **Widerstandsfähig:** Der Bär kann eine *Wunde* einstecken, ehe er *Ausgeschaltet* ist.

KRANKE ELCHE

Attribute: Geschicklichkeit W6, Konstitution W12, Stärke W12, Verstand W4 (T), Willenskraft W8
Fertigkeiten: Athletik W8, Heimlichkeit W4, Kämpfen W6, Wahrnehmung W6
Bewegungsweite: 8; **Parade:** 6; **Robustheit:** 10
Talente: –
Spezialfähigkeiten:
- **Biss/Hörner:** Stä+W6, kann heranstürmen (Siehe *Natürliche Waffen* in *Savage Worlds*).
- **Größe 2:** Diese Elche wiegen mehr als 600 kg.
- **Infektion:** Wer durch einen Angriff *Angeschlagen* wird oder eine *Wunde* erleidet, muss eine Konstitutionsprobe –2 ablegen, oder er erkrankt an einer *Chronischen Krankheit*.
- **Widerstandsfähig:** Der Elch kann eine *Wunde* einstecken, ehe er *Ausgeschaltet* ist.

KRANKE WÖLFE

Attribute: Geschicklichkeit W8, Konstitution W6, Stärke W8, Verstand W6 (T), Willenskraft W6
Fertigkeiten: Athletik W6, Heimlichkeit W6, Kämpfen W6, Wahrnehmung W10
Bewegungsweite: 8; **Parade:** 5; **Robustheit:** 7(2)
Talente: Flink
Spezialfähigkeiten:
- **Panzerung +2:** Das Fell dieser Kreaturen hat Schuppen unter dem Pelz entwickelt!
- **Biss/Klaue:** Stä+W4
- **Infektion:** Wer durch einen Angriff *Angeschlagen* wird oder eine *Wunde* erleidet, muss eine Konstitutionsprobe –2 ablegen, oder er erkrankt an einer *Chronischen Krankheit*.

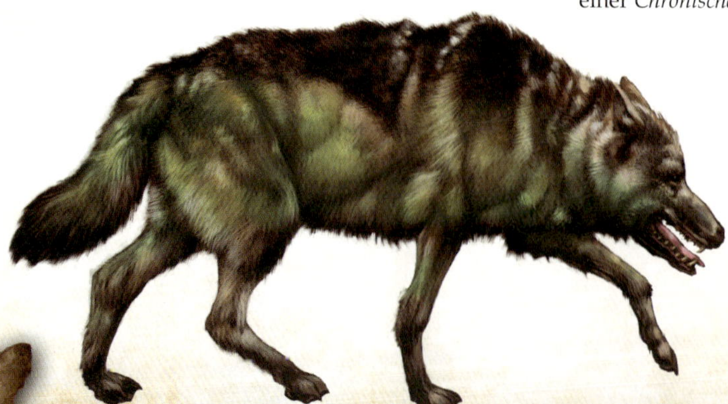

KAPITEL 9

KONFRONTATION

DRITTER TEIL: RANGE WAR

Inzwischen sollten die Helden ein Gefühl dafür entwickelt haben, wie Logan seine Karten auszuspielen pflegt, aber sie wissen noch nicht einmal die Hälfte. Die echten Schwierigkeiten sind gerade erst dabei, den Dampfkessel ordentlich aufzufüllen und auf sie zuzurasen wie ein führerloser Zug in einer unübersichtlichen Kurve!

IRON DRAGON GREIFT EIN

Etwa einen Monat nachdem die Lazy S ihre Zelte in dem Gebiet aufgeschlagen hat, oder wann immer du bereit bist, weiterzuziehen, Marshal, besucht Li Zhin das Lager mit einigen seiner Schergen. Die Eisenbahnkolonne der Iron Dragon nähert sich den Randgebieten der Ranchbesitzungen, und ihre Kundschafter haben von den Umzäunungen berichtet, die die Mannschaft der Lazy S kürzlich errichtet hat. Zhin hatte unter der Annahme gearbeitet, dass die Northern Star der Eisenbahn ein rechtmäßiges Durchgangsrecht nach Dirtwater verkauft hat. Demzufolge glaubt er, dass die Helden und die übrige Lazy S nichts weiter sind als ein Haufen von Landbesetzern, die seinem Arbeitgeber im Weg stehen. Und die Iron Dragon, genau wie die meisten anderen Eisenbahngesellschaften auch, hat wenig Geduld mit Landbesetzern auf ihrem Besitz.

Zhin agiert etwas überlegter als die meisten von Kangs Vollstreckern, aber das ist in seinem Fall eine relative Aussage, deshalb besteht seine Herangehensweise an die Situation zunächst darin, mit einigen bewaffneten Männern einzureiten und sich in Position zu bringen. Er verkündet mit lauter Befehlsstimme:

„Ihr befindet euch widerrechtlich auf Iron Dragon Land! Verschwindet sofort!"

Die Gruppe kann sich natürlich um die Vollstrecker kümmern, aber nach all den Zusammenstößen mit den Kumpanen der Eisenbahn-Barone, die sie in den letzten Monaten hatten, könnte es nicht schaden, sie daran zu erinnern, dass die Eisenbahn immer noch mehr Söldner hat, die sie schicken kann. Sollten sie trotzdem auf einem Angriff beharren, versucht Zhin, sich zurückzuziehen, wenn die Hälfte seiner Männer *Ausgeschaltet* ist. Ob er selbst überlebt oder nicht, Iron Dragon schickt beim nächsten Mal ein weiteres Kontingent mit der doppelten Menge an Vollstreckern (entweder von Zhin angeführt oder von einem anderen Befehlshaber der Eisenbahn). Die Eisenbahn macht weiter, bis die Lazy S entweder nachgibt oder es der Gruppe gelingt, zu verhandeln. Wie schwierig du das ausfallen lassen möchtest, liegt voll und ganz in deiner Hand, Marshal!

- **LI ZHIN:** Siehe Seite 85.
- **VOLLSTRECKER DER IRON DRAGON (8):** Seite 62.

WIR SOLLTEN REDEN

Falls die Helden eine etwas zurückhaltendere Herangehensweise wählen und erklären, dass die Lazy S über eine rechtmäßige Besitzurkunde für das Land verfügt, ist Zhin für einen Moment aus dem Gleichgewicht gebracht. Als die Gruppe ihm die Besitzurkunde vorlegt, murmelt der Anführer der Vollstrecker etwas Wütendes in Chinesisch. Der hatte ohnehin bereits eine ziemlich geringe Meinung von Logan und seinen Launen, aber selbst er hätte nicht erwartet, dass der Rancher tatsächlich versuchen würde, Kang zu bescheißen!

Es ist eine erfolgreiche Überredenprobe erforderlich, um Zhin davon zu überzeugen, dass die Besitzurkunde rechtskräftig ist. Sobald er die Situation geschnallt hat, ist mehr als nur ein bisschen ärgerlich auf Logan. Er ist einfach zu stolz, um sich zu entschuldigen, aber auch, wenn er es nicht zeigt, so ist er doch beschämt, dass er dem Spiel eines Betrügers auf den Leim gegangen ist. Er schickt auf der Stelle Boten zur Northern Star, um seinen Unmut kundzutun – und um die Rückgabe der Zahlungen der Iron Dragon zu fordern!

Der Vollstrecker erklärt, dass er erst Einsicht in die Akten im Grundbuchamt nehmen muss, um die Besitzansprüche der Lazy S zu verifizieren, bevor er in Verhandlungen eintreten kann, aber er erklärt sich bereit, die Gleisbauarbeiten vorübergehend zu stoppen. In Wirklichkeit ist Zhin bewusst geworden, dass er geliefert ist, wenn Kang davon erfährt, dass er einem zweitklassigen Landbetrug auf dem Leim gegangen ist. Tatsächlich versucht er, Zeit zu gewinnen, um die Sache in Ordnung zu bringen – und das Geld zurückzubringen – bevor sein Boss Wind davon bekommt.

DIE FLAMMEN DES KRIEGES

Diese Begegnung findet statt, nachdem die Helden bewiesen haben, dass der Lazy S das Durchgangsrecht gehört, das Logan der Iron Dragon verkauft hat. Li Zhin, zu Recht erbost, konfrontiert Logan mit seinen illegalen Grundbesitz-Machenschaften. Der Vollstrecker der Eisenbahn teilt dem Rancher mit, dass er die Besitzurkunde gesehen hat und dass diese auch im Grundbuchamt in Dirtwater registriert wurde (vorausgesetzt, die Gruppe ist dazu gekommen, sich um dieses Detail zu kümmern). Logan reagiert auf seine übliche hitzköpfige – und unüberlegte – Art.

Kurz nach der Auseinandersetzung mit Li Zhin trifft die Verstärkung aus Laramie ein, auf die Logan gewartet hat. Er beschließt, dem Konkurrenzkampf mit ein paar direkten Aktivitäten ein Ende zu setzen. Logan teilt seine Streitkräfte auf und sendet eine Gruppe in Richtung Stadt, und eine reitet auf direktem Weg zur Lazy S.

In Abhängigkeit davon, wie du die vorletzten Schlachten im Ranger War ausspielen möchtest – und davon, wie eng deine Gruppe miteinander verbunden ist, Marshal – ist es möglich, dass sie nur in eine der beiden Schießereien verwickelt werden. Falls du zwischen einer von beiden wählen musst, spiele den Kampf auf der Lazy S, damit sie eine Rolle darin spielen können, das zu beschützen, was ihnen gehört. Andererseits ist es natürlich auch möglich, die Konfrontationen so zu inszenieren, dass deine Reisenden auf dem Weg durch die Hochebenen Logans Bewaffnete und ihre Bemühungen in beiden Konflikten stören können, falls du das möchtest.

HEISSE ZEITEN FÜR DIRTWATER

Der erste Schlägertrupp macht sich auf den Weg nach Dirtwater, mit nur einem einzigen Ziel: Das Grundbuchamt niederzubrennen, mit sämtlichen Dokumenten, die darin aufbewahrt werden. Da Logan nicht über irgendeinen offiziellen Titel für sein eigenes Land verfügt, hat er nichts zu verlieren und alles zu gewinnen, wenn er die Akten aller anderen zerstört – insbesondere die der Lazy S. Seine Männer haben keine speziellen Befehle, in der Stadt herumzuballern, aber da der Großteil der Bande ehemalige Banditen oder schlicht und ergreifend angeheuerte Gesetzlose sind, ist es wahrscheinlich, dass sie selbst die Initiative für einige kriminelle Machenschaften ergreifen, sobald die Dinge einmal ins Rollen gekommen sind, insbesondere, falls sich ihnen jemand in den Weg stellen sollte.

Falls sich irgendjemand von den Helden in der Stadt aufhält, wird er sofort gewarnt, dass Ärger auf dem Weg ist, als eine Gruppe maskierter Bewaffneter johlend und brüllend in die Stadt einreitet. Die Männer machen sich schnurstracks auf den Weg zum Grundbuchamt und jagen Milt Fisher hinaus, indem sie ihm mit Blei Beine machen. Sobald die Schuhe des Angestellten die Türschwelle verlassen haben, machen sie sich an die Arbeit und schlagen Funken.

Gib deinen Cowboys die Chance, einzugreifen, bevor das Feuer richtig entfacht ist. Die Bewaffneten der Northern Star sind entschlossen, sicherzustellen, dass das Gebäude brennt, und verleihen ihrem Standpunkt mit ihren Schießeisen Ausdruck. Jeder, der mutig genug ist, sich ihnen entgegenzustellen, erhält eine einzige Warnung, und danach sind die Schüsse tödlich gemeint.

Die Charaktere müssen allerdings nicht notwendigerweise allein kämpfen. Falls es ihnen gelungen ist, die Einheimischen für sich zu gewinnen, könnten ein paar von ihnen ebenfalls dem Kampf beitreten.

- **SÖLDNER (5):** Verwende das Profil für Bewaffnete auf Seite 82.
- **ARBEITER DER NORTHERN STAR (8):** Verwende das Profil für Cowboys auf Seite 81. Einer von ihnen ist eine Wildcard mit dem Talent *Anführer*.

GESETZ DES MARSHALS

Sobald das Feuer entfacht ist oder die Schießerei beginnt, taucht Marshal Tate mit gezogener Waffe aus seinem Büro auf. Zunächst nähert er sich der Situation, als seien die Helden im Unrecht und ruft ihnen zu, dass sie die Waffen fallenlassen und sich ergeben sollen. Sein Wutgeschrei hält eine ganze Runde lang an und endet, als einer der Söldner der Northern Star davon ausgeht, dass er versucht, einzugreifen und sie aufzuhalten.

Tate ist zwar gekauft, aber nicht in dem Maße. In der nächsten Runde ändert er seine Loyalität und schließt sich dem Kampf gegen die Angreifer an. Der größte Beitrag des Marshals ist nicht seine Revolverhand. Er bringt sich vielmehr ein, indem er eine Eimerkette auf die Beine stellt und damit versucht, das Feuer zu löschen, das Logans Männer gelegt haben.

Die Bande verliert die Nerven und versucht zu fliehen, wenn mehr als drei Viertelvon ihnen tot oder *Ausgeschaltet* sind. Falls es den Helden gelingt, die Bewaffneten innerhalb von fünf Runden, nachdem Tate die Mannschaft gewechselt hat, zu besiegen oder zu vertreiben, gelingt es den Stadtbewohnern auch, das Grundbuchamt zu retten.

Sollte es der Gruppe gelingen, ein paar der Helfer der Northern Star gefangen zu nehmen – oder einfach einen Blick auf einige von ihnen zu werfen, die im Kampf gefallen sind – erkennt jemand aus der Stadt sie sofort als Logans Männer wieder. Die Söldner aus Laramie wiederum sind in Dirtwater absolute Fremde. Gefangen genommene Cowboys der Northern Star sind nur allzu gerne bereit, zuzugeben, dass Logan ihnen den Angriff befohlen hat, sofern sie glauben, dass das ihre eigene Situation verbessern kann. Darüber hinaus geben sie auch den Plan des Ranchers preis, die Lazy S anzugreifen. Sie sagen, er habe seine Ressourcen überstrapaziert und nur noch sehr wenige Helfer auf der Northern Star Ranch zurückgelassen, um die Stellung zu halten.

✪ **RORY TATE:** Siehe Seite 59.

ZURÜCK AUF DER LAZY S

Ungefähr zum selben Zeitpunkt greift die andere Hälfte der Truppe von der Northern Star die Lazy S an mit der Absicht, sie niederzubrennen. Du kannst deine Cowboys vom Regen in die Traufe schicken und ihnen genug Zeit geben, um zurück zu ihrer Ranch zu reiten, bevor dort die Hölle losbricht.

MASSENPANIK AUF DER RANCH

Die Reiter der Northern Star beginnen ihren Überfall, indem sie einen Teil der Herde der Lazy S direkt durch das Zentrum der Ranch trampeln lassen. Gewähre jedem Cowboy, der gerade anwesend ist, eine Wahrnehmungsprobe, damit er das entfernte Grollen der herannahenden Rinder rechtzeitig hört, um in Deckung zu gehen. Anderenfalls werden sie eiskalt erwischt, wenn die Massenpanik über die Ranch hereinbricht. (Siehe Textbox **Lassowerfen und Reiten** auf Seite 11.) Gleich nach der Massenpanik geht der Spaß erst richtig los!

KNALLT SIE AB

Sobald die Herde die Ranch wieder verlässt, reiten die Söldner der Northern Star ein. Die Gruppe hofft darauf, die Verwirrung und Zerstörung, die die panischen Rinder hinterlassen haben, nutzen zu können, um die Mannschaft der Lazy S zu überrumpeln. Obwohl die Helden und Cowboys möglicherweise nicht auf eine Schießerei vorbereitet sind, ist wahrscheinlich zumindest jeder auf den Beinen, als Logans Bewaffnete einreiten!

Zum Glück für die Gruppe sind Sutters Cowboys ein erfahrener Haufen und haben schon alles gesehen, was ihnen der Unheimliche Westen zwischen Texas und Wyoming vorzusetzen hat. Auch, wenn die Charaktere dies nicht vorschlagen, reitet sofort eine Gruppe der Lazy S Cowboys aus, um die tobenden Longhorns wieder unter Kontrolle zu bringen. Nach den Verlusten, die To'sarres Pocken und Logans Meuchelmörder gefordert haben, bleiben nur noch fünf Cowboys übrig, die gegen die Angreifer der Northern Star unterstützen können, aber selbst wenige der durch den Viehtrieb abgehärteten Texas-Veteranen sind kein Pappenstiel!

Die Männer der Northern Star bleiben im Sattel und versuchen, ihre bessere Mobilität zu ihrem Vorteil einzusetzen. Das bedeutet natürlich im Gegenzug, dass sie die Möglichkeit verlieren, in Deckung zu gehen, aber die meisten dieser Rowdies sind es ohnehin nicht gewöhnt, einem Feind gegenüberzustehen, der sich zur Wehr setzt – ganz zu schweigen von einem Feind, der sich gewitzt zur Wehr setzt. Sobald die Angreifer mehr als die Hälfte aus ihren Reihen einbüßen, lassen die gewöhnlichen Arbeiter der Northern Star ihre Waffen fallen und versuchen, sich zu ergeben. Die Söldner wiederum tun ihr Bestes, um zu fliehen, da ihnen klar ist, dass sie mit dem funktionalen Ende eines Henkerstricks Bekanntschaft machen werden, falls man sie schnappt.

Genau wie bei der versuchten Brandstiftung in Dirtwater zögern auch die Rancharbeiter der Northern Star, die hier gefangen genommen werden, keinen Augenblick, Logan zu verraten, um ihre eigene Haut zu retten.

- **SÖLDNER (5):** Verwende das Profil für Bewaffnete auf Seite 82.
- **COWBOYS DER LAZY S (5):** Siehe Seite 82.
- **ARBEITER DER NORTHERN STAR (8):** Verwende das Profil für Cowboys auf Seite 81. Einer von ihnen ist eine Wildcard mit dem Talent *Anführer*.

STERNSCHNUPPE

Nach dem Angriff auf die Lazy S hat die Gruppe möglicherweise genug von Logans Schikanen und machen sich von selbst auf, um sich den Größenwahnsinnigen vorzuknöpfen. Falls sie es nicht tun, treten die Leute aus Dirtwater vor und bitten die Helden, die Northern Star aus dem Gebiet zu vertreiben. Der Angriff des Ranchers auf die Stadt und der Ärger mit Iron Dragon hat sie davon überzeugt – sogar Marshal Tate – dass dieser Mann eine Gefahr für jeden ist.

Li Zhin wirft sich nicht in der Öffentlichkeit für die Iron Dragon in die Bresche. Er befürchtet, dass dies seine Ehre beschädigen könnte, da er ursprünglich Geschäfte mit Logan gemacht hat. Auf das Thema angesprochen, macht er so deutlich wie möglich – ohne es direkt zu sagen – dass es sehr positiv aufgenommen würde, falls man Logan davon überzeugen könne, seine Zelte abzubrechen. Und er bleibt ungeheuer vage, was seine Definition von „überzeugen" angeht.

Unglücklicherweise übersetzt sich öffentliche Unterstützung nicht notwendigerweise in allzu viel körperliche Unterstützung. Bei den meisten Stadtbewohnern ist an dem Punkt Schluss, an dem es darum geht, tatsächlich mit den Helden zu Logan zu gehen und ihn zu konfrontieren. Marshal Tate ist sich plötzlich der genauen Grenzen seiner Befugnis äußerst bewusst. Falls es der Gruppe inzwischen gelungen ist, einen Großteil der Stadtbewohner für sich zu gewinnen, können sie *Überreden* einsetzen, um fünf unerschütterliche Stadtbewohner davon zu überzeugen, ihr Vorgehen zu unterstützen.

Falls die Charaktere auf die Idee kommen, ihre eigene Armee aus den überlebenden Cowboys der Lazy S aufzustellen, werden sie aller Wahrscheinlichkeit nach feststellen, dass ihre Ressourcen in diesem Bereich zur Neige gehen. Von den Viehtreibern, die das Gerangel mit Logans Bewaffneten überlebt haben, steht nur die Hälfte als Unterstützung zur Verfügung. Obwohl sie alle Helden sind, die bereits mit den Hufen scharren, um es Logan zu zeigen, werden die verbliebenen Cowboys gebraucht, um sich um die Ranch und die Herde zu kümmern.

LEERES NEST

Logans Zangen-Angriff hat die Northern Star beinahe vollkommen ungeschützt zurückgelassen. Was noch schlimmer ist: die meisten der Cowboys, die noch auf seiner Gehaltsliste stehen, sind entweder draußen auf der Ranch, um sich um die Rinder zu kümmern, oder haben die Gelegenheit genutzt, um sich während des jüngsten Aufruhrs in die Wildnis davonzumachen. Nur Logan und 10 angeheuerte Männer aus Laramie sind noch auf der Ranch. (Morley ist ebenfalls noch da, aber er hat bereits alle Hände voll zu tun – wie die Gruppe bald feststellen wird.)

Als die Helden auf der Northern Star auftauchen, schließt Logan richtigerweise daraus, dass seine Intrige, um sie aus dem Territorium zu vertreiben, gescheitert ist. Er verschwendet keine Zeit damit, sich aus der Sache rauszureden – er und seine Männer fangen gleich an zu schießen, als sie die Gruppe sehen. Während einige der Arbeiter sich auf freiem Terrain befinden, schießt mindestens die Hälfte – darunter aus Logan selbst – aus der Deckung heraus, entweder aus der Schlafbaracke oder aus dem Hauptgebäude.

- ✪ **RANDOLPH LOGAN:** Siehe Seite 85.
- ■ **ARBEITER DER NORTHERN STAR (10):** Verwende das Profil für Cowboys auf Seite 81.

MORLEYS WAHNSINN

Vor einiger Zeit gelang es Morley, den Kadaver eines Teufelsbullen in die Finger zu bekommen (siehe *Los Diablos* in *Deadlands: The Weird West*). Durch die Verwendung einiger ziemlich kreativer Einsatzmöglichkeiten für seine bizarre Technologie gelang es ihm nicht nur, die Monstrosität zu konservieren, sondern auch, sie tatsächlich wiederzubeleben. Er implantierte eine elektrische Vorrichtung in den Schädel der untoten Bestie, die etwas enthält, das er einen „gefangenen Geist" nennt. Es handelt sich tatsächlich um einen Manitou, der begeistert davon war, Zugang zur Macht und der Wut des Leichnams einer so mächtigen Scheußlichkeit zu erhalten.

Durch ständige Überwachung und Anpassungen war Morley in der Lage, den Manitou unter Kontrolle zu halten. Er fand außerdem heraus, dass die Impfung von Logans Herde mit kleinen Dosen von etwas, das als Diablo-Blut durchgeht, deutlich widerstandsfähigere Viehbestände hervorbringt. Du kannst dir wahrscheinlich schon denken, wo dies hinführt, Marshal. Das Ergebnis war außerdem eine deutlich aggressivere – und fleischfressende – Rasse. Aber der Wissenschaftler konnte seinen Arbeitgeber davon überzeugen, dass alle Vorteile gewisse Probleme mit sich bringen.

Nachdem die Schießerei zwei Runden lang im Gange ist – oder sobald ein Mitglied der Gruppe die Scheune betritt – bricht die Hölle los. Nun ja, vielleicht nicht die ganze Hölle, aber mehr Hölle als irgendjemand mit gesundem Verstand kennenlernen wollen würde!

Barnabas Morley, der allein zurückblieb, um sich um seine Experimente zu kümmern, verlor die Kontrolle über die Abscheulichkeiten, die er in der Scheune der Northern Star aufgezogen hatte. Der untote, verbesserte Diablo bricht aus und beschließt, seinem Schöpfer seine Mühen zu entlohnen, indem er ihn ganz altmodisch aufspießt, wobei er ein oder zwei Stampfer hinzufügt, um die Sache interessanter zu machen.

Falls irgendjemand von deinen Cowboys früh in die Scheune gelangt, kann er Morleys Untergang miterleben. Anderenfalls ist der Gruppe der erste Blick auf den Diablo vergönnt, als dieser durch das Scheunentor bricht, ein paar Klumpen des ehemaligen Wissenschaftlers mit sich führend! So oder so ist jetzt eine Furchtprobe geboten. (Die Furchtstufe liegt hier dank Morleys Spielereien bei 4.)

WAHNSINNIGE KÜHE

Morleys Schöpfung macht sich daran, so viel Tod und Zerstörung wie möglich zu säen. Und sie ist nicht allein – die Abscheulichkeit hat auch die Kontrolle über sämtliche Rinder, die sein Blut injiziert bekommen haben!

Im Augenblick befindet sich ungefähr ein Dutzend der übernatürlich veränderten Tiere in der Nähe der Ranch. Selbst eine kleine Herde satanischer, fleischfressender Rinder ist eine Ansammlung aus vierbeinigem, gepanzertem Tod. Der einzige Silberstreif an diesem sturmgepeitschten Horizont aus Unannehmlichkeiten besteht darin, dass die Monster den ersten Ausbruch ihrer Wut gegen die Northern Star und ihre Reiter richten.

Die Herde sammelt sich rasch hinter El Diablo und greift mit Volldampf dort an, wo Logan sich gerade verkrochen hat. Die hölzernen Wände der Schlafbaracke oder des Hauptgebäudes können einige Tonnen tobender untoter Muskeln und Hörner kaum ausbremsen. Sämtlich Cowboys der Northern Star, die sich in dem Gebäude befinden, werden bei der Massenpanik getötet. Logan selbst wird ebenfalls aus dem Kampf gerissen.

DEN TEUFEL ZUSAMMENTREIBEN

Die verbliebenen Rancharbeiter sind vorübergehend wie gelähmt durch das Ausmaß an Gewalt, beginnen aber in der darauffolgenden Runde, die dämonischen Rinder anzuschreien. Der wieder auferstandene Schrecken wendet seine Aufmerksamkeit dann der größten noch verbliebenen Bedrohung zu – der Gruppe! Der Großteil seiner Lakaien konzentriert sich auf ihre ehemaligen Herren und nur ein paar brechen aus, um El Diablo beizustehen. Dennoch wird das wahrscheinlich ein ziemlich harter Kampf für die Helden.

Es sind zwar nur relative wenige der veränderten Kühe in der Nähe, hunderte von ihnen streifen aber im nahegelegenen Umland umher. In jeder Art von Zermürbungskrieg gegen die mutierte Herde des Teufels sind die Charaktere dem Untergang geweiht. Glücklicherweise ist Morleys wiederbelebter El Diablo zwar zäh, aber er ist nicht so mächtig, wie er es zu Lebzeiten war, wenn man das so nennen kann bei Teufelsbullen, die Helden Töten und direkt von den Abrechnenden geschickt wurden.

Glücklicherweise ist diese wiederbelebte Kreatur nicht unverwundbar – jeder Cowboy kann sie töten (oder es versuchen). Außerdem ist das elektrische

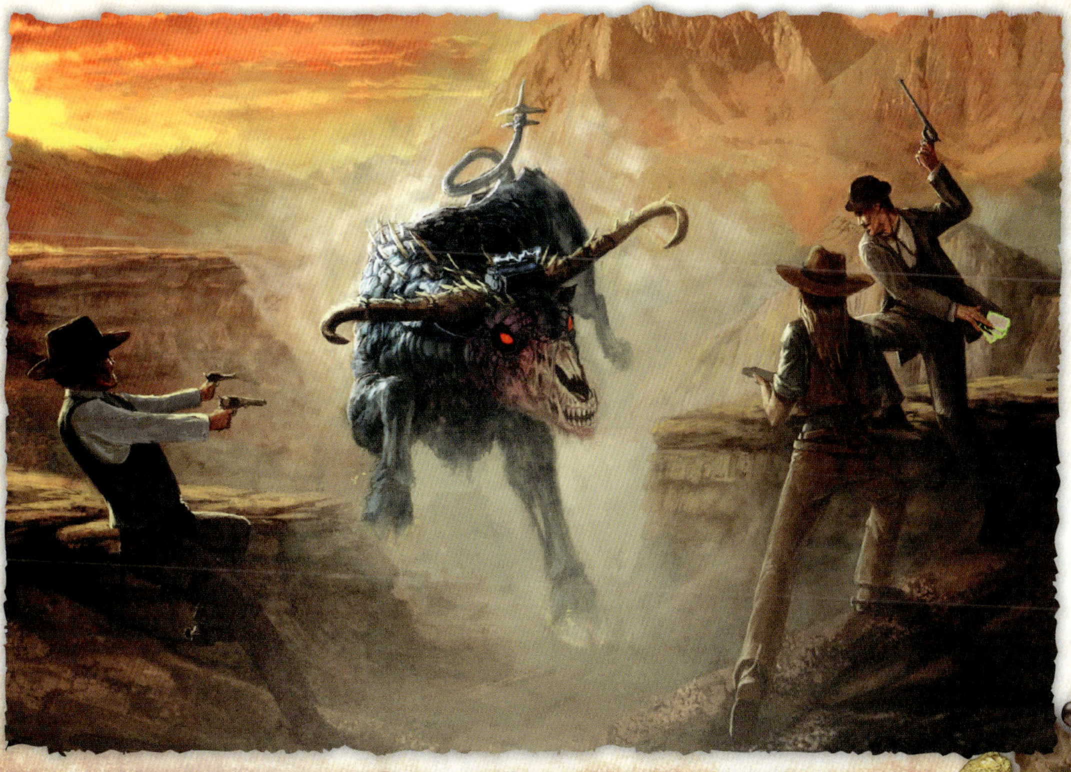

Kästchen, das Morley installiert hat, wesentlich für das Überleben der Bestie. Wird es zerstört, wird auch der Manitou, der in ihrem Inneren gefangen ist, verbannt und die Abscheulichkeit fällt leblos zu Boden.

Wenn das Monster vernichtet ist, wird die Infusion, die durch die Venen der veränderten Rinder fließt, giftig und sie fallen in der darauffolgenden Runde augenblicklich tot um - und stoßen dabei ein Heulen aus, wie es noch kein Sterblicher zuvor gehört hat.

✪ UNTOTER DIABLO

Die Kreatur ähnelt im Großen und Ganzen seinem lebenden Gegenstück: ein massiger, muskulöser Bulle, der mit schuppigem Fell bedeckt ist. Allerdings hat der Verfall begonnen, sich einzuschleichen, und gibt Hinweise auf seinen untoten Zustand, und ein kleines elektrisches Kästchen wurde zwischen seinen Hörnern implantiert.

Attribute: Geschicklichkeit W6, Konstitution W12+2, Stärke W12+4, Verstand W6, Willenskraft W8

Fertigkeiten: Athletik W8, Einschüchtern W12, Kämpfen W10, Wahrnehmung W8

Bewegungsweite: 7; **Parade:** 7; **Robustheit:** 20 (6)

Talente: Blitzschneller Angriff

Spezialfähigkeiten:

- **Furchterregend (–2):** Weißt du, was noch furchterregender ist als ein riesiger Bulle aus der Hölle? Ein riesiger, untoter Bulle aus der Hölle, genau das.
- **Furchtlos:** Die Abscheulichkeit ist immun gegen Furcht und *Einschüchtern*.
- **Größe 3:** Der Bulle ist eine gewaltige Kreatur.
- **Hörner:** Stä+W6
- **Panzerung +6:** Eine Hülle aus dicken Schuppen bedeckt die Kreatur.
- **Schwäche (Kontrollkästchen):** Ein Schuss mit *Angesagtem Ziel* auf das Kontrollkästchen (-6) ignoriert die Panzerung der Kreatur. Das Kästchen hat Härte 10. Wird es zerstört, löst sich die Kreatur sofort in ihre Bestandteile auf.
- **Untot:** +2 Robustheit; +2 auf Erholungsproben gegen *Angeschlagen*; ignoriert 1 Punkt Wundabzüge; kein zusätzlicher Schaden durch Angriffe auf *Angesagte Ziele*; atmet nicht; immun gegen Gifte und Krankheiten

NACHSPIEL

Falls die Helden sich aus dem Staub machen, begnügen El Diablo und seine Herde sich damit, ihre Aggression an den wenigen noch lebenden Männern der Northern Star auszulassen. Dadurch bleiben die Einheimischen mit einem Untoten Schrecken zurück, der gemeinsam mit ein paar hundert menschenfressenden Rindern die Ebenen durchstreift.

Auf der anderen Seite könnte ein Sieg über die teuflische Herde sämtliche Ranches in der Region retten - und wäre ein paar Geschichten wert, um die Furchtstufe zu senken. Falls die Gruppe nicht sowieso schon mit der Legion des Zwielichts in Verbindung steht, taucht kurz danach jemand von der angesehenen Organisation auf und weiht die Gruppe in die Schrecken der Abrechnung ein.

Nachdem Logans Schreckensherrschaft auf den Hochebenen beendet wurde, ist das Gebiet offen für andere, die ihr Glück versuchen möchten, was wiederum zum Wachstum von Dirtwater beiträgt. Auch die Rolle, die die Gruppe beim Aufstieg der Stadt gespielt hat, bleibt nicht unbemerkt. Es könnte sein, dass man an die Gruppe herantritt und ihr Führungspositionen anbietet oder ihnen anträgt, auf andere Weise dabei zu helfen, die Zukunft der Stadt mitzugestalten.

Li Zhin ist nur allzu gerne bereit, ein vernünftiges Abkommen über ein Durchgangsrecht für die Eisenbahn mit der Lazy S zu treffen. Logans Untergang liefert ihm eine plausible Begründung dafür, noch mehr von Kangs Geld ausgeben zu müssen, und die nimmt er gerne an. Er drückt seine Dankbarkeit aus, indem er einen äußerst lukrativen Vertrag aushandelt, um Vieh von der Ranch zu kaufen, zu weitaus besseren Konditionen, als Sutter sie anderenorts hätte bekommen können.

Das muss für deine Gruppe aber nicht das Ende der Abenteuer in Sweetwater County bedeuten. Die WSGA hat ein gutes Gedächtnis und eine Kriegskasse, aus der sich Vergeltungsaktionen finanzieren lassen. Nur ein einziger Gebirgszug trennt die Lazy S und Dirtwater von den Sioux-Nationen. Und nicht zuletzt verbergen nicht weit im Westen die heißen Quellen des Yellowstone ein Tor zu den Ewigen Jagdgründen selbst, durch das allerhand Krabbelgetier in unsere Welt schlüpfen kann!

„ICH GLAUBE, ICH HATTE GENUG RIND FÜR EINE WEILE."

–Luke Canto

Kapitel 10

Freund & Feind

Die nachfolgend beschriebenen Charaktere tauchen im Abenteuer auf, entweder, um eine helfende Hand zu reichen, oder, um die gemeinsamen Bemühungen der Gruppe zunichtezumachen.

Schurken

Cowboy

Das Leben im Sattel ist hart. Lange Arbeitszeiten, extreme Hitze und Kälte und gefährliche Arbeit mit unberechenbaren Tieren machen das Leben eines Cowboys rau. Ergänze noch die Gefahren durch Viehdiebe, Banditen und all der Schrecken, die dir der Unheimliche Westen in den Weg werfen kann, und du verstehst, warum nicht jeder aus dem richtigen Holz geschnitzt ist, um ein Cowboy zu sein.

Attribute: Geschicklichkeit W8, Konstitution W8, Stärke W6, Verstand W6, Willenskraft W6

Fertigkeiten: Allgemeinwissen W6, Athletik W6, Glücksspiel W4, Heimlichkeit W4, Kämpfen W6, Provozieren W6, Reiten W8, Schießen W6, Überleben W4, Überreden W6, Wahrnehmung W6

Bewegungsweite: 6; **Parade:** 6; **Robustheit:** 6

Handicaps: Loyal, Arm

Talente: Ruhige Hände

Ausrüstung: Colt Army Revolver (12/24/48, 2W6+1, FR 1, PB 1), Winchester '73 (24/48/96, 2W8-1, FR 1, PB 2), Lasso (Parade -1, Reichweite 2)

Die Mannschaft der Lazy S

✪ Luke Canton

Luke ist ein 28-jähriger Mann afrikanischer Abstammung. Seine Eltern entflohen der Sklaverei in Mississippi, als er noch klein war, und flüchteten in den Westen. Er wuchs in der Prärie auf, lernte Lassowerfen und Reiten und arbeitete auf Ranches. Es gelang ihm, sich vom Bürgerkrieg und den Großen Eisenbahnkriegen fernzuhalten. Er hat schon einiges durchgemacht und schreckt nicht vor einem Kampf zurück, aber er ist ein guter Mann, und bislang ist es ihm gelungen, noch keine Waffe auf einen anderen Menschen abzufeuern.

Attribute: Geschicklichkeit W8, Konstitution W8, Stärke W8, Verstand W8, Willenskraft W8

Fertigkeiten: Allgemeinwissen W6, Athletik W8, Einschüchtern W6, Heimlichkeit W6, Kämpfen W6, Reiten W8, Schießen W8, Überleben W6, Überreden W6, Wahrnehmung W6

Bewegungsweite: 5; **Parade:** 5; **Robustheit:** 6

Handicaps: Ehrenkodex, Pazifist (leicht)

Talente: Im Sattel geboren, Mumm, Ruhige Hände

Ausrüstung: Colt Peacemaker (12/24/48, 2W6+1, FR 1, PB 1), Winchester '73 (24/48/96, 2W8-1, FR 1, PB 2), Lasso (Parade -1, Reichweite 2), ein schnelles Pferd namens Nightwing (Bewegungsweite 15)

ABIGAIL "ABBY" MORTON

Abby ist die Jüngste in Sutters Mannschaft, kaum 18 Jahre alt. Sie ist Sutters Nichte, die in den Westen ausgezogen ist, um hier bei ihrem Onkel zu leben, nachdem ihre Eltern vor weniger als einem Jahr bei einem Choleraausbruch gestorben sind. Sutter, der nicht viel Erfahrung damit hat, eine junge Frau aufzuziehen, hat sie mehr oder weniger wie einen etwas bevorzugten Rancharbeiter behandelt, wobei er sie sehr gern hat.

Die junge Frau bemüht sich nach Kräften, sich an ihr neues Leben zu gewöhnen, und stellt demzufolge bei allen möglichen Dingen ein paar Fragen zu viel. Es ist wahrscheinlich, dass sie sich an einen Helden dranhängt, der ihr kompetent erscheint - oder auch nur selbstbewusst - um einen Ersatz für ihre Eltern zu finden (wobei sie das niemals zugeben würde).

Attribute: Geschicklichkeit W8, Konstitution W6, Stärke W6, Verstand W6, Willenskraft W8

Fertigkeiten: Allgemeinwissen W8, Athletik W6, Heilen W4, Heimlichkeit W4, Kämpfen W6, Reiten W8, Schießen W6, Überleben W4, Überreden W6, Wahrnehmung W6

Bewegungsweite: 6; **Parade:** 5; **Robustheit:** 5

Handicaps: Große Klappe, Neugierig, Loyal

Talente: Attraktiv, Glück.

Ausrüstung: Colt Peacemaker (12/24/48, 2W6+1, FR 1, PB 1), Winchester '73 (24/48/96, 2W8-1, FR 1, PB 2), Lasso (Parade -1, Reichweite 2)

JAVIER ORTEGA

Javier war früher ein stolzes Mitglied der elitären Tulancingo Kürassiere, einer schweren Kavallerieeinheit der mexikanischen Armee. Javier verachtet Santa Anna dafür, ein Bündnis mit dunklen Mächten eingegangen zu sein, und nachdem man ihm den illegalen Befehl gegeben hatte, Gefangene zu töten, floh er in den Norden. Er ist seit zwei Jahren bei Bill Sutter und ist ein ausgezeichneter Koch, der nur aus ein paar kargen Zutaten schmackhaftes Essen zusammenpanschen kann.

Attribute: Geschicklichkeit W6, Konstitution W6, Stärke W6, Verstand W6, Willenskraft W6

Fertigkeiten: Allgemeinwissen W6, Athletik W6, Fahren W6, Gewerbe (Koch) W10, Glücksspiel W4, Heimlichkeit W4, Kämpfen W8, Reiten W8, Schießen W6, Überleben W4, Überreden W4, Wahrnehmung W6

Bewegungsweite: 6; **Parade:** 6; **Robustheit:** 5

Handicaps: Gesucht (Mexikanische Armee)

Talente: Im Sattel geboren, Soldat

Ausrüstung: Colt Army Revolver (12/24/48, 2W6+1, FR 1, PB 1)

BILL SUTTER

Bill Sutter ist so zäh wie das Land das er sein Zuhause nennt. Er hat während des Bürgerkriegs in der Kansas Miliz gedient und versucht, den Frieden zwischen den zahlreichen Guerrillabanden zu wahren, die den Staat heimsuchten. Beim Laufen zeigt sich immer noch ein Humpeln, das er sich durch die Kugel eines Guerrillas im Unterschenkel zugezogen hat.

Danach zog er in den Westen, wo er mit den Comanchen manchmal Handel trieb und manchmal Krieg führte. Er ist zäh, aber fair und aufgeschlossen gegenüber den Veränderungen der Welt.

Attribute: Geschicklichkeit W6, Konstitution W8, Stärke W6, Verstand W8, Willenskraft W6

Fertigkeiten: Allgemeinwissen W8, Athletik W6, Einschüchtern W6, Heimlichkeit W4, Kämpfen W8, Kriegskunst W6, Reiten W8, Schießen W10, Überleben W6, Überreden W6, Wahrnehmung W6

Bewegungsweite: 5; **Parade:** 6; **Robustheit:** 6

Handicaps: Ehrenkodex, Langsam (leicht), Stur

Talente: Echter Schneid, Mumm, Kühler Kopf, Wirklich schwer zu töten, Ruhige Hände

Ausrüstung: Colt Peacemaker (12/24/48, 2W6+1, FR 1, PB 1), Doppelläufige Schrotflinte (12/24/48, 1-3W6, FR 1)

COWBOYS DER LAZY S

Obwohl sie Cowboys genannt werden, heißt Sutter Frauen ebenso willkommen wie Männer. Alles, was ihn interessiert, ist, ob ein Arbeiter seine Pflichten erledigen kann, oder nicht. Die Bedenkenträger haben sich vor einiger Zeit aus dem Staub gemacht, als die Bayou Vermilion begann, Schwierigkeiten zu machen, sodass diejenigen, die noch da sind, zäh und Sutter und seinem Vorarbeiter Luke Canton treu ergeben sind.

Attribute: Geschicklichkeit W8, Konstitution W8, Stärke W6, Verstand W6, Willenskraft W6

Fertigkeiten: Allgemeinwissen W6, Athletik W6, Glücksspiel W4, Heimlichkeit W4, Kämpfen W6, Provozieren W6, Reiten W8, Schießen W6, Überleben W4, Überreden W6, Wahrnehmung W6

Bewegungsweite: 6; **Parade:** 6; **Robustheit:** 6

Handicaps: Loyal

Talente: Mumm, Ruhige Hände

Ausrüstung: Colt Army Revolver (12/24/48, 2W6+1, FR 1, PB 1), Winchester '73 (24/48/96, 2W8-1, FR 1, PB 2), Lasso (Parade -1, Reichweite 2)

BEWAFFNETER

Verwende diese Profile für die meisten der Desperados, denen die Gruppe begegnet.

Attribute: Geschicklichkeit W8, Konstitution W6, Stärke W6, Verstand W6, Willenskraft W8

Fertigkeiten: Allgemeinwissen W6, Athletik W6, Einschüchtern W6, Heimlichkeit W6, Kämpfen W6, Provozieren W6, Schießen W6, Überreden W6, Wahrnehmung W6

Bewegungsweite: 6; **Parade:** 5; **Robustheit:** 5

Handicaps: Gierig (leicht), Skrupellos (leicht)

Talente: Mumm, Schnell Ziehen

Ausrüstung: Colt Frontier (12/24/48, 2W6+1, FR 1, PB 1), Winchester '73 (24/48/96, 2W8-1, FR 1, PB 2)

BEWAFFNETER, VETERAN

Ein paar Bewaffnete stechen aus der Menge heraus und werden früher oder später zum Anführer der anderen.

Attribute: Geschicklichkeit W8, Konstitution W8, Stärke W6, Verstand W6, Willenskraft W8

Fertigkeiten: Allgemeinwissen W6, Athletik W8, Einschüchtern W8, Heimlichkeit W8, Kämpfen W6, Schießen W10, Überreden W6, Wahrnehmung W8

Bewegungsweite: 6; **Parade:** 5; **Robustheit:** 6

Handicaps: Gierig (leicht), Skrupellos (leicht)

Talente: Bedrohlich, Die Trommel leeren, Mumm, Schnell Ziehen

Ausrüstung: Colt Peacemaker (12/24/48, 2W6+1, FR 1, PB 1), Winchester '73 (24/48/96, 2W8-1, FR 1, PB 2)

✪ BARNABAS MORLEY

Morley ist das Ass in Logans Ärmel. Anders als andere Erfinder hat Morley seinen Fokus auf biologische Angelegenheiten gelegt. Der verrückte Wissenschaftler hat dem Rancher versprochen, er könnte die Überlebensfähigkeit seines Viehbestandes verbessern, und hat auch geliefert – in gewisser Weise. Morley ist engagiert und verfolgt seine Theorien bis zu ihrem endgültigen Ergebnis, und er setzt sich über jegliche Moral hinweg, um seine Ziele zu erreichen.

Merkwürdigerweise hat sein wissenschaftlicher Fokus beinahe zu einer Manie geführt, was persönlichen Kontakt mit biologischen Schadstoffen angeht. Morley ist in den späten 40ern und überraschend fit dank einer beinahe religiös verfolgten Vitamindiät, Training und exotischen chemischen Zusatzstoffen. Sein herbes Erscheinungsbild wird durch seinen beinahe rasierten Kopf betont – den er einer Besessenheit in Bezug auf Kopfläuse verdankt – sowie einer Atemmaske aus Stoff, die er niemals ablegt.

Attribute: Geschicklichkeit W6, Konstitution W6, Stärke W6, Verstand W10, Willenskraft W6

Fertigkeiten: Allgemeinwissen W6, Athletik W6, Fahren W6, Heilen W8, Heimlichkeit W4, Kämpfen W6, Naturwissenschaften W10, Schießen W6, Überreden W4, Verrückte Wissenschaft W10, Wahrnehmung W6

Bewegungsweite: 6; **Parade:** 5; **Robustheit:** 7(2)

Handicaps: Wahnvorstellungen (schwer – Mysophobie), Angewohnheit (leicht – Putzteufel)

Talente: Arkaner Hintergrund (Verrückter Wissenschaftler), Mumm

Mächte: Eigenschaft erhöhen/senken (Adrenalinjektor), Furcht (Amygdala-Bombe), Zombie (Spinal-Aktivator). **Machtpunkte:** 15

Ausrüstung: Arzttasche, Flickzeug, leichte gepanzerte Weste (Panzerung +2)

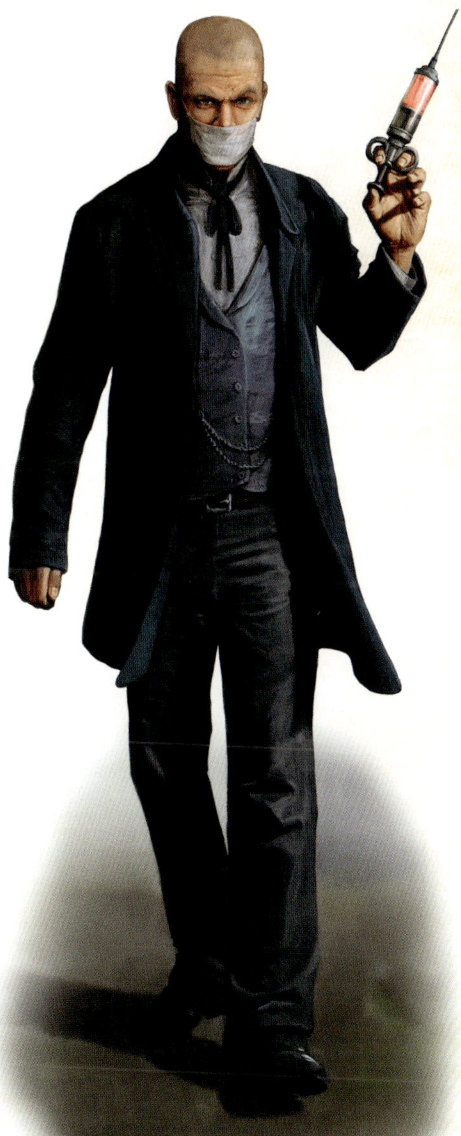

BARNABUS MORLEY

INDIANERKRIEGER

Diese Sioux-Krieger praktizieren die Alten Bräuche.

Attribute: Geschicklichkeit W8, Konstitution W8, Stärke W8, Verstand W6, Willenskraft W8

Fertigkeiten: Allgemeinwissen W6, Athletik W8, Einschüchtern W6, Heimlichkeit W6, Kämpfen W8, Reiten W8, Schießen W6, Überleben W6, Überreden W6, Wahrnehmung W6

Bewegungsweite: 6; **Parade:** 7; **Robustheit:** 6

Handicaps: Eid auf die Alten Bräuche, Stur

Talente: Block, Naturbursche, Ruhige Hände

Ausrüstung: Bogen (12/24/48, 2W6, FR 1), Tomahawk (Stä+W6), Pferd, Eingeborenenschild (mittel)

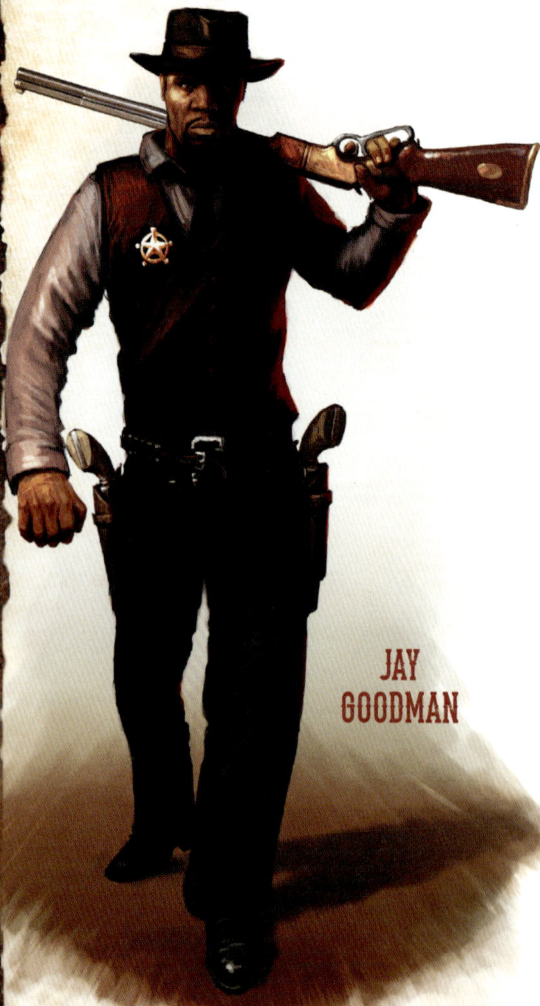

JAY GOODMAN

✪ INDIANERKRIEGER, VETERAN

Eine Gruppe von fünf oder mehr Indianerkriegern wird von einem „Kriegshäuptling" angeführt.

Attribute: Geschicklichkeit W8, Konstitution W8, Stärke W10, Verstand W6, Willenskraft W8

Fertigkeiten: Allgemeinwissen W6, Athletik W8, Einschüchtern W8, Heimlichkeit W8, Kämpfen W10, Reiten W10, Schießen W8, Überleben W8, Überreden W6, Wahrnehmung W6

Bewegungsweite: 8; **Parade:** 8; **Robustheit:** 6

Handicaps: Eid auf die Alten Bräuche, Stur

Talente: Blitzschneller Angriff, Block, Flink, Naturbursche, Ruhige Hände

Ausrüstung: Bogen (12/24/48, 2W6, FR 1), Tomahawk (Stä+W6), Pferd, Eingeborenenschild (mittel)

✪ JAY GOODMAN

Goodman ist ein ehemaliger Pinkerton-Beauftragter und erledigt die Außeneinsätze für Empire Rail. Er ist ein Meister der Tarnung und der Infiltration. Als echter „Gray Man" ist er absolut unscheinbar und unaufdringlich, was es ihm erlaubt, mühelos in nahezu jede erforderliche Rolle zu schlüpfen. Er ist sowohl hochintelligent als auch ein geschulter Beobachter. Wenn er sich auf einer Mission befindet, bemüht er sich nach Kräften darum, körperliche Auseinandersetzungen zu vermeiden. Aber wenn es hart auf hart kommt, ist Goodman ein ziemlich fähiger Kämpfer.

Attribute: Geschicklichkeit W8, Konstitution W6, Stärke W6, Verstand W8, Willenskraft W8

Fertigkeiten: Allgemeinwissen W8, Athletik W6, Diebeskunst W6, Heimlichkeit W8, Kämpfen W6, Recherche W8, Reiten W6, Schießen W8, Überreden W6, Wahrnehmung W10

Bewegungsweite: 6; **Parade:** 5; **Robustheit:** 5

Handicaps: Feind (leicht – feindliche Eisenbahnsöldner), Vorsichtig

Talente: Ausweichen, Ermittler, Gassenwissen, Kühler Kopf

Ausrüstung: Colt Peacemaker (12/24/48, 2W6+1, FR 1, PB 1), Winchester '73 (24/48/96, 2W8-1, FR 1, PB 2)

✪ JURGEN EMMERICH

Emmerich ist ein Veteranen-Vollstrecker für Wasatch und auf seine eigene Art ein ziemlich fähiger Erfinder. Wenn er etwas nicht ist, dann ist das ein „geselliger Mensch". Er ist so übellaunig wie ein nasses Frettchen, was ihn vielleicht für das Schlachtfeld gut geeignet macht, aber weniger für die Öffentlichkeitsarbeit.

Er bevorzugt eine Waffe, die er selbst entwickelt hat, einen pistolenartigen Apparat, der an einem Rucksack befestigt ist. Der Rucksack speichert elektrische Energie, die die Waffe in verschiedenen Variationen entladen kann: ein einzelner Schuss, ein kurzer Bogen oder einen Ball aus Elmsfeuer-artiger Energie, die sich in einer vorausbestimmten Entfernung entlädt.

Attribute: Geschicklichkeit W6, Konstitution W6, Stärke W6, Verstand W10, Willenskraft W6

Fertigkeiten: Allgemeinwissen W6, Athletik W4, Heimlichkeit W4, Kämpfen W4, Naturwissenschaften W8, Reparieren W8, Schießen W6, Überreden W4, Verrückte Wissenschaft W10, Wahrnehmung W4

Bewegungsweite: 6; **Parade:** 4; **Robustheit:** 7 (2)

Handicaps: Fies, Rachsüchtig (schwer), Stur, Wahnsinn (Geistesabwesend, Wahnvorstellungen)

Talente: Arkaner Hintergrund (Verrückter Wissenschaftler), Mumm

Mächte: Betäuben, Flächenschlag, Geschoss (alles Effekte elektrischer Energie durch seine Elektrostatik-Kanone). **Machtpunkte:** 20

Ausrüstung: Leichte gepanzerte Weste (Panzerung +2), Elixier der Wiederherstellung (1 Dosis), Elektrostatik-Kanone

✪ LI ZHIN

Li Zhin ist ein talentierter Kampfkünstler, der sich langsam durch die Ränge hochgearbeitet hat, bis er seine heutige Position erreicht hatte. Er wurde damit betraut, den Bau der Abzweigung nach Dirtwater zu regeln und hat auf jeden Fall die Absicht, dies zu beenden. Seine persönlichen Moralvorstellungen kollidieren zwar manchmal mit denen von Iron Dragon, aber er nimmt seine Verantwortung dennoch äußerst ernst.

Attribute: Geschicklichkeit W10, Konstitution W6, Stärke W8, Verstand W6, Willenskraft W8

Fertigkeiten: Allgemeinwissen W8, Athletik W8, Einschüchtern W6, Fokus W10, Heimlichkeit W6, Kämpfen W10, Kriegskunst W6, Überreden W8, Wahrnehmung W6

Bewegungsweite: 5; **Parade:** 6; **Robustheit:** 5

Handicaps: Vorsichtig, Ehrenkodex, Außenseiter (leicht - Chinese)

Talente: Arkaner Hintergrund (Chi-Meister), Erstschlag, Kampfkunst, Mumm

Mächte: Abwehren, Eigenschaft erhöhen/senken, Waffe verbessern. **Machtpunkte:** 10

Ausrüstung: Katana (Stä+W6+1)

✪ RANDOLPH LOGAN

Genau wie Sutter war auch Logan früher ein Offizier im Bürgerkrieg. Er leistete seinen Dienst in der Union Army ab, lernte während seiner Zeit dort aber die falschen Lektionen. Logan ist herrschsüchtig und so daran gewöhnt, seinen Willen durchzusetzen, dass er glaubt, dass sein Weg der einzige ist. Seine Männer behandelt er härter, als er jemals ein Pferd geritten hat, und es ist allein der Tatsache zu verdanken, dass er so gut bezahlt, dass sogar die verzweifeltsten Arbeiter in seinen Diensten bleiben.

Attribute: Geschicklichkeit W6, Konstitution W8, Stärke W8, Verstand W6, Willenskraft W10

Fertigkeiten: Allgemeinwissen W6, Athletik W6, Einschüchtern W10, Heimlichkeit W4, Kämpfen W8, Provozieren W8, Reiten W8, Schießen W8, Überreden W4, Wahrnehmung W6

Bewegungsweite: 6; **Parade:** 6; **Robustheit:** 6

Handicaps: Fies, Stur, Rachsüchtig (schwer)

Talente: Anführer, Beziehungen (WSAG), Kampfreflexe, Kühler Kopf, Mumm, Soldat, Starker Wille

Ausrüstung: Colt Peacemaker (12/24/48, 2W6+1, FR 1, PB 1), Winchester '76 (24/48/96, 2W8, FR 1, PB 2), Bowiemesser (Stä+W4+1, PB 1), Pferd, Sattel

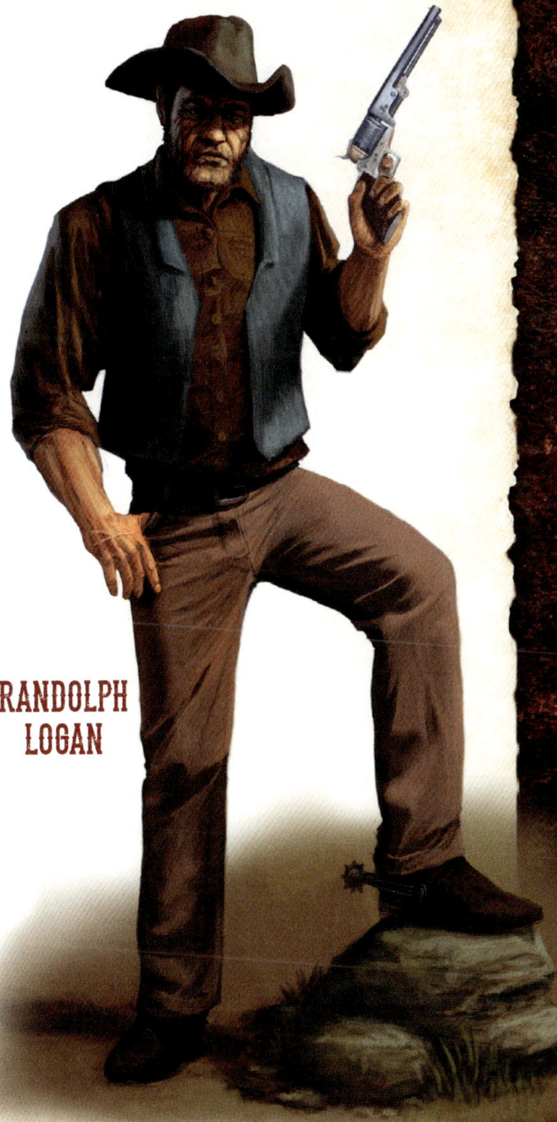

RANDOLPH LOGAN

SOLDAT

Im gesamten Unheimlichen Westen sind Soldaten der Vereinigten Staaten anzutreffen, oft als Kavalleriepatrouillen zu Pferd. Auch ehemalige Soldaten der Konföderation, die nach einer neuen Aufgabe suchen, sieht man häufig.

Attribute: Geschicklichkeit W6, Konstitution W6, Stärke W6, Verstand W4, Willenskraft W6

Fertigkeiten: Allgemeinwissen W6, Athletik W6, Fahren W4, Glücksspiel W4, Heimlichkeit W6, Kämpfen W6, Reiten W6, Schießen W6, Überleben W4, Überreden W4, Wahrnehmung W6

Bewegungsweite: 6; **Parade:** 5 oder 6 (Bajonett); **Robustheit:** 5

Handicap: Verpflichtung (leicht - U.S. Army)

Talente: Ruhige Hände (bei Kavallerie), Soldat

Ausrüstung: Winchester '76 (24/48/96, 2W8, FR 1, PB 2), Bajonett (Stä+W6, Reichweite 1, Parade +1)

SOLDAT, VETERAN

Diese Männer haben dem Tod ins Auge geblickt und überlebt. Sei es gegen Mexikaner, Indianer oder andere Amerikaner, sie sind erfahrene Veteranen im Kampf und tragen die Narben, die es auch beweisen.

Attribute: Geschicklichkeit W8, Konstitution W8, Stärke W8, Verstand W6, Willenskraft W8

Fertigkeiten: Allgemeinwissen W6, Athletik W6, Einschüchtern W6, Fahren W6, Glücksspiel W6, Heimlichkeit W6, Kämpfen W8, Reiten W6, Schießen W8, Überleben W6, Überreden W4, Wahrnehmung W8

Bewegungsweite: 6; **Parade:** 6 oder 7 (Bajonett); **Robustheit:** 6

Handicap: Verpflichtung (leicht - U.S. Army)

Talente: Meisterschütze, Ruhige Hände (bei Kavallerie), Soldat

Ausrüstung: Winchester '73 (24/48/96, 2W8-1, FR 1, PB 2), Bajonett (Stä+W6, Reichweite 1, Parade +1)

SOLDAT, OFFIZIER

Offiziere werden auf der Militärakademie ausgebildet oder haben sich hochgedient. Sie sind verantwortlich für das Leben ihrer Männer, den Erfolg der Armee und jeglichen Ärger, den ihre Truppen verursachen.

Attribute: Geschicklichkeit W6, Konstitution W6, Stärke W6, Verstand W8, Willenskraft W8

Fertigkeiten: Allgemeinwissen W8, Athletik W6, Fahren W6, Glücksspiel W6, Heimlichkeit W6, Kämpfen W6, Kriegskunst W8, Reiten W6, Schießen W8, Überleben W6, Überreden W4, Wahrnehmung W8

Bewegungsweite: 6; **Parade:** 5; **Robustheit:** 5

Handicaps: Verpflichtung (leicht - U.S. Army)

Talente: Anführer, Haltet die Stellung!, Inspirieren, Soldat

Ausrüstung: Colt Army (12/24/48, 2W6+1, FR 1, PB 1), Säbel (Stä+W6)

TO'SARRE

To'sarre ist ein abtrünniger Comanchen-Schamane. Jahrelang überfiel er Siedlungen in und um Sutter's Flats, bis der Rancher und eine Gruppe Einheimischer ihn stellten. Während des Krieges verpflichtete er sich bei der Konföderierten Armee im Tausch gegen eine Begnadigung, wurde aber nach weniger als einem Jahr rausgeworfen, weil er mehrere Union-Soldaten unter der weißen Flagge getötet hatte.

Vor kurzem hat der Schamane ein neues Zuhause bei der Bayou Vermilion gefunden, als die Eisenbahn neue Gleise durch Westtexas und New Mexico verlegte. Im Dienste der Eisenbahn haben sich To'sarres Grausamkeit und Boshaftigkeit nicht als Bürde, sondern als Gewinn erwiesen. Obwohl Voodoo häufiger von LaCroix's Magiern praktiziert wird, werden To'sarres geheimnisvolle Fähigkeiten als Schamane von der Eisenbahn äußerst geschätzt.

Sutter weiß es zwar nicht, aber er ist das letzte noch lebende Mitglied der Gruppe, die To'sarre damals gefangen nahm. Der Schamane ist entschlossen, dafür zu sorgen, dass er sich dieses Zustandes nicht mehr allzu lange erfreuen kann …

Attribute: Geschicklichkeit W6, Konstitution W8, Stärke W6, Verstand W8, Willenskraft W10

Fertigkeiten: Allgemeinwissen W6, Athletik W6, Einschüchtern W8, Glaube W10, Heilen W10, Heimlichkeit W8, Kämpfen W8, Okkultismus W6, Reiten W8, Schießen W8, Überleben W8, Überreden W4, Wahrnehmung W6

Bewegungsweite: 6; **Parade:** 6; **Robustheit:** 6

Handicaps: Arkaner Hintergrund (Schamane)

Talente: Außenseiter (schwer), Fies, Rachsüchtig (schwer), Vorsichtig

Mächte: Eigenschaft erhöhen/senken, Furcht, Gestaltwandeln, Tierfreund, Wildniswandler. **Machtpunkte:** 15

Ausrüstung: Bogen (12/24/48, 2W6, FR 1), 20 Pfeile, Bowiemesser (Stä+W4+1, PB 1), Pferd, Sattel

TO'SARRE (SEUCHENWANDERER)

To'sarre wird noch gefährlicher, nachdem er zum Seuchenwanderer geworden ist.

Attribute: Geschicklichkeit W6, Konstitution W8, Stärke W6, Verstand W8, Willenskraft W10

Fertigkeiten: Allgemeinwissen W6, Athletik W6, Einschüchtern W8, Heilen W10, Heimlichkeit W8, Kämpfen W8, Okkultismus W6, Reiten W8, Schießen W8, Überleben W8, Überreden W4, Wahrnehmung W6

Bewegungsweite: 6; **Parade:** 6; **Robustheit:** 8

Handicaps: Vorsichtig, Fies, Außenseiter (schwer), Rachsüchtig (schwer)

Talente: Arkaner Hintergrund (Schamane), Mutig

Mächte: Tierfreund, Eigenschaft erhöhen/senken, Furcht, Gestaltwandeln, Wildniswandler. **Machtpunkte:** 15

Ausrüstung: Bogen (12/24/48, 2W6, FR 1), 20 Pfeile, Bowiemesser (Stä+W4+1, PB 1)

Spezialfähigkeiten:

- **Ansteckender Atem:** To'sarre kann eine giftige Wolke innerhalb einer Kegelschablone ausstoßen und jeder, der davon ergriffen wird, riskiert eine Infektion. Jeder, der sich innerhalb der Schablone befindet, muss eine Konstitutionsprobe (–2) bestehen oder infiziert sich mit einer *Chronischen Krankheit.*
- **Besudeln:** Wenn der Angriffswurf eines Cowboys irgendwann eine doppelte Eins ergibt, während er To'sarre angreift, brechen einige seiner Geschwülste auf und besudeln alle, die sich innerhalb einer *Kleinen Flächenschablone* um ihn herum befinden, mit Eiter. Jedes besudelte Opfer muss eine Konstitutionsprobe (–2) bestehen, oder es steckt sich mit den Pocken an.
- **Furchterregend (–2):** To'sarres gemartertes Fleisch löst eine Furchtprobe aus.
- **Furchtlos:** To'sarre ist immun gegen Furcht und *Einschüchtern.*
- **Krankheit (–2):** Jedes Mal, wenn ein Opfer engen Kontakt mit To'sarre hat oder durch eine seiner besudelten Waffen *Angeschlagen* wird oder eine *Wunde* erleidet, muss er eine Konstitutionsprobe (–2) ablegen oder zieht sich eine *Chronische Krankheit* zu. Die Symptome treten einen Tag später auf, und die Krankheit kann sich dann auch auf andere übertragen (der Abzug von –2 darf aber ignoriert werden, sofern die Ansteckung durch jemand anderen als To'sarre erfolgt). Die Krankheit ist magischer Natur, deshalb können sich sogar Gepeinigte anstecken – allerdings können sie sie nicht weiterverbreiten.
- **Untot:** +2 Robustheit; +2 auf Erholungsproben gegen *Angeschlagen*; ignoriert 1 Punkt Wundabzüge; kein zusätzlicher Schaden durch Angriffe auf *Angesagte Ziele*; atmet nicht; immun gegen Gifte und Krankheiten
- **Coup (Krankheit Heilen):** Ein Gepeinigter, der einen Coup gegen einen Seuchenwandler erzielt, kann die Krankheit eines anderen heilen, indem er die Infektion in sich selbst aufnimmt. Er wendet eine Aktion auf, um dem Opfer die Hände aufzulegen und erleidet dadurch für die nächste Woche eine Stufe *Erschöpfung.* Am Ende der Woche wird die Krankheit aus seinem System gespült.

TO'SARRES KAMPFTRUPP

Hierbei handelt es sich um junge Krieger aus verschiedenen Stämmen, die allesamt enttäuscht sind von den Alten Bräuchen und von der Unfähigkeit der Ältesten, sich gegen die Vereinnahmung durch die Weißen zu wehren. Für To'sarre ist es besonders leicht, diese jungen Heißsporne zu beeinflussen.

Attribute: Geschicklichkeit W8, Konstitution W8, Stärke W8, Verstand W6, Willenskraft W8

Fertigkeiten: Allgemeinwissen W6, Athletik W8, Einschüchtern W6, Heimlichkeit W6, Kämpfen W8, Reiten W8, Schießen W8, Überleben W6

Bewegungsweite: 8; **Parade:** 6; **Robustheit:** 6

Handicaps: Rachsüchtig (schwer), Schwur (schwer – dienen dem Rabenkult)

Talente: Flink, Meisterschütze, Mumm

Ausrüstung: Winchester '76 (24/48/96, 2W8, FR 1, PB 2), Colt Peacemaker (12/24/48, 2W6+1, FR 1, PB 1), Tomahawk (Stä+W6), Pferd

TO'SARRE

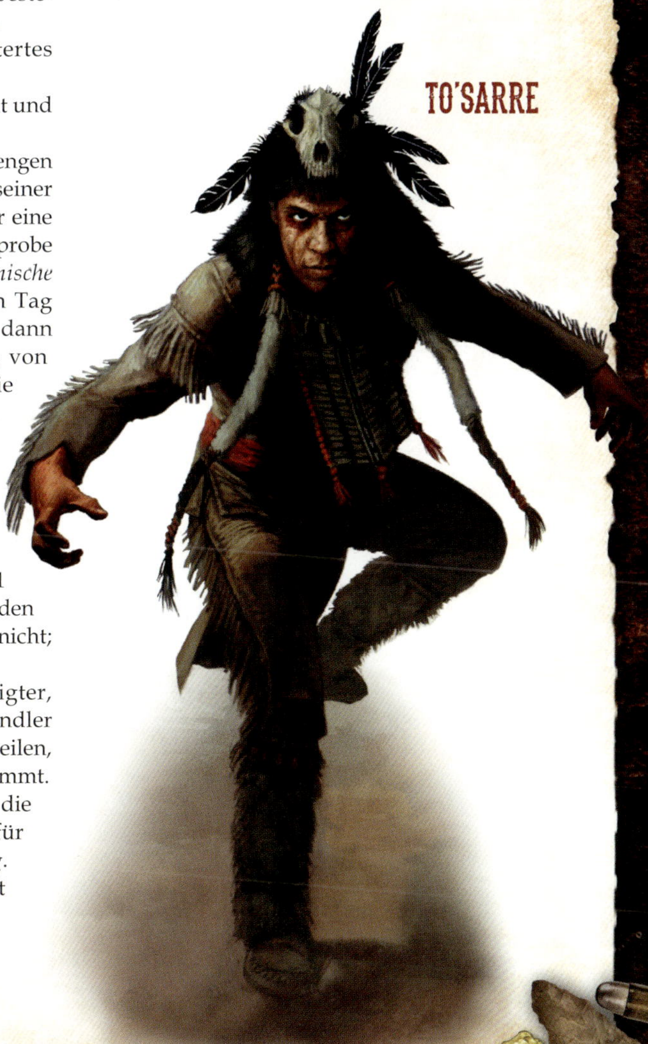

STÄDTER

Dieses Profil repräsentiert die zähen Pioniere, die dem Westen auf der Suche nach einem besseren Leben getrotzt haben.

Attribute: Geschicklichkeit W6, Konstitution W6, Stärke W6, Verstand W6, Willenskraft W6

Fertigkeiten: Allgemeinwissen W4, Athletik W4, Gewerbe W8, Heimlichkeit W4, Kämpfen W4, Schießen W4, Überreden W6, Wahrnehmung W6

Bewegungsweite: 6; **Parade:** 4; **Robustheit:** 5

Handicaps: –

Talente: –

Ausrüstung: Entsprechende Gegenstände, die sie für ihr Gewerbe benötigen; die meisten besitzen eine Schusswaffe oder ein Messer (Stä+W4).

X-SQUAD

Hellstromme Industries hat seine eigene Truppe Mietsoldaten, die mit Geräten ausgestattet sind, die direkt vom Fließband kommen. Die folgende Aufstellung ist typisch für einen Trupp, aber die X-Squads erhalten alle Höllenmaschinen, die sie zur Erfüllung ihrer Mission benötigen.

Ein Trupp besteht aus fünf oder mehr X-Squaddies und wird von einem Wildcard-„Captain" mit dem Talent *Reparaturgenie* angeführt.

Attribute: Geschicklichkeit W6, Konstitution W6, Stärke W8, Verstand W6, Willenskraft W6

Fertigkeiten: Allgemeinwissen W6, Athletik W6, Fahren W6, Heimlichkeit W6, Kämpfen W6, Lotsen W6, Reiten W6, Reparieren W6, Schießen W6, Überreden W6, Wahrnehmung W6

Bewegungsweite: 6; **Parade:** 5; **Robustheit:** 7 (2)

Handicap: Skrupellos (schwer)

Talente: Ruhige Hände, Volles Rohr!

Ausrüstung: X-Squads sind mit „Teufelsschürzen" ausgestattet (Panzerung +2, –4 Schaden durch Feuer), tragen Gatling-Waffen oder Flammenwerfer und andere Höllenmaschinen, je nach Mission und Terrain.

UNGEZIEFER

REITPFERD

Abgesehen von seinen Waffen sind nur wenige Dinge für einen Cowboy von größerer Bedeutung als sein Pferd. Es dient ihm nicht nur als Transportmittel, sondern auch als guter Kamerad auf langen, einsamen Ritten. Pferde können auch Gefahren erkennen, die versuchen, ihren Reitern aufzulauern.

Attribute: Geschicklichkeit W8, Konstitution W8, Stärke W12, Verstand W4 (T), Willenskraft W6

Fertigkeiten: Athletik W8, Kämpfen W4, Wahrnehmung W6

Bewegungsweite: 12; **Parade:** 4; **Robustheit:** 8

Talente: Flink

Spezialfähigkeiten:

- **Größe 2:** Typisches amerikanisches Quarter Horse mit ungefähr 500 kg Gewicht
- **Tritt:** Stä+W4 nach vorne oder hinten

✪ TEUFELSAUGE

Teufelsauge ist eine große, kohlrabenschwarze Stute, die die Cowboys der Lazy S in der Nähe der mexikanischen Grenze fingen, während sie das Vieh zusammentrieben. Sie ist temperamentvoll und nur ein bisschen bösartig, aber für den richtigen Reiter würde sie die Tore der Hölle stürmen.

Attribute: Geschicklichkeit W8, Konstitution W10, Stärke W12, Verstand W6 (T), Willenskraft W8

Fertigkeiten: Athletik W8, Kämpfen W8, Provozieren W8, Wahrnehmung W6

Bewegungsweite: 10; **Parade:** 6; **Robustheit:** 10

Talente: Flink, Mutig

Spezialfähigkeiten:

- **Tritt:** Stä+W4 nach vorne oder hinten
- **Größe 3:** Teufelsauge wiegt fast 1.000 kg.
- **Unverwüstlich:** Teufelsauge wehrt sich dagegen, zugeritten zu werden. Jeder, der versucht, sie zu brechen, erleidet einen Abzug von –2. Sollte sie jemals gebrochen werden, geht diese Fähigkeit verloren, aber jeder Reiter mit Ausnahme von dem, der Teufelsauge gebrochen hat, erleidet weiterhin einen Abzug von –2 auf Reitenproben, wenn er diese Stute besteigen oder reiten möchte.

TEXAS LONGHORN

Longhorns sind langgliedrig und zäh mit Hörnern, die von Spitze zu Spitze eine durchschnittliche Länge von ungefähr 1,80 m erreichen. Sie sind von Natur aus Überlebenskünstler und in der Lage, eigenständig Nahrung, Wasser und sogar Schutz vor schlechtem Wetter zu finden.

Attribute: Geschicklichkeit W6, Konstitution W10, Stärke W10, Verstand W4 (T), Willenskraft W6

Fertigkeiten: Athletik W6, Kämpfen W6, Wahrnehmung W6

Bewegungsweite: 8; **Parade:** 5; **Robustheit:** 9

Spezialfähigkeiten:

- **Größe 2:** Longhorns wiegen über eine halbe Tonne.
- **Hörner:** Stä+W6

WAHNSINNIGES RIND

Diese Monster sind größer, bösartiger und deutlich fleischfressender als gewöhnliche Arten von Rindern und sind das Ergebnis von Barnabas Morleys Experimenten mit Infusionen von El-Diablo-Blut – insbesondere dem Blut eines wiederbelebten El Diablo. Hey, immerhin ist er ein verrückter Wissenschaftler.

Attribute: Geschicklichkeit W6, Konstitution W12, Stärke W12+2, Verstand W4 (T), Willenskraft W6

Fertigkeiten: Athletik W8, Kämpfen W6, Wahrnehmung W6

Bewegungsweite: 7; **Parade:** 5; **Robustheit:** 14 (2)

Spezialfähigkeiten:

- **Panzerung +2:** Eine Schicht aus dicken Schuppen wird von ihrem Fell geradeso überdeckt.
- **Hörner:** Stä+W6
- **Größe 3:** Longhorns sind große Kreaturen, die gut über eine halbe Tonne wiegen.
- **Untot:** +2 Robustheit; +2 auf Erholungsproben gegen *Angeschlagen*; ignoriert 1 Punkt Wundabzüge; kein zusätzlicher Schaden durch Angriffe auf *Angesagte Ziele*; atmet nicht; immun gegen Gifte und Krankheiten

KREATUREN

AUTOMAT

Hellstromme Industries baut diese mechanischen Abscheulichkeiten in der City o' Gloom und setzt sie überall im Unheimlichen Westen ein, um seine verschiedenen Interessen zu schützen. Automaten haben eine annähernd humanoide Form, bestehen aus einem großen Torso, in dem ein Kessel mit Geisterstein untergebracht ist, kolbenbetriebenen Gliedmaßen und einem zylinderförmigen Kopf mit Schornstein. Ein Arm endet in einer zangenartigen Klaue, während der andere am Ende mit einer Gatling oder einem Flammenwerfer ausgestattet ist, der am Ellbogen befestigt wird.

Der Schlüssel zur Intelligenz der Automaten ist ein Zombiegehirn! Hellstromme reanimiert tote Gehirne und baut sie in seine Automaten ein, was sie zu schwer gepanzerten Wandelnden Toten macht.

Die Metallmonster sind unberechenbar, lassen nicht mit sich verhandeln, kennen weder Mitleid noch Reue und hören erst auf, wenn ihre Gegner tot sind. Du verstehst schon.

Hellstromme hat kein Interesse daran, dass das Innenleben seiner Erfindungen bekannt wird. Jeder Automat ist mit einem starken Sprengsatz verkabelt, der das Gehirn und die meisten seiner inneren Teile zerstört, sollte der Automat eine tödliche Wunde erleiden oder gefangen genommen werden.

Attribute: Geschicklichkeit W6, Konstitution W12, Stärke W12, Verstand W4, Willenskraft W4

Fertigkeiten: Athletik W8, Einschüchtern W6, Kämpfen W8, Schießen W8, Wahrnehmung W6

Bewegungsweite: 4; **Parade:** 6; **Robustheit:** 13 (4)

Ausrüstung: Gatling (24/48/96, 2W8, FR 3, PB 2), 100 Schuss Munition

Talente: Rohling

Spezialfähigkeiten:

- **Furchtlos:** Automaten sind immun gegen Furcht und *Einschüchtern*.
- **Größe 1:** Automaten sind wesentlich bulliger als ein Mensch.
- **Gyrostabilisator:** Der Automat erleidet beim Abfeuern seiner Gatling keinen Abzug durch Rückstoß.
- **Klaue:** Stä+W8
- **Konstrukt:** +2 auf Erholungsproben gegen *Angeschlagen*; ignoriert 1 Punkt Wundabzüge; atmet nicht und leidet nicht unter Giften und Krankheiten
- **Panzerung +4:** Schwere Panzerung. Automaten haben eine dicke Eisenverkleidung.
- **Selbstzerstörung:** Wenn ein Automat *Ausgeschaltet* wird, explodiert er in einem Bereich, der einer *Mittleren Flächenschablone* entspricht, und fügt allen Personen darin 3W6 Schaden zu.
- **Zäh:** Die Kreatur erleidet keine *Wunde*, wenn sie zweimal *Angeschlagen* wird.

MECHANISCHE TARANTEL

Mechanische Taranteln sind etwa einen Meter groß und sehen aus wie riesige, mechanische Versionen ihrer Namensvetter. Aus dem bauchigen, gepanzerten Körper ragen acht zahnradbetriebene Beine, jedes davon über einen Meter lang. Innerhalb des harten Stahlpanzers befinden sich die Kolben und Geräte, die der Kreatur „Leben" einhauchen. Der Kopf enthält eine Reihe von scharfen, hohlen Röhren, die wie „Reißzähne" als primäre Waffen der Maschine fungieren.

Die mechanischen Spinnentiere sind furchteinflößende Gegner, die durch die starke Säure, die sie injizieren oder auf Ziele versprühen, noch grauenhafter werden. Sollte eine Mechanische Tarantel besiegt werden, wird ihre restliche Säure freigesetzt, um die Kreatur zu zerstören, wodurch der Aufbau ihrer Konstruktion verschleiert werden soll.

Attribute: Geschicklichkeit W8, Konstitution W6, Stärke W6, Verstand W4 (T), Willenskraft W4
Fertigkeiten: Athletik W6, Heimlichkeit W8, Kämpfen W8, Schießen W8, Überleben W6, Wahrnehmung W6
Bewegungsweite: 6; **Parade:** 6; **Robustheit:** 6 (2)
Ausrüstung: Säuresprüher (1/2/4, 2W6, FR 2, PB 5). Wird ein Ziel durch diesen Angriff *Angeschlagen* oder erleidet es eine *Wunde*, erhält es zu Beginn seines nächsten Zuges 2W4 Schaden.
Spezialfähigkeiten:

- **Furchtlos:** Mechanische Taranteln sind immun gegen Furcht und *Einschüchtern*.
- **Größe –1:** Mechanische Taranteln haben die Größe eines mittelgroßen Hundes.
- **Konstrukt:** +2 auf Erholungsproben gegen *Angeschlagen*; atmet nicht und leidet nicht unter Giften und Krankheiten

Panzerung +2: Mechanische Taranteln sind mit Metallplatten bedeckt.

- **Säurebiss:** Stä+W4. Wird ein Ziel durch diesen Angriff *Angeschlagen* oder erleidet es eine *Wunde*, erhält es zu Beginn seines nächsten Zuges 2W4 Schaden durch die schmerzhafte Säure.
- **Selbstzerstörung:** Wenn eine Mechanische Tarantel eine *Wunde* erleidet, wird Säure in ihrem Gehirngehäuse freigesetzt, die das Gehirn auflöst.
- **Wandkrabbler:** Eine Mechanische Tarantel kann mit voller Bewegungsweite auf vertikalen Oberflächen oder über Kopf gehen und auch sprinten.

PESTVAMPIR

Ein Pestvampir entsteht, wenn er von einem Opfer trinkt, das mit einer schweren Krankheit infiziert ist, wie zum Beispiel Cholera, Pocken oder Typhus. Der Vampir ist immun gegen die Krankheit selbst, aber er überträgt sie an jeden, den er beißt. Er nimmt außerdem ein entsetzliches Aussehen an. Er ist bedeckt von Eitergeschwüren oder Pockennarben auf seiner bleichen, ungeschützten Haut.

Manche Pestvampire töten ihre Beute und hinterlassen einen eiternden Kadaver, der die Krankheit an jeden übertragen kann, der ihn untersucht. Andere gehen verstohlener vor und trinken Nacht für Nacht von schlafenden Opfern und „melken die Kuh“ sozusagen, anstatt sie zu schlachten.

Attribute: Geschicklichkeit W8, Konstitution W8, Stärke W12+1, Verstand W8, Willenskraft W8
Fertigkeiten: Allgemeinwissen W6, Athletik W8, Einschüchtern W8, Heimlichkeit W12, Kämpfen W8, Überreden W6, Wahrnehmung W6
Bewegungsweite: 6; **Parade:** 6; **Robustheit:** 8
Talente: Schneller Angriff
Spezialfähigkeiten:

- **Biss/Klaue:** Stä+W4
- **Erschaffer:** Jeder, der von einem Pestvampir getötet wird, erhebt sich mit einer Wahrscheinlichkeit von 50% in der darauffolgenden Nacht als Pestvampir.
- **Furchterregend (–2):** Wer einen dieser von der Pest verheerten Untoten sieht, muss eine Furchtprobe ablegen.
- **Infektion:** Ein Charakter, der von solch einer Kreatur *Angeschlagen* wird oder eine *Wunde* erleidet, muss eine Konstitutionsprobe –2 ablegen, oder er zieht sich die Krankheit zu, die das Monster in sich trägt.
- **Schwäche (Feuer):** Pestvampire erleiden normalen Schaden durch Feuer und feuerbasierte Angriffe.
- **Schwäche (Heiliges Symbol):** Ein Charakter mit einem heiligen Symbol kann einen Pestvampir in Schach halten, indem er das Symbol zückt. Ein Pestvampir, der das Opfer direkt angreifen will, muss es in einer vergleichenden Willenskraftprobe besiegen.
- **Schwäche (Nur mit Einladung):** Pestvampire können eine private Behausung nur mit Einladung betreten. Sie können öffentliche Bereiche betreten, wie sie wollen.
- **Schwäche (Pflock durch das Herz):** Ein Pestvampir, der durch einen Angriff mit einem Holzpflock mit *Angesagtem Ziel* ins Herz (–4) getroffen wird, muss eine Konstitutionsprobe gegen die Summe des Schadens ablegen. Ist er erfolgreich, erleidet er normal Schaden. Scheitert er, zerfällt er zu Staub.
- **Schwäche (Sonnenlicht):** Vampire verbrennen im Sonnenlicht. Sie erleiden jede Runde 2W4 Schaden, bis sie Asche sind. Panzerung schützt normal.
- **Schwäche (Weihwasser):** Ein Vampir, der mit Weihwasser übergossen wird, ist *Erschöpft*. Wenn er untergetaucht wird, geht er in Flammen auf wie in direktem Sonnenlicht (siehe oben).
- **Untot:** +2 Robustheit; +2 auf Erholungsproben gegen *Angeschlagen*; ignoriert 1 Punkt Wundabzüge; kein zusätzlicher Schaden durch Angriffe auf *Angesagte Ziele*; atmet nicht; immun gegen Gifte und Krankheiten
- **Unverwundbarkeit:** Pestvampire können nur mit Sonnenlicht oder einem Pflock durchs Herz getötet werden (siehe oben). Sie können durch andere Angriffe *Angeschlagen* werden, aber niemals eine *Wunde* erleiden.

TERRANTULA

KLEINE TERRANTULA, SCHWARM

Eine Terrantula hat zwei Wachstumsstadien: das erste ähnelt einer gewöhnlichen Vogelspinne. Diese kleinen Spinnen – etwa so groß wie die Handfläche eines erwachsenen Menschen – sind lediglich Schlüpflinge. Dennoch sind sie in der Lage, viel größere Beutetiere zu überwältigen.

Attribute: Geschicklichkeit W10, Konstitution W10, Stärke W8, Verstand W4 (T), Willenskraft W12

Fertigkeiten: Wahrnehmung W6

Bewegungsweite: 10; **Parade:** 4; **Robustheit:** 7

Spezialfähigkeiten:

- **Aufteilen:** Ein Schwarm Terranteln teilt sich in zwei *kleine* Schwärme auf, wenn er eine *Wunde* erleidet.
- **Biss:** Schwärme aus Terranteln verursachen jede Runde Hunderte von Bissen, treffen automatisch und verursachen 2W4 Schaden an allen Personen innerhalb einer *Mittleren Flächenschablone.*
- **Gift:** Wer durch einen Schwarm *Angeschlagen* wird oder eine *Wunde* erleidet, muss eine Konstitutionsprobe gegen *Lähmendes Gift* ablegen.
- **Schwarm:** Parade +2. Schwärme aus Schlüpflingen decken den Bereich einer *Mittleren Flächenschablone* ab. Schnitte und Angriffe mit Stichwaffen fügen ihnen keinen Schaden zu. Flächeneffektwaffen funktionieren normal, und ein Charakter kann jede Runde Schaden in Höhe seiner *Stärke* durch Aufstampfen mit dem Fuß zufügen. Durch Untertauchen in Wasser löst sich der Schwarm vollständig auf.
- **Wandkrabbler:** Ein Schwarm Terranteln kann mit voller Bewegungsweite auf vertikalen Oberflächen oder über Kopf gehen und auch rennen.

GROSSE TERRANTULA

Stell dir eine haarige Spinne vor, so groß wie ein Hund, aber doppelt so bösartig. Das ist eine erwachsene Terrantula. Sie sind territoriale Tiere und jagen ähnlich wie Falltürspinnen. Glücklicherweise jagen sie sich auch gegenseitig, sodass nur wenige Terranteln zu ihrer vollen, riesigen Größe heranwachsen.

Attribute: Geschicklichkeit W8, Konstitution W8, Stärke W8, Verstand W4 (T), Willenskraft W6

Fertigkeiten: Athletik W8, Heimlichkeit W12, Kämpfen W8, Wahrnehmung W8

Bewegungsweite: 10; **Parade:** 6; **Robustheit:** 3

Spezialfähigkeiten:

- **Biss:** Stä+W6
- **Furchterregend:** Terranteln verursachen eine Furchtprobe.
- **Gift:** Wer durch den Biss einer Terrantula *Angeschlagen* wird oder eine *Wunde* erleidet, muss eine Konstitutionsprobe gegen *Tödliches Gift* ablegen (siehe *Savage Worlds*).
- **Größe –3 (Klein):** Diese Terranteln sind so groß wie ein kleiner Hund.
- **Hinterhalt:** Terranteln dieser Größe graben mit Falltüren versehene Löcher in der Nähe von Pfaden, die mit einer Wahrnehmungsprobe –4 entdeckt werden können. Die Terrantula führt dann einen *Überraschungsangriff* auf jeden aus, der ihre Falle nicht bemerkt.
- **Springen:** Eine Terrantula kann bis zu 3" weit springen und erhält dadurch einen Bonus von +2 auf ihre erste Kämpfenprobe.
- **Wandkrabbler:** Eine große Terrantula kann mit voller Bewegungsweite auf vertikalen Oberflächen oder über Kopf gehen und auch rennen.

WANDLENDE TOTE

Die Wandelnden Toten des Unheimlichen Westens sind weder langsam noch dumm. Sie agieren vielleicht blindwütig, um an ein Opfer heranzukommen, aber diese Biester sind fies und clever. Sie verwenden Pistolen und Messer, beleidigen, verlangen nach mehr leckeren Gehirnen – alles, um Angst und Schrecken zu verbreiten.

Attribute: Geschicklichkeit W6, Konstitution W6, Stärke W6, Verstand W4, Willenskraft W4

Fertigkeiten: Allgemeinwissen W4, Athletik W6, Einschüchtern W6, Kämpfen W6, Provozieren W6, Schießen W6, Überreden W4, Wahrnehmung W4

Bewegungsweite: 4; **Parade:** 5; **Robustheit:** 7

Ausrüstung: Wandelnde Tote kämpfen mit jeder Waffe, die sie finden können.

Spezialfähigkeiten:

- **Furchterregend:** Wandelnde Tote verursachen eine Furchtprobe.
- **Furchtlos:** Wandelnde Tote sind immun gegen Furcht und *Einschüchtern.*
- **Klauen:** Stä+W4
- **Schwäche (Kopf):** Ein Angriff mit *Angesagtem Ziel* auf den Kopf eines Wandelnden Toten verursacht den üblichen Schaden +4.
- **Untot:** +2 Robustheit; +2 auf Erholungsproben gegen *Angeschlagen*; ignoriert 1 Punkt Wundabzüge; kein zusätzlicher Schaden durch Angriffe auf *Angesagte Ziele*; atmet nicht; immun gegen Gifte und Krankheiten

BEGEGNUNGSTABELLEN

Weiter unten findest du die Begegnungstabellen aus *Deadlands: The Weird West*, die du verwenden kannst, um dem Viehtrieb etwas mehr Fleisch auf die Rippen zu geben, Marshal – das Wortspiel ist beabsichtigt! Der Viehtrieb beginnt im Wilden Südwesten, bis er die Grenze von New Mexico überschreitet. Verwende die Tabelle für die Großen Ebenen, bis der Viehtrieb in die Sioux-Nationen eindringt, kehre dann zu den Großen Ebenen zurück, sobald die Lazy S Wyoming erreicht.

BEGEGNUNGEN IM WILDEN SÜDWESTEN

W20	Pik | Feinde	Herz | Fremde	Karo | Schatz	Kreuz | Hindernis
1–4	Blutfäden	2W6 Indianerkrieger	Unterschlupf	Hitze
5–6	Carcajou	2W12 US-Kavallerie	Essen	Verdorbenes Wasser
7	Chupacabra	Fremder	Höllenmaschinen	Epidemie
8–10	Wüstending	2W8 Gesetzlose (verwende Bewaffnete)	Bargeld	Geisterstadt
11–12	2W6 Präriezecken	2W4 Gesetzlose, Veteranen (verwende Bewaffnete)	Geisterstein	Umweg
13	Rassler	Runenschütze	Verlorener Schatz	Höllenmaschinen
14–17	Große Terrantula	Bösewicht	Verlassene Mine	Verlassene Mine
18–20	1W6 Blutroller	Territorialer Ranger	Fahrzeug	Dürre

BEGEGNUNGEN DER GROSSEN EBENEN

W20	Pik | Feinde	Herz | Fremde	Karo | Schatz	Kreuz | Hindernis
1–2	Rassler	1W6 Schürfer	Verlorener Schatz	Epidemie
3–6	1W8 Teufelsfledermäuse	2W12 US-Kavallerie	Essen	Sturm
7–8	1W4 Schauerwölfe	2W8 Eisenbahnsöldner	Fahrzeug	Verdorbenes Wasser
9–10	Blutfäden	2W6 Indianerkrieger	Bargeld	Geisterstadt
11–12	2W4 Gesetzlose (verwende Bewaffnete)	2W8 Städter	Geisterstein	Messergras
13–16	1W8 Grubenwespen	2W4 Büffeljäger	Unterschlupf	Hitze
17–19	2W8 Präriezecken	Schamane der Indianer	Verlassene Mine	Verlassene Mine
20	2W6 Junge Rassler	Bösewicht	Höllenmaschinen	Barmherzige Samariter

BEGEGNUNGEN DER SIOUX-NATIONEN

W20	Pik | Feinde	Herz | Fremde	Karo | Schatz	Kreuz | Hindernis
1–6	1W4 Teufelsfledermäuse	2W12 Indianerkrieger	Unterschlupf	Sturm
7	Seuchenwanderer	Schürfer	Verlorener Schatz	Epidemie
8	Uktena	Fremder	Verlassene Mine	Schneesturm
9	Giftmaid	Bösewicht	Fahrzeug	Geisterstadt
10–12	2W6 Wandelnde Tote	2W8 Indianerkrieger (Veteranen)	Essen	Messergras

CHARAKTERBOGEN RANCHARBEITER

Verwende dieses Charakterblatt, um dir eine Übersicht über die Mannschaft der Lazy S zu verschaffen. Die Gruppe kann im Verlauf des Spiels Persönlichkeiten und andere Charaktermerkmale hinzufügen, du kannst die Tabelle für Verbündete Persönlichkeiten aus *Savage Worlds* verwenden oder ein bisschen von beidem.

COWBOYS DER LAZY S

Attribute: Geschicklichkeit W8, Konstitution W8, Stärke W6, Verstand W6, Willenskraft W6
Fertigkeiten: Allgemeinwissen W6, Athletik W6, Glücksspiel W4, Heimlichkeit W4, Kämpfen W6, Provozieren W6, Schießen W6, Überleben W4, Überreden W6, Wahrnehmung W6
Bewegungsweite: 6; **Parade:** 6; **Robustheit:** 6
Handicaps: Loyal
Talente: Mumm, Ruhige Hände
Ausrüstung: Colt Army Revolver (12/24/48, 2W6+1, FR 1, PB1), Winchester '73 (24/48/96, 2W8–1, FR 1, PB 2), Lasso (Parade –1, Reichweite 2)

NAME	PERSÖNLICHKEIT/NOTIZEN
BILL SUTTER	BESITZER, CHEF DER LAZY S, HART ABER FAIR
ABIGAIL "ABBY" MORTON	BILLS JUNGE UND DICKKÖPFIGE NICHTE.
LUKE CANTON	BILLS RECHTE HAND, STARK, RUHIG UND KOMPETENT.
JAVIER ORTEGA	„COOKIE", LAGERKOCH, SEINE EIER SIND IMMER WEICH

ANDERE

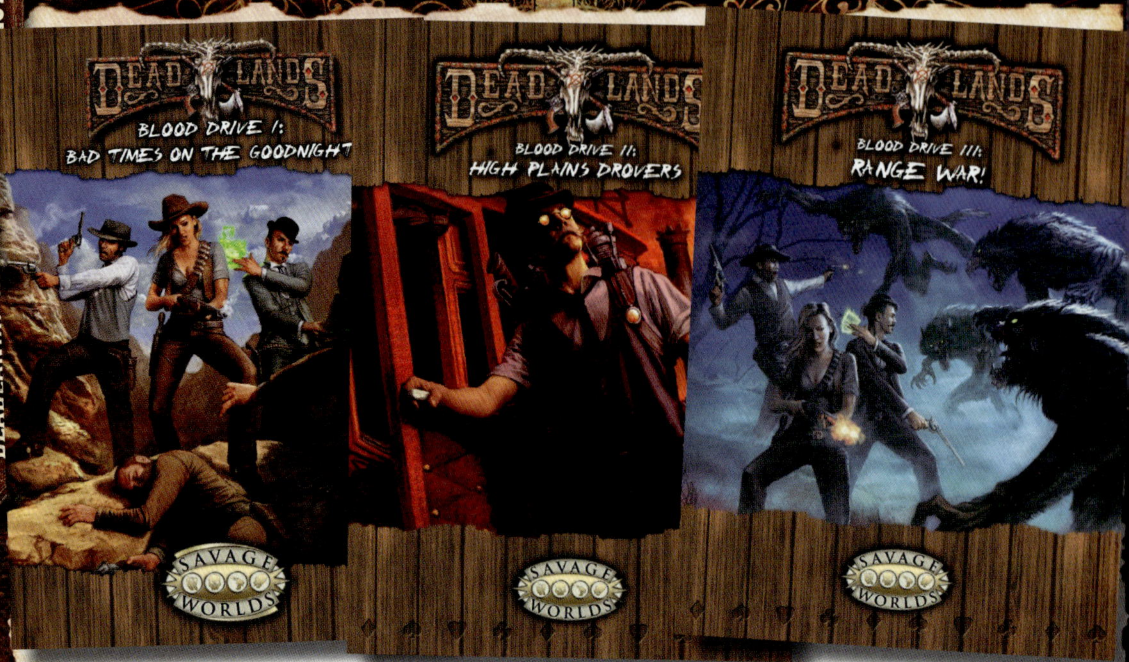

NACHWORT

Von John Goff

Die Grundidee für *Blutige Hufe* befand sich schon beinahe seit zwei Jahrzehnten in meinem Kopf, als ich endlich die Chance erhielt, sie zu Papier zu bringen. Sie geht beinahe bis in die Zeit zurück, als ich damit begann, für den Unheimlichen Westen zu schreiben. Diese Zeit liegt schon so lange zurück, dass wir sogar noch ein anderes Zahlenpaar vor das Jahr schrieben, als wir es heute tun.

Shane und ich haben im College zusammen gespielt (eine Menge – und ich hatte die Durchschnittsnote, die das beweist). Wir haben AD&D®, GURPS®, Chill®, TORG®, Call of Cthulhu® und so ziemlich jedes andere System gespielt, das wir in die Finger kriegen konnten. Wir haben sogar hin und wieder darüber gesprochen, den Versuch zu wagen, irgendetwas bei einem Spieleverlag zu veröffentlichen.

Nach dem Abschluss ging ich zum Militär, und als ich dort fertig war, machte ich mich auf die Suche nach Shane, um zu sehen, was er inzwischen tat. Wie sich herausstellte, hatte er unseren Traum weiterverfolgt und war nicht nur veröffentlicht worden, sondern hatte sogar sein eigenes Unternehmen gegründet. Er sagte: „Wir haben gerade dieses Spielsystem *Deadlands* veröffentlicht, und ich hätte gerne, dass du mal einen Blick darauf wirfst.“ Ich tat es und war sofort Feuer und Flamme. Wie hätte ich das auch nicht sein können? Er hatte sogar Regeln für eine meiner Lieblingsszenen aus *True Grit* eingefügt: die, in der Rooster Cogburn sein Gewehr mit einer Hand spannt, indem er es dreht.

Ich rief ihn zurück und sagte: „Wir lieben es!“

Er antwortete: „Großartig – ich erinnere mich an unsere Spielrunden am College und ich hätte gerne, dass du versuchst, etwas dafür zu schreiben.“ Er hatte einen Partner, deshalb musste ich mich nach oben arbeiten, wie jeder andere auch, aber ein paar Projekte später schrieb ich recht regelmäßig für *Deadlands*. Innerhalb von ein paar Jahren stieg ich sogar für eine Weile zum Entwickler der Reihe auf.

Ich hatte schon immer ein Faible für Western, und das Schreiben für *Deadlands* lieferte mir einen Grund, um diese Liebe unter dem Deckmantel der „Recherche“ weiterzuverfolgen. Ich las Westernromane, sah Westernfilme an und verschlang im Grunde alles, in dem ein Cowboy und ein Revolver vorkamen. In dieser Zeit stieß ich auf eine Fernseh-Miniserie, die ich während meiner Zeit beim Militär verpasst hatte. *Lonesome Dove*. (Anm. d. deutschen Redaktion: Auf deutsch unter dem Titel „Weg in die Wildnis“, bzw. „Der Ruf des Adlers“ bekannt)

Die Miniserie basierte auf dem gleichnamigen Buch von Larry MacMurtry, und falls du ein Fan von *Deadlands* bist und sie noch nicht gesehen hast, kann ich sie dir nur wärmstens empfehlen. Die Hauptrollen spielen Robert Duvall und Tommy Lee Jones als pensionierte Texas Ranger Gus MacCrae und Woodrow Call. Die beiden begeben sich auf ein

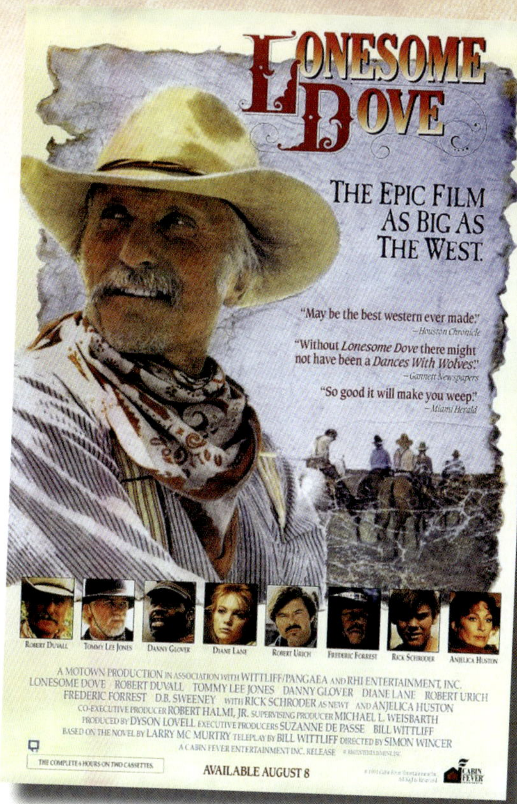

letztes großes Abenteuer und treiben eine Herde Rinder von der mexikanischen Grenze zu einer Ranch in Montana.

Es ist ein großartiger und epischer Western, der im Grunde genommen eine Fiktionalisierung des Viehtriebs von Charles Goodnight und Oliver Loving darstellt, etwas aufgemöbelt, damit er sich besser für die Kinoleinwand eignet. Meine Frau und ich haben uns beide in die Geschichte und die Charaktere verliebt. Tatsächlich benenne ich heute noch alle meine Hunde nach den Charakteren aus dieser Geschichte. Sie bietet sämtliche großen Tropen des Westerngenres: ein alter Erzfeind, Rache, gesuchte Banditen, eine verlorene Liebe, ein besonderes Pferd, Geburtsrechte, den einsamen Helden … was immer du willst, du findest es wahrscheinlich in *Lonesome Dove*.

Doch all das wird dem Viehtrieb entgegengesetzt und von ihm eingerahmt sowie von den einzigartigen Herausforderungen, die er bietet.

Ich wollte eine Möglichkeit finden, um all das ins Universum von *Deadlands* zu bringen, aber selbst, als ich das Ruder übernahm, schien es nirgendwo eine Stelle zu geben, in die es hineinpasste. Der Unheimliche Westen ist ein großer Ort, und es gab eine Vielzahl von Geschichten, die zuerst erzählt werden mussten.

Wir spulen mehr als ein Jahrzehnt vor, und ich sprach mit Matt Cutter, der schon vor langer Zeit die Zügel der Reihe übernommen hatte (und einen großartigen Job gemacht hatte bei der Beaufsichtigung den wahrscheinlich größten Geschichten und Ereignissen, die sich jemals darin ereignet hatten). Er war auf der Suche nach ein paar Abenteuern mittlerer Länge, die er zwischen den großen Veröffentlichungen als PDF herausbringen konnte.

Ich stellte ihm die Idee zu einer Reihe von Abenteuern vor, die zusammengefügt eine Mini-Kampagne ergeben oder auch einzeln gespielt werden könnten, alles rund um einen Viehtrieb wie bei Goodnight-Loving - oder, wie er in meinem Kopf existierte, McCrae-Call - angeordnet, der zuletzt in einem altmodischen Range War sein Ende findet.

Er mochte die Idee und *Blutige Hufe* war geboren.

Das richtige, waschechte Cowboydasein war etwas, dem wir tatsächlich bisher nicht allzu viel Aufmerksamkeit geschenkt hatten, und zusätzlich zum Abenteuer bot das die Gelegenheit, sich ein wenig damit zu befassen. Ich hatte die Idee für eine Geschichte, aber ich wollte sichergehen, dass ich auch die Fakten rund um einen Viehtrieb richtig darstellen konnte. Ich verwendete ein Gutteil meiner Bemühungen auf Nachforschungen zum täglichen Leben auf einem Viehtrieb und zur Route. (Seit der ursprünglichen Version ist Shane tatsächlich auf einen richtigen Viehtrieb gegangen, und von daher bin ich sicher, dass er die Geschichte auf ihre Fakten hin überprüft und noch etwas verfeinert hat.)

Als ich erfuhr, dass die Geschichte tatsächlich in den Druck gehen sollte, war ich überrascht und ungeheuer glücklich. Das bedeutete, sie würde neue Karten, neue Bilder und einen grundsätzlich neuen Anstrich bekommen, damit sie im besten Licht erstrahlen konnte.

Ich hoffe, dass ich sowohl Goodnight-Loving als auch *Lonesome Dove* gerecht werden konnte, und falls du mit Letzterem vertraut bist, bin ich sicher, dass dir die eine oder andere Hommage auffallen wird! Wenn das Spiel und der Viehtrieb zu Ende sind, werden du und deine Spieler ebenso viele dauerhafte Erinnerung gesammelt haben, wie ich es tat, als ich dabei mitwirken durfte, die Geschichte auf Papier zu bringen.

(Un)Gute Reise!

**-JOHN GOFF,
DEZEMBER 2020**

INDEX

„Wenn meine Zeit gekommen ist, stopft micht aus uns setzt mich zurück auf Trigger, ganz so, als wäre gar nichts weiter geschehen.“

–Roy Rogers